Uwe Westphal
Renate Nimtz-Köster

Das Mühlenberger
Milliardenloch

Wie ein Flugzeug
die Politik beherrscht

Edition Nautilus

Die Autoren danken Rechtsanwalt Rüdiger Nebelsieck für die kritische Durchsicht des Manuskripts. Günther Helm, Hartmut Schwarzbach und Sigrid Strack stellten unentgeltlich Fotomaterial zur Verfügung. Der Naturschutzbund Deutschland, Landesverband Hamburg, machte uns sein umfangreiches Archiv zugänglich. Hilfreich war auch der Pressespiegel zum Thema Airbus, den Sylvia Borgmann seit Jahren akribisch zusammenstellt. Besonderer Dank gilt dem Team der Edition Nautilus, namentlich Hanna Mittelstädt und Lutz Schulenburg, die sich spontan für das Thema begeisterten und es in kürzester Zeit als Buch herausbrachten.

Dr. Uwe Westphal
Dr. Renate Nimtz-Köster

Edition Nautilus Verlag Lutz Schulenburg
Alte Holstenstraße 22 · D-21031 Hamburg
Alle Rechte vorbehalten · © Lutz Schulenburg 2005
Umschlaggestaltung: Maja Bechert
1. Auflage 2005 · Printed in Germany
www.edition-nautilus.de

1 2 3 4 5 · 09 08 07 06 05

ISBN 3-89401-472-5

Inhaltsverzeichnis

Einführung	7
Das „achte Weltwunder" im Elbwatt	11
Flugzeugkonzern contra Löffelente	15
Nazi-Pläne und Europarecht	21
Der Kniefall der Grünen	27
Kohl und Merkel für Rostock	30
Von bedrohten Fischen, Vögeln und Menschen	33
Geheime Schreiben und ein Verwaltungsmann in Tränen	43
Eine Dänin spuckt ins Loch	50
Alcatraz des Nordens	52
„Ich zieh' euch das Ding durch!"	56
Kanzler Schröder greift ein	60
Akrobatik mit Arbeitsplätzen	65
„Finanzielle Sicherungen durchgebrannt"	69
Gigantisches Puzzle	75
Aus allen Träumen gerissen	79
Recht ist, was dem Riesen nützt	86
Im Schneckentempo durch Frankreich	91
„Wir beginnen übermorgen"	95
Ein Ding aus dem Tollhaus	99
Turbulenzen über St. Pankratius	105

„Zubuttern ohne Ende"	111
Aschermanns Abfuhr	114
„Was interessiert uns Völkerrecht?"	118
Ein Fall für Bella Block	121
Asterix in Neuenfelde	127
Entlarvende Aktennotizen	133
Lex Airbus	137
Hickhack um die Landebahnlänge	142
Abrissbagger rücken an	151
Himmelfahrtskommando	156
Zentnerweise tote Fische	161
„Wir sagen der Stadt, was wir brauchen"	165
Biblisches Drama	173
Dorf unter Feuer	178
Verschwörungstheorien	184
Droht der „worst case"?	189
Deutsch-französisches Machtgerangel	193
Bauer Quasts Geschäfte	199
Ein Pottwal hebt ab	201
Das Mühlenberger Loch ist überall	208
Der Airbus-Streit – eine Chronologie	211
Abbildungsnachweis	219
Zu den Autoren	220

„Die Airbus-Flügel biegen sich – so viel wurde ums Mühlenberger Loch vertuscht, getäuscht und gelogen."
Manfred Bissinger in *Die Woche* vom 18.5.2001

Einführung

„Sture Obstbauern gefährden den Wirtschaftsstandort Deutschland" oder „Enten gegen Arbeitsplätze" – der Streit um den Bau des Airbus A380, des weltweit größten Luxusjets, sorgte bundesweit für Schlagzeilen. Für den Giganten der Lüfte beanspruchte die Hamburger Airbus-Flugzeugwerft das „Mühlenberger Loch", eine einzigartige, international geschützte Elbbucht. Auch das angrenzende Obstbauerndorf Neuenfelde sollte der Industrialisierung geopfert werden. Doch was auf den ersten Blick wie ein regionaler Konflikt anmutet, erweist sich als ein Paradefall: Die vermeintliche Provinzposse zeigt, wie die fortschreitende Globalisierung Mensch und Natur drangsaliert. Zwar spielt ein wesentlicher Teil der Geschichte im Stadtstaat Hamburg – doch sie spielt auch und vor allem in Berlin, in Brüssel, Paris und Toulouse. Dort sitzen die Regisseure eines vielschichtigen Politskandals um Macht, Prestige und Geld.

In die Affäre sind die Bundesregierung und französische Spitzenpolitiker ebenso verwickelt wie die EU-Kommission. Bundeskanzler Gerhard Schröder und der ehemalige EU-Präsident Romano Prodi hebelten gemeinsam Europäisches Naturschutzrecht aus, um das höchst umstrittene Projekt durchzusetzen. Zu diesem Zweck wurden auch Landes- und Bundesgesetze an die Vorgaben des Flugzeugbauers angepasst. Der Hamburger Senat konstruierte sogar ein Spezialgesetz zur Enteignung widerspenstiger Anlieger – das viele Juristen für verfassungswidrig halten.

Das Geschacher um den Bau des Riesen-Airbus zeigt, wie weltweit agierende Großkonzerne Staaten und Kommunen in einen ruinösen Subventionswettbewerb treiben. Unter diesem Druck hat sich die Stadt Hamburg Europas größtem Luftfahrt- und Rüstungskonzern EADS-Airbus ausgeliefert. Eine Landesregierung wurde zum Erfüllungsgehilfen eines „global player", der die Entwicklung einer ganzen Metropolregion bestimmt. „In Hamburg lässt sich beobachten, was internationaler Standortwettbewerb für die lokale Politik bedeutet", kommentierte die *Frankfurter Allgemeine Zeitung*: „Über die Jahre sind die Verantwortlichen in dem Versuch, möglichst günstige Bedingungen für den Konzern zu schaffen, zu Getriebenen geworden."

Der Kampf um das Mühlenberger Loch und das Dorf Neuenfelde geriet zum Prestigekampf zwischen dem Airbus-Ableger Hamburg und der Zentrale Toulouse: Beide stritten verbissen um einen möglichst großen Anteil an der Produktion des Superjets. Statt der erhofften kompletten Montage blieben der Hansestadt jedoch nur fünf Prozent.

Gleichzeitig geht es auch um die weltweite Vormachtstellung im Flugzeugbau: Mit dem A380 versucht der europäische Airbus-Konzern seinen alten US-Konkurrenten Boeing, dessen Großraumjet B747 Jahrzehnte lang den Markt beherrscht hatte, endgültig zu überflügeln. Unterstützt wird Airbus dabei mit staatlichen Subventionen in Milliardenhöhe; auch die US-Regierung fördert Boeing gleichermaßen großzügig.

Für die prestigeträchtige Beteiligung am Bau des neu entwickelten A380 war die Hansestadt zu jedem Opfer bereit. Mit fast 700 Millionen Euro Steuergeldern bereiteten die Politiker dem Privatunternehmen EADS-Airbus das gewünschte Terrain: Für das Versprechen von mehreren Tausend Arbeitsplätzen, für die es keinerlei Garantie gibt, wurde das „Mühlenberger Loch" teilweise zubetoniert. Unter den monströsen Werkshallen verschwand das größte Süßwasserwatt Europas, ein Paradies für Fische und Wasservögel, das als riesige Auslauffläche zugleich Schutz vor Sturmfluten bot. Gleichzeitig bedroht das Projekt das „Alte Land", eine Jahrhunderte alte Kulturlandschaft und Nordeuropas bedeutendstes Obstanbaugebiet. Gegen die Zerstörung protestiert das „Schutzbündnis für Hamburgs Elbregion", mit 30.000 Mitgliedern die größte Bürgerinitiative in der Geschichte Deutschlands.

Obwohl der Super-Airbus inzwischen zum Jungfernflug abgehoben hat, ist die Auseinandersetzung noch lange nicht beendet. Die Fertigungshallen im ehemaligen Schlickwatt stehen auch juristisch auf unsicherem Grund: Nach wie vor beschäftigt eine Flut von Klagen die Gerichte, herrscht in vielerlei Hinsicht Rechtsunsicherheit. Das Hamburgische Verwaltungsgericht hatte zwischenzeitlich gar die behördliche Baugenehmigung für rechtswidrig erklärt. Sollten die Kläger in letzter Instanz Erfolg haben, müssten möglicherweise die Hallen abgerissen und das zerstörte Elbwatt wieder hergestellt werden: Dieses Risiko, so das Gericht, gehe die Hamburger Wirtschaftsbehörde ein, „wenn sie derartig umfangreiche Baumaßnahmen allein auf einen für sofort vollziehbar erklärten und noch nicht rechtskräftigen Planfeststellungsbeschluss gründet."

Das „achte Weltwunder" im Elbwatt

Hamburg, so sagen die Hanseaten stolz, sei das „Tor zur Welt". Denn im Hamburger Hafen, einem Zentrum weltumspannenden Handels, gehen Schiffe aus aller Herren Länder vor Anker. Und jedes Schiff, das von der Nordsee her den mächtigen Elbstrom hinauf gen Hafen fährt, passiert Hamburgs eigentliches Tor zur Welt. Es ist das „Mühlenberger Loch", eine weite Elbbucht im Westen der Stadt, hinter der sich der Fluss plötzlich verengt. Obwohl mehr als 100 Kilometer von der Nordseeküste entfernt, unterliegt die Elbe hier noch dem Einfluss von Ebbe und Flut: Bei Hochwasser ist die Mühlenberger Elbbucht ein beliebtes Segelrevier, bei Niedrigwasser tummeln sich zahlreiche Möwen, Enten und andere Wasservögel auf den dann trocken fallenden Wattflächen.

Am nördlichen Elbufer liegt am steilen Hang der Vorort Blankenese, der mit seinen verwinkelten Treppengässchen und pittoresken Häusern vom Wasser her fast an ein italienisches Fischerdorf erinnert. Von hier aus schweift der Blick über ein einzigartiges Panorama: Jenseits des Stroms erstrecken sich die Gärten des „Alten Landes", dahinter, in der Ferne, eine Kette von blauen Hügeln.

Von diesem „lieblichen Erdenfleck", in seiner „Vollkommenheit einzigartig auf dem Continent", schwärmte der Hamburger Großkaufmann Caspar Voght 1828 in einem Brief an den damaligen Bausenator Martin Jenisch. Wie die anderen hanseatischen Handelsherren seiner Zeit pflegte er vom hohen Ufer aus nach seinen heimkehrenden Schiffen Ausschau zu halten.

Heute prallt der Blick auf einen riesigen Industriekomplex: Mitten in der Flusslandschaft ragen auf einer Länge von zwei Kilometern gigantische Hallen von über 30 Meter Höhe empor. Die größte unter ihnen ist 370 Meter lang und 102 Meter breit. Hier werden Teile für den Airbus A380 zusammengebaut, den neuen Superjet, der alle bisherigen Dimensionen des Fliegens übertreffen soll.

„Der Sexappeal des A380 ist so groß wie das Flugzeug selbst", schwärmt Gerhard Puttfarcken, Chef von Airbus Deutschland. Flugzeugenthusiasten sprechen vom „achten Weltwunder", gar von einer „neuen Epoche der Weltluftfahrt". Für nüchterne Ingenieure und Wirtschaftspolitiker ist der Überflieger das „größte Industrieprojekt Europas", dessen Entwicklung fast zwölf Milliarden Euro verschlang. Mit einer Flügelspannweite von 80 Metern, einer Länge von 73 Metern und einem maximalen Startgewicht von 560 Tonnen stößt der Superjumbo, mit über 24 Metern Höhe (Seitenleitwerksspitze) so hoch wie ein achtstöckiges Haus, in die Grenzbereiche des Fliegens vor. Der A380 ist das größte Passagierflugzeug, das je gebaut wurde – erstmals mit zwei durchgehenden Passagierdecks und einem zusätzlichen Untergeschoss, dazu luxuriöser und nach Airbus-Angaben auch leiser und sparsamer als der bisherige Alleinherrscher in dieser Größenklasse, der Jumbojet Boeing 747. In der Basisversion des neuen Superfliegers finden 555 Passagiere Platz, auf Wunsch kann die Kapazität sogar bis auf 850 erhöht werden – die nach den geltenden Sicherheitsvorschriften im Notfall innerhalb von 90 Sekunden evakuiert werden müssten.

An Bord, so die Vorstellung der Airbus-Verantwortlichen, wird die Ausstattung eher an ein Kreuzfahrtschiff der Luxusklasse erinnern denn an ein Verkehrsflugzeug: Eine großzügige Treppe führt die Passagiere der ersten Klasse in das Obergeschoss. Der holzvertäfelte Empfangsbereich mutet an wie ein Theaterfoyer. Riesige tiefe Liegesessel in hellem und blauem Leder erwarten die Gäste. Über ihnen spannt sich ein künstlicher Sternenhimmel auf Plasmabildschirmen. Morgens zwitschern zum Sonnenaufgang die Vögel. Ein beleuchteter Wasserfall ergießt sich über zwei Stockwerke. Der Duty-free-Shop im Heck, als edle Boutique eingerichtet, eine großzügige Bar sowie eine Bibliothek lassen keine Langeweile auf Langstreckenflügen aufkommen. Denn speziell dafür ist der A380 mit einer Reichweite von

14.800 Kilometern konzipiert. Mit 310.000 Litern Kerosin, verteilt auf zehn Tanks, kann der Supervogel nonstop etwa von London nach Singapur fliegen.

„Die Airline-Industrie würde sehr schnell bankrott gehen, wenn sie täte, was Airbus vorschlägt", meint Tim Clark, Chef der Fluggesellschaft Emirates, die 1999 die ersten Bestellungen für den A380 aufgab. Denn der Luxus geht auf Kosten der Passagierkapazität. Bereits in der Vergangenheit hatte Konkurrent Boeing anfangs seine B747 mit Bar und ähnlichen Exklusivitäten ausgestattet. Doch die Fluggesellschaften stellten bald fest, dass zahlende Passagiere mehr Geld bringen. Heute wird nahezu jeder Winkel für Sitze genutzt. Überdies sind die einzelnen Plätze immer schwerer geworden – vor allem dank der immer aufwendigeren Unterhaltungselektronik. Das steigende Gewicht treibt den Kerosinverbrauch und damit die Betriebskosten für die Airlines in die Höhe. Anhaltend hohe Ölpreise sowie eine mögliche Besteuerung des Flugbenzins werden den Kostendruck noch verstärken. Werden also die Fluggesellschaften ihren Passagieren den von Airbus angebotenen Luxus tatsächlich bieten können und wollen?

„Ich liebe es, wenn unsere Konkurrenten Fehler machen", kommentiert Harry Stonecipher, bis Anfang 2005 Chef des amerikanischen Airbus-Konkurrenten Boeing. Die Flugzeugbauer aus Seattle, die noch 1992 mit Airbus Pläne für ein gemeinsames Großraumflugzeug geschmiedet hatten, setzen mittlerweile auf ein gänzlich anderes Konzept, um die von Fachleuten prognostizierte Zunahme des Flugverkehrs zu bewältigen: Stonecipher sieht die Zukunft der Luftfahrt bei „Flugzeugen mittlerer Größe, die trotzdem Langstrecke fliegen können, und zwar direkt von A nach B". Denn 70 Prozent aller Passagiere, die auf einem Großflughafen landen, so Stonecipher, „wollen da gar nicht hin". Sie müssen dort umsteigen – eine lästige und Zeit raubende Angelegenheit. Boeing glaubt, dass zukünftig die Masse der Flugbewegungen auf Regionalverbindungen entfallen werde. Dafür würden keine überdimensionalen Großraumjets gebraucht, sondern kleinere Flugzeuge mit großer Reichweite.

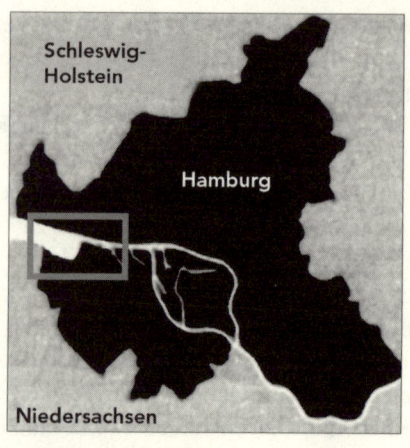

Für die Erweiterung des Airbus-Werkes in Hamburg-Finkenwerder wurde ein Teil der Elbbucht „Mühlenberger Loch" im Westen der Stadt zugeschüttet.

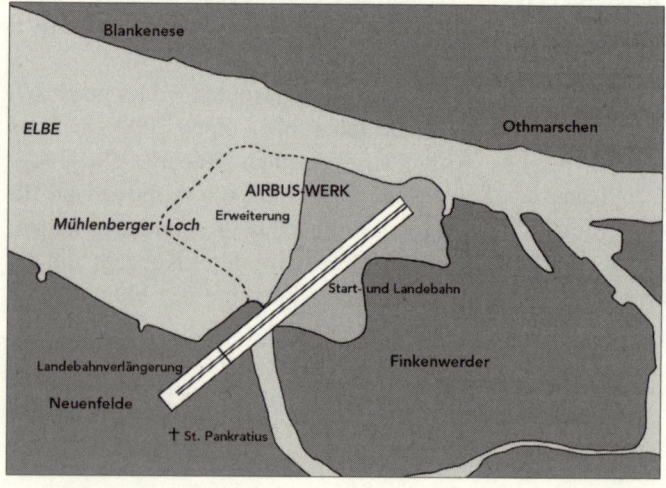

Probleme kommen auch auf die Flughäfen zu: Aufgrund seiner enormen Spannweite benötigt der neue Riesenflieger A380 viel Platz zum Manövrieren. Rollbahnen müssen umgebaut und Flugterminals für die zügige Abfertigung von bis zu 850 Passagieren pro Maschine erweitert werden. Wartungshallen, Schleppfahrzeuge oder Enteisungsgeräte – die Ausmaße des neuen Riesenfliegers erfordern überall entsprechende Anpassungen. Und das wird teuer: „Airbus-Gigantomanie kostet die Flughäfen Milliarden", schrieb *Der Spiegel*. Allein die Betreibergesellschaft des Frankfurter Flughafens Fraport will insgesamt 100 Millionen Euro investieren. Der New Yorker Kennedy-Airport kalkuliert mit 170 Millionen, London-Heathrow gar mit 192 Millionen Euro. Allerdings wird der Superjumbo an den meisten Flughäfen ohnehin vorbei fliegen. Denn der A380 soll nur die großen Drehkreuze der Luftfahrt wie Frankfurt, London, New York, Tokio oder Singapur ansteuern. Für die Flughäfen geht es dabei auch ums Prestige: „Der A380 ist der Vereinsausweis für die wirklich großen Drehscheiben. Das ist der Ritterschlag", freut man sich bei Fraport. Von einem „Schlag ins Gesicht einer ganzen Region" sprach dagegen Enno Siehr, Landrat des an den Frankfurter Flughafen angrenzenden Kreises Groß-Gerau: Dort sollen allein für den Bau der neuen A380-Wartungshalle außerhalb des jetzigen Airportgeländes 26 Hektar Wald weichen – eine Parallele zum Hamburger Fall, denn das betroffene Gelände ist nach Landes- und EU-Recht eigentlich streng geschützt.

Flugzeugkonzern contra Löffelente

„Auf eigene Kosten und eigenes Risiko", so hatte 1997 Hamburgs damaliger sozialdemokratischer Bürgermeister Henning Voscherau dem Konzern versprochen, werde die Freie und Hansestadt „alle erforderlichen Verfahren durchführen". Rund 700 Millionen Euro spendierten die Stadtväter dem Airbus-Unternehmen, einer Tochter des größten europäischen Luftfahrt- und Rüstungskonzerns EADS, um Hamburg zur weltweit drittgrößten Metropole des Flugzeugbaus zu machen – nach Seattle, dem Sitz des US-amerikanischen Flugzeugherstellers Boeing, und der europäischen Airbus-Zentrale Toulouse (Frankreich).

Für ihr ehrgeiziges Ziel, Hamburg als „Luftfahrtzentrum des 21. Jahrhunderts" zu etablieren, ließen die Hamburger Stadtväter ein Viertel der 676 Hektar großen Elbbucht zuschütten – ausgerechnet den ökologisch wertvollsten Bereich. Den ohnehin vom Lärm des innerstädtischen Verkehrsflughafens Fuhlsbüttel geplagten Hamburgern mutet der Senat nun auch noch weitere Belastungen durch den Ausbau des Airbus-Werksflughafens zu – inmitten dicht besiedelter Wohngebiete mit acht Schulen, in denen schon jetzt der Unterricht unterbrochen werden muss, wenn die Maschinen knapp über die Dächer dröhnen.

Doch das Herzstück des Elbstroms wurde wider alle Vernunft und gegen erbitterten Widerstand von hanseatischen Bürgern, Wissenschaftlern, Naturschützern und Juristen geopfert. Für die immer wieder versprochenen 2000 Arbeitsplätze bei der Hamburger Flugzeugwerft übernimmt der Konzern keinerlei Garantien. Ohnehin wäre jeder dieser erhofften Jobs mit rund 332.000 Euro subventioniert. Stattdessen stellte EADS immer neue Forderungen an die Stadt, die sogar das traditionsreiche Obstbaugebiet des Alten Landes bedrohen. Die von den Konzernherren gewünschte Verlängerung der vorhandenen Start- und Landebahn würde unmittelbar vor der barocken Kirche des Dorfes Neuenfelde enden, die für ihre historische Orgel berühmt ist. Obwohl die verheerende Sturmflut von 1962, bei der in Hamburg 315 Menschen starben, unvergessen ist, wird nun die Gefahr neuer Katastrophen in Kauf genommen: Das Mühlenberger Loch war nach wiederholten Vertiefungen der Fahrrinne für immer größere Containerschiffe und Eindeichungen der Elbe eines der letzten verbliebenen Areale, in das die stetig höher auflaufenden Sturmfluten ausweichen konnten. Nun, da 170 Hektar Rückhalteflächen zubetoniert sind, warnen Gewässerkundler vor der Gefahr neuerlicher Überflutungen.

> **EADS – Geschichte und Konzernstruktur**
>
> Die European Aeronautic Defence and Space Company EADS entstand nach langwierigen Verhandlungen am 10. Juli 2000 aus der Fusion von Aerospatiale Matra S.A. (Frankreich), Construcciones Aeronauticas S.A. (CASA, Spanien) und der deutschen DaimlerChrysler Aerospace AG (DASA). Bereits in den 1920er Jahren begann die Zusammenarbeit zwischen den EADS-Partnern bzw. deren Vorgängerfirmen, die ab 1956 forciert wurde.
> Mit einem Jahresumsatz von 32 Milliarden Euro (2004) und rund 110.000 Beschäftigten an mehr als 90 Standorten in Deutschland (35.000 Mitarbeiter), Frankreich, England und Spanien ist EADS heute der größte Luft- und Raumfahrtkonzern Europas. Die EADS ist eine Gesellschaft niederländischen Rechts mit Sitz in Amsterdam; Verwaltungssitze sind Paris und Ottobrunn bei München.
> EADS ist in fünf Produktlinien gegliedert: Verkehrsflugzeuge (Airbus), militärische Transportflugzeuge, Kampfjets und Hubschrauber (z.B. Eurofighter, Eurocopter), Satelliten und Trägerraketen (z.B. Ariane) sowie Lenkwaffen und Telekommunikationssysteme.
> An der Airbus-Sparte, die etwa zwei Drittel des Konzernumsatzes ausmacht, ist neben EADS auch die British Aerospace Systems (BAe) zu 20 Prozent beteiligt. Airbus produziert in Deutschland an sieben Standorten (insgesamt 20.000 Mitarbeiter), von denen Hamburg der bedeutendste ist. Mit rund 10.500 Beschäftigten (Stand Juni 2005) ist das Airbus-Werk in Hamburg-Finkenwerder der größte industrielle Arbeitgeber der Hansestadt.

Zudem mussten an mehreren Stellen hochwassersichere Deiche verlegt werden, um Platz für den Riesenflieger zu schaffen.

„Das zugeschüttete Gebiet war das biologisch produktivste der gesamten Tideelbe", sagt Professor Hartmut Kausch, ehemaliger Direktor des Instituts für Hydrobiologie und Fischereiwissenschaft der Universität Hamburg.

Im nährstoffreichen, lichtdurchfluteten Flachwasser der Mühlenberger Elbbucht konnten winzige Algen, Kleinkrebse und Würmer optimal gedeihen. Hunderttausende kleiner Lebewesen fanden sich hier in einem Quadratmeter Schlick – mehr als irgendwo sonst in der Elbe. Wie in einer riesigen Kläranlage bauten Myriaden von Mikroorganismen überschüssige Nährstoffe ab und reinigten so auf natürliche

Weise das Elbwasser. Gleichzeitig versorgten die Algen den Fluss mit lebensnotwendigem Sauerstoff.

Hier, abseits der starken Strömung des kanalisierten Flusses, fanden Jungfische üppige Nahrung. Durch den massiven Eingriff ins Mühlenberger Loch wurde die wichtigste Kinderstube für Fische wie Stint und Flunder in der gesamten Unterelbe vernichtet. Insgesamt 31 Fischarten konnten im Zeitraum von 1980 bis 1998 im Mühlenberger Loch nachgewiesen werden, von denen 13 bundesweit als gefährdet gelten. Fünf Arten sind durch EU-Recht geschützt.

Auch Vögel profitierten einst von dem reichen Futterangebot im Elbwatt: Insbesondere in den Frühjahrs- und Herbstmonaten kehrten hier zahlreiche seltene Zugvogelarten zu Tausenden ein, darunter die scheue Löffelente, die zum Symboltier des Streits geworden ist. Für insgesamt elf Wasservogelarten war die Mühlenberger Elbbucht ein Rastgebiet von nationaler oder gar internationaler Bedeutung. Gerade der jetzt überbaute Bereich bot den Vögeln die besten Nahrungsgründe. Ein Refugium ist das Mühlenberger Loch auch für eine extrem seltene Pflanze, den Schierlings-Wasserfenchel, dessen weiße Blütendolden bis zu einem Meter hoch aus dem Schlick der Elbwatten ragen.

Das Gebiet genießt daher international den höchsten Schutzstatus nach den strengen europäischen Naturschutzrichtlinien sowie nach der völkerrechtlich bindenden Ramsar-Konvention zum Schutz international bedeutender Feuchtgebiete. Überdies verbietet auch die „Bonner Konvention zum Schutze wandernder wildlebender Tierarten" den Eingriff in dieses bedeutende Refugium für Zugvögel und wandernde Fische.

Doch geht es im Fall „Mühlenberger Loch" keineswegs nur um ein – wenn auch besonders drastisches – Beispiel für den immerwährenden Konflikt zwischen Ökonomie und Ökologie. Unter dem Druck des Konzerns und der verantwortlichen Politiker wurden hier Naturschutz- und Bürgerrechte ignoriert, gebeugt und den hochtrabenden Plänen angepasst. Die Airbus-Story sei geradezu ein „Beispiel par excellence" dafür, „wie eine Region durch ein Großprojekt

Das Elbwatt wird zur Industriefläche

eines international arbeitenden Multiunternehmens entdemokratisiert wird", meint Rüdiger Nebelsieck, einer der Anwälte der Projektgegner: „Es geht nicht mehr um die Frage: ‚Ist das rechtmäßig oder unrechtmäßig?'", sondern nur noch darum: ‚Wie kriegen wir das durch?' Der Hamburger Rechtsanwalt Johannes Menssen bezeichnete das „betrügerische Zusammenwirken", mit dem ehrgeizige Manager, prestigesüchtige Politiker und willfährige Behörden das umstrittene Vorhaben gegen alle Widerstände durchboxten, gar öffentlich als Akt „organisierter Kriminalität".

Unverhohlen bekundete von Beginn an der damalige Hamburger Wirtschaftssenator Thomas Mirow (SPD), gleichzeitig Mitglied im Aufsichtsrat der Airbus-Muttergesellschaft, das Vorhaben müsse „mit allen Mitteln" betrieben werden. Die rücksichtslose Durchsetzung machte das Projekt zum Präzedenzfall für die Aushebelung europarechtlicher Bestimmungen und die Demontage von Grundrechten zugunsten eines international agierenden privaten Unternehmens – insgesamt ein Musterbeispiel für die negativen Folgen der Globalisierung.

Nazi-Pläne und Europarecht

„Das Mühlenberger Loch wird nicht zugeschüttet." Das vermeldeten die Hamburger Tageszeitungen am 12. Dezember 1981. Die Flugzeugwerke Messerschmitt-Bölkow-Blohm (MBB), Vorgänger der heutigen Airbus-Luftwerft und 1989 in der DASA aufgegangen, hatten ersatzlos auf die Erweiterung ihrer Betriebsfläche in die Elbbucht hinein verzichtet. 90 Hektar wertvoller Wattflächen sollten seinerzeit zugeschüttet und betoniert werden. Nach Informationen des damals gegründeten „Vereins zum Schutz des Mühlenberger Loches" war es jedoch in Wirklichkeit der Senat gewesen, der das Unternehmen gedrängt hatte, die Elbbucht zu beanspruchen. Das Projekt war nach mehr als zweijährigem Kampf und kontroverser politischer Diskussion am breiten

Widerstand von Bürgern, aber auch von Politikern gescheitert. Ein halbes Jahr später wurde das Mühlenberger Loch als Landschaftsschutzgebiet ausgewiesen.

Doch 1997, wenige Monate vor der Bürgerschaftswahl, entflammte die alte Diskussion erneut. Insbesondere Bürgermeister Voscherau machte sich mit markigen Worten für das Vorhaben stark: „Wer in Hamburg hätte das Recht", dem Senat dabei „in den Rücken zu fallen, und würde nicht aus der Stadt gejagt?" Ortwin Runde (SPD), nach dem Rücktritt Voscheraus Chef der neuen rot-grünen Regierungskoalition, schwärmte gleichermaßen vom „König der Lüfte": „Der A3XX (heute A380 genannt) könnte für Hamburg so etwas werden wie die NASA für Houston." Die Grün-Alternative Liste (GAL), als Oppositionspartei noch entschiedener Gegner der Zuschüttung („schlicht gaga"), musste gleich eine dicke Kröte schlucken: Runde verlangte dem künftigen Koalitionspartner einen hohen Eintrittspreis für die Regierungsbeteiligung ab – die grundsätzliche Zustimmung zur Erweiterung des vorhandenen Werksgeländes in Hamburg-Finkenwerder in das benachbarte Mühlenberger Loch hinein. Dass es jemals dazu kommen würde, glaubte allerdings kaum jemand aus den Reihen der GAL und der Umweltverbände. Um den Bau des Super-Jumbos hatten sich damals neben Hamburg noch die Städte Rostock, Toulouse, Sevilla (Spanien) und St. Nazaire (Frankreich) beworben. Im

Politische Terminologie im Vergleich Stadtstaat/Flächenstaat

Stadtstaat	Flächenstaat
Senat	Landesregierung
Bürgerschaft	Landtag (Parlament)
Erster Bürgermeister	Ministerpräsident
Senator	Minister
Staatsrat	Staatssekretär
Behörde*	Ministerium

* im Zusammenhang dieses Buches

Koalitionsvertrag zwischen SPD und GAL wurde festgelegt, dass das Mühlenberger Loch geopfert werden sollte für den Fall, dass Hamburg den Zuschlag bekäme. Noch aber war nicht einmal entschieden, ob der A380 überhaupt jemals gebaut werden würde.

Die Initiative zur Nutzung der Elbbucht kam dabei, wie ein hochrangiger Airbus-Mitarbeiter und auch andere Insider übereinstimmend berichteten, wie schon Ende der 1970er Jahre von der Hamburger Wirtschaftsbehörde und nicht vom Konzern. Der hielt wegen des strengen Schutzstatus und der bautechnischen Schwierigkeiten mit dem schlickigen Untergrund eine solche Idee für nicht realisierbar. „Wir zeigen Euch, dass es trotzdem geht!" Dieses Versprechen, so erinnert sich ein Beteiligter, gab damals die Wirtschaftsbehörde den Flugzeugbauern. Schon lange hatte die Stadt nach dieser Fläche giert. Bereits in den späten 1960er Jahren war die Industrialisierung der angrenzenden Elbregion in Gang gesetzt worden – vom damaligen Wirtschaftssenator Helmuth Kern, den die Hamburger wegen seiner hochtrabenden, aber oft wenig durchdachten Pläne „Teetje mit de Utsichten" nannten. Kern, Seglerfreund des späteren Bundeskanzlers Helmut Schmidt, forcierte den Um- und Zubau der einst idyllischen Kulturlandschaft.

Doch die Grundlagen der Planungen reichen noch weiter zurück: Bereits der Generalbebauungsplan von 1944 zeigte, wie das Mühlenberger Loch und das angrenzende Alte Land mit Industrie und Autobahn überzogen werden sollten. Ursprünglich war dort sogar ein großer Flughafen vorgesehen. Hitlers Chefplaner Albert Speer hatte sich jedoch zuvor vom damaligen Hamburger Baudirektor Konstanty Gutschow davon überzeugen lassen, dass Finkenwerder kein geeigneter Standort für einen Landflugplatz sei. Immerhin wurden Teile der Elbbucht für einen Wasserflughafen vertieft, der bis kurz nach dem Krieg genutzt und später zugeschüttet wurde.

Mit dem A380 als „Jahrhundertprojekt für Hamburg" (Mirow), so hoffte die Wirtschaftsbehörde, könnte sie endlich das Mühlenberger Loch vereinnahmen – und fügte den

Die Europäischen Naturschutzrichtlinien

Der Rat der Europäischen Gemeinschaften – die Regierungsvertreter aller EU-Mitgliedsstaaten – hat in der Erkenntnis, dass wildlebende Tiere und Pflanzen keine politischen Grenzen kennen, zwei grundlegende Richtlinien erlassen:
Bereits 1979 trat die „Richtlinie des Rates über die Erhaltung der wildlebenden Vogelarten" (79/409/EWG), kurz EU-Vogelschutzrichtlinie genannt, in Kraft. Sie verpflichtet die Mitgliedstaaten zum Schutz der im Gebiet der Europäischen Union vorkommenden Vogelwelt, besonders aber zum Erhalt der in der Richtlinie einzeln aufgeführten gefährdeten Vogelarten und ihrer Lebensräume. Aus vogelkundlicher Sicht besonders wertvolle Flächen sind als besondere „EU-Vogelschutzgebiete" auszuweisen.

1992 folgte die „Richtlinie zur Erhaltung der natürlichen Lebensräume sowie der wildlebenden Tiere und Pflanzen" (92/43/EWG), die so genannte Fauna-Flora-Habitat-Richtlinie, kurz „FFH-Richtlinie" genannt. Ziel dieser Richtlinie ist es, ein internationales Netz von Schutzgebieten für europaweit gefährdete Tiere, Pflanzen und Lebensraumtypen zu schaffen und zu erhalten. Dieses Netz, das auch die EU-Vogelschutzgebiete integrieren soll, trägt den Namen „Natura 2000".

Die FFH-Richtlinie schreibt vor, dass die Mitgliedstaaten der EU binnen drei Jahren nach Inkrafttreten des Regelwerks diejenigen Gebiete benennen, die für die in den Anhängen der Richtlinie aufgelisteten Arten und Lebensräume von besonderer Bedeutung sind. Ausschlaggebend für die Auswahl der Flächen sind allein fachliche Gesichtspunkte. Diese Gebietsliste wird an die Europäische Kommission weitergeleitet, die dann aus übergeordneter Sicht die für das „Natura 2000"-Netz wichtigen Flächen endgültig festlegt. Die Mitgliedstaaten haben für geeignete Schutz- und Erhaltungsmaßnahmen zu sorgen. Eine ausnahmsweise Beeinträchtigung oder gar Zerstörung dieser FFH-Gebiete ist nur unter genau definierten Voraussetzungen und strengen Auflagen möglich (s. Infokasten „Keine Regel ohne Ausnahme").

Bei der praktischen Umsetzung dieser europäischen Richtlinien tut sich Deutschland seit Jahren äußerst schwer. Weder die Umsetzung der Richtlinienvorschriften in deutsches Naturschutzrecht noch die Erstellung der Gebietsliste erfolgte im vorgegebenen Zeitrahmen. Auch meldeten die deutschen Behörden zunächst meist nur bereits bestehende Schutzgebiete. Viele andere aus naturschutzfachlicher Sicht besonders geeignete Gebiete wurden trotz entsprechender Forderungen der Umweltverbände unter dem Druck der Interessen von Wirtschaft, Landwirtschaft und Verkehr nicht in die Liste aufgenommen. Erst mehrere Klagen der EU-Kommission gegen die Bundesrepublik Deutschland vor dem

> Europäischen Gerichtshof in Luxemburg und die Androhung drakonischer Strafgelder zwangen die für Naturschutzfragen zuständigen Bundesländer, Nachbesserungen vorzunehmen. Dennoch zählt Deutschland bei der Umsetzung der Europäischen Naturschutzrichtlinien im internationalen Vergleich derzeit immer noch zu den Schlusslichtern in Europa. Daher hat Brüssel im Februar 2003 ein erneutes Rechtsverfahren gegen die Bundesregierung angestrengt, das aktuell (Mai 2005) noch anhängig ist.

Antragsunterlagen für die Erweiterung des Airbus-Betriebsgeländes das nationalsozialistische Planwerk bei. Gezielt streute sie die Information, die Bucht sei ohnehin nicht natürlichen Ursprungs, sondern erst von den Nazis geschaffen worden. Karten, Texte und Gemälde aus dem 18. und 19. Jahrhundert belegen indessen, dass das Hauptfahrwasser der Elbe damals mitten durch das Mühlenberger Loch und den angrenzenden südlichen Elbarm führte. Zum größten europäischen Süßwasserwatt wurde es allerdings erst nach der Sturmflutkatastrophe von 1962, als die Süderelbe durch einen Deich von der Elbbucht abgetrennt worden war und das Gewässer in der Folgezeit mangels Durchströmung verschlickte.

Die größte Hürde für das Projekt waren zunächst die europäischen Naturschutzrichtlinien, nach denen das Mühlenberger Loch unantastbar schien. Die Stadt musste daher trickreich vorgehen: Anfang 1998 beschloss der Senat überraschend, die Elbbucht als Schutzgebiet nach der strengen EU-Vogelschutzrichtlinie bei der Europäischen Kommission in Brüssel anzumelden. Hintergrund dieser Entscheidung war ein Mahnschreiben der damaligen EU-Umweltkommissarin Ritt Bjerregaard als Reaktion auf eine Beschwerde des Naturschutzbundes Deutschland (NABU) in einem anderen Verfahren. Die Kommissarin stellte fest, dass die Bundesrepublik „gegen ihre Verpflichtungen verstoßen hat". Das Elbwatt hätte längst als EU-Vogelschutzgebiet gemeldet werden müssen. Eine Erweiterung der Flugzeugwerft könne „das betroffene Gebiet erheblich beeinträchtigen". Knapp ein Jahr

EU-Naturschutzrichtlinien – Keine Regel ohne Ausnahme

Die europäischen Richtlinien lassen Eingriffe in geschützte Gebiete nur unter bestimmten Voraussetzungen zu. Die Vogelschutzrichtlinie gestattet Ausnahmen nur bei Gefahr für Leben und Gesundheit des Menschen, die FFH-Richtlinie ist nicht ganz so strikt, Ausnahmen sind aber an folgende Voraussetzungen geknüpft:
Es muss geprüft werden, ob ein beabsichtigter Eingriff negative Auswirkungen auf das betreffende Gebiet hat. Ist dies der Fall, darf das Vorhaben nur genehmigt werden, wenn es keine Alternativen dazu gibt, das Projekt im „überwiegenden öffentlichen Interesse" ist und „Ausgleichsmaßnahmen" durchgeführt werden. Das heißt: Für ein zerstörtes Gebiet müssen die Planer ein gleichwertiges bereitstellen. Damit soll der Zusammenhang (die „Kohärenz") des Netzes europäischer Schutzgebiete „Natura 2000" gewährleistet werden. Wenn europaweit besonders bedrohte („prioritäre") Arten oder Lebensräume betroffen sind, dürfen ausdrücklich keine sozialen und wirtschaftlichen Gründe geltend gemacht werden. Außerdem muss in diesem Fall eine Ausnahmegenehmigung der EU-Kommission in Brüssel eingeholt werden.

später meldete Hamburg das Mühlenberger Loch auch noch als Schutzgebiet nach der europäischen Fauna-Flora-Habitat (FFH)-Richtlinie nach Brüssel. Dies sollte sich als geschickter Schachzug der Hamburger Regierung entpuppen, denn damit ließ sich der strenge Schutz durch die Vogelschutzrichtlinie aufweichen – eine komplizierte und bis heute nicht eindeutig geklärte Rechtsfrage, die sich aus der Zusammenführung beider Richtlinien ergibt.

Die Anmeldung nach der FFH-Richtlinie war paradoxerweise Voraussetzung dafür, eine Ausnahmegenehmigung für den zerstörerischen Eingriff zu erlangen. Das allerdings hielten die Umweltverbände wegen der Einzigartigkeit des Süßwasserwatts für vollkommen undenkbar. Denn die EU-Kommission hatte bereits in ähnlichen Fällen gezeigt, wie ernst es ihr als „Hüterin des Gemeinschaftsrechts" mit der Einhaltung der von den Mitgliedstaaten selbst beschlossenen Richtlinien war, und hatte schon Spanien und Großbritannien vor dem Europäischen Gerichtshof verklagt: Im spanischen Santona musste 1993 eine Straße durch ein Vogelschutzgebiet rückgebaut werden, und die englische Stadt Sheerness durfte 1996 ihren Hafen nicht in die Wattflächen der Lappel Bank hinein erweitern – ein Gebiet, dessen Bedeutung für die Vogelwelt weitaus geringer war als die des Mühlenberger Lochs.

Doch während die Umweltverbände sich noch über den vermeintlichen Riesenerfolg freuten, saßen Wirtschaftssenator Thomas Mirow und der grüne Stadtentwicklungssenator Willfried Maier längst in Brüssel, um eine Ausnahmegenehmigung für das Projekt zu erwirken und so die Bahn für den Supervogel frei zu machen.

Die Art und Weise, wie die Bestimmungen der FFH-Richtlinie im Zusammenhang mit der Zerstörung des Mühlenberger Lochs ausgehebelt wurden, ist europaweit ohne Beispiel. „Durch einen solchen Präzedenzfall könnten zukünftig europaweit wertvolle Naturoasen dem beliebigen Zugriff von Wirtschaftsinteressen ausgesetzt werden", fürchtet der Hamburger Rechtsanwalt Rüdiger Nebelsieck, Spezialist für europäisches Umweltrecht: „Das eigentlich vorbildliche Regelwerk hätte damit seinen Sinn verloren."

Der Kniefall der Grünen

„Wir halten uns da völlig raus", so Airbus-Sprecher Rolf Brandt zu der vorgeschriebenen Prüfung der Standortalternativen. Das übernahm die SPD-geführte Wirtschaftsbehörde. Sie gab ein entsprechendes Gutachten beim Büro für Umweltberatung BFUB in Auftrag, das schon viele umstrittene Großprojekte für die Stadt Hamburg „gutgeachtet" hatte. Diplom-Soziologe Bodo Fischer, Gründer und langjähriger Geschäftsführer des Beratungsbüros, saß früher für die SPD in der Bürgerschaft, leitete sogar den Umweltausschuss. Jetzt lieferte er mit seinen Gutachten und anderen Gefälligkeiten das einmalige Naturareal den Baggern, Schwimmkränen und Schlagrammen aus – für insgesamt fünf Millionen Euro Honorar, wie seinerzeit die Tageszeitung *Die Welt* aufdeckte.

Fischers Gutachten zur Alternativenprüfung kam denn auch zu dem Ergebnis, dass von den vier untersuchten Flächen in der Umgebung des Airbus-Werkes nur das Wattgebiet des Mühlenberger Lochs für die Erweiterung in Frage käme. Allerdings seien die empfindliche Fauna und Flora ebenso wie der schwierige, weil schlickige Baugrund „Standortnachteile", die überwunden werden müssten. Eine der Alternativflächen, der zum Obstbauerndorf Neuenfelde gehörende „Rosengarten", wurde mit dem Argument ausgemustert, die dafür erforderlichen Enteignungen seien ein unüberwindliches Hindernis. Nur wenige Jahre später wurde hierauf keine Rücksicht mehr genommen: Ein speziell konstruiertes Enteignungsgesetz sollte die von Airbus geforderte Verlängerung der Werkslandebahn in den „Rosengarten" erzwingen.

Der Naturschutzbund Deutschland (NABU) kritisierte Fischers Gutachten als eine „nachgereichte Begründung" für eine Entscheidung, die offenbar schon lange vorher festgestanden habe. Auch der grüne Umweltsenator Alexander Porschke beurteilte das Ergebnis der Alternativenprüfung als „Einzelmeinung" der Wirtschaftsbehörde. Die Umweltbehörde war gar nicht erst um ihre Einschätzung gefragt worden. Wie verzweifelt die GAL damals um die Rettung des Mühlenberger Lochs rang, zeigt der Vorschlag des Umweltsenators, stattdessen ein anderes, wenn auch vergleichsweise weniger wertvolles Naturschutzgebiet zu opfern, die „Westerweiden" in der Nachbarschaft des Airbus-Werkes. Dazu Wirtschaftssenator Mirow: „Wir werden den Vorschlag von Herrn Porschke sorgfältig betrachten und dann wohl zu dem Ergebnis kommen, dass er wegen ernsthafter Probleme nicht aufgenommen werden kann." Eines dieser Probleme hieß Eugen Wagner, wegen seiner gefürchteten Sturheit auch „Beton-Eugen" genannt: Der damalige Bausenator, bereits seit 1982 im Amt und einer der einflussreichsten SPD-Genossen, wohnt in einem Haus am Rande dieses Naturschutzgebietes. Und da Mirow Ambitionen auf das Amt des

Regierungschefs hatte, durfte er es sich mit dem mächtigen Wagner nicht verderben.

Am 9. Juni 1998 nahm das bis dahin „virtuelle Projekt" (Porschke) konkrete Gestalt an: Der Senat beschloss offiziell, sich um die „Endlinienfertigung", das heißt die komplette Montage des A380, zu bewerben. Die Planungen für die Teilzuschüttung des Mühlenberger Lochs sollten unverzüglich beginnen – entgegen der im Koalitionsvertrag festgeschriebenen Vereinbarung noch vor der Standortentscheidung des Konzerns. Um einen drohenden Bruch der Koalition zu vermeiden, gab die GAL unter Gewissensqualen ihre Zustimmung. Dafür bekam sie von der SPD ein Stückchen Zucker: Eine Autobahn, seit Jahrzehnten geplant, sollte nun nicht mehr wie ursprünglich vorgesehen ein wertvolles EU-Naturschutzgebiet zerschneiden, sondern stattdessen direkt an dessen Rand entlang geführt werden – falls sie denn überhaupt je gebaut würde. Tapfer versuchte Umweltsenator Porschke die bittere Niederlage seiner Partei als „Beleg für rot-grüne Handlungsfähigkeit" zu verkaufen. Er versicherte, dass der Senat alles tun werde, „damit bei der Standortbewerbung der Naturschutz sowohl rechtlich als auch fachlich vollständig beachtet wird. Auch die Bauvorbereitungs- sowie die Baumaßnahmen erfolgen nur unter diesen Voraussetzungen." GAL-Fraktionsvorsitzende Antje Möller sah indessen harten Zeiten entgegen: „Die Auseinandersetzung mit den Umweltschützern wird schwer für uns sein." Womit sie Recht hatte: „Mit großer Nachdenklichkeit und auch mit Wut" kritisierte der NABU den Kniefall der Grünen und legte – wie andere Umweltverbände auch – umgehend Beschwerde bei der EU-Kommission in Brüssel ein.

Kohl und Merkel für Rostock

„Ich verurteile die Intervention des Bundeskanzlers auf das Schärfste!" Dieser Protest von Hamburgs Bürgermeister Runde galt Helmut Kohl (CDU), der sich für den Standort Rostock in Mecklenburg-Vorpommern stark gemacht hatte. Unterstützt wurde das Ansinnen des damaligen Regierungschefs von seiner Umweltministerin und CDU-Landesvorsitzenden in Mecklenburg-Vorpommern, Angela Merkel. Den Osten zu bevorzugen, nur weil er der Osten ist, „hätten wir 1990 akzeptiert", sagte der SPD-Bürgerschaftsabgeordnete Werner Dobritz. „Aber jetzt haben wir 1998." Auch die hanseatischen Christdemokraten fühlten sich „in diesem Fall ganz als Hamburger" und verweigerten ihrem Kanzler die Gefolgschaft.

Dabei hatte der Standort Rostock mit seinem Zivil- und Militärflughafen Laage, Deutschlands größtem Fliegerhorst, ganz offenkundige Vorzüge zu bieten: Dort, rund 30 Autobahnkilometer vom Ostseehafen Rostock entfernt, drohten keinerlei Umweltkonflikte. Klagen von Anwohnern gegen den Bebauungsplan, der in nur fünf Monaten abgeschlossen wurde, gab es nicht. „Planungssicherheit ist Mecklenburg-Vorpommerns beste Trumpfkarte" urteilte deshalb die *Frankfurter Allgemeine Zeitung*.

Weitere Pluspunkte: Auf dem mehr als 1000 Hektar großen staatlichen Areal hätte das Werk für den A380 maßgeschneidert werden können. Damals bereits wurde Laage, einer der modernsten Militärflughäfen Europas, für Übungsflüge der in Hamburg gebauten Airbus-Typen A319 und A321 genutzt. Die jetzt schon drei Kilometer lange Start- und Landebahn hätte problemlos bis auf 4100 Meter verlängert werden können – 600 Meter mehr als in der Airbus-Zentrale Toulouse. „Wer das Areal mit dem Wasserloch von Finkenwerder vergleicht, der muss einsehen, dass Rostock ungleich besser ist", folgerte seinerzeit Jürgen

Seidel (CDU), Wirtschaftsminister von Mecklenburg-Vorpommern.

Auch die versprochenen 4000 neuen Arbeitsplätze wären für das strukturschwache neue Bundesland wichtiger als für das wohlhabende Hamburg. Bei Airbus hieß es damals, man halte zu beiden deutschen Bewerbern. Allerdings verwiesen die Flugzeugbauer darauf, dass in Rostock ein komplettes neues Werk gebaut werden müsste. Auch fehlten dort im Airbus-Bau erfahrene Fachkräfte – kein schlüssiges Argument: Denn ebenso wie Airbus-Mitarbeiter regelmäßig mit wöchentlichen Shuttle-Flügen von Hamburg nach Toulouse pendeln, hätten sie auch nach Rostock fahren oder fliegen können.

Auch an finanzieller Unterstützung für Airbus sollte es in Rostock nicht fehlen: Bis zu 350 Millionen Euro Fördergelder hatte die Landesregierung von Mecklenburg-Vorpommern dem Konzern im Falle einer Ansiedlung in Aussicht gestellt. Diese Zusage erboste Hamburgs Wirtschaftssenator Mirow – er sah gar das föderale System in Gefahr, das auf dem „fairen Wettbewerb der Länder" beruhe. Bis heute indessen hat sich Hamburg die Airbus-Werkserweiterung rund 700 Millionen Euro kosten lassen.

Ministerpräsident Harald Ringstorff (SPD), gerade im Amt, warb für eine Allianz zwischen Hamburg und Rostock. Kirchturmpolitik helfe nur der Konkurrenz: „Besser, wenn für jeden die Hälfte herausspringt, als wenn der Kuchen in ein anderes Land geht." Doch die Pfeffersäcke in der Elbmetropole lehnten die angebotene Zusammenarbeit mit Rostock empört ab.

Inzwischen machten sich die Hamburger schon mal ans Werk: Von schweren Schiffen aus durchlöcherten riesige Bohrer das gesamte Watt, um die Beschaffenheit des künftigen Baugrundes zu prüfen. Bei Niedrigwasser zerfurchten die Fahrzeuge den empfindlichen Grund – nach Ansicht der Umweltverbände ein klarer Verstoß gegen die EU-Naturschutzrichtlinien. Ihre Klage wiesen die Richter mit dem Hinweis ab, das Mühlenberger Loch sei lediglich ein Landschaftsschutzgebiet. Nach geltendem Gesetz seien die Verbände aber nur bei Eingriffen in die höherrangigen Naturschutzgebiete zur Klage befugt. Das Argument der Kläger, das Mühlenberger Loch sei den Richtlinien gemäß ein europäisches und damit höchstrangiges Naturschutzgebiet, ließen die Juristen nicht gelten: Kein Naturschutzgebiet nach deutschem Verwaltungsrecht, also auch kein Klagerecht. Diese engstirnige Auslegung sollte auch in den noch folgenden Klageverfahren eine entscheidende Rolle spielen.

Immer noch war völlig ungewiss, ob Hamburg den Zuschlag für die Endmontage des A380 bekommen würde. Die SPD wollte sich aber auch für den Fall des Scheiterns der Bewerbung den Zugriff auf das Mühlenberger Loch sichern. Dann müsse es neue Verhandlungen über das Schicksal der Elbbucht geben, forderten führende Genossen. Nur für den Super-Airbus könne man „die Schamgrenze der GAL überschreiten", warnte hingegen deren Fraktionschefin Möller.

Am 16. Oktober 1998, drei Monate nach dem Beschluss des Hamburger Senats, sich um die Endmontage des Riesenfliegers zu bewerben, beantragte die Wirtschaftsbehörde gemeinsam mit der damals noch selbstständigen DASA (DaimlerChrysler Aerospace AG) die Erweiterung des Betriebsgeländes der Airbus-Werft. Dafür sollten knapp 170 Hektar, ein Viertel der gesamten Fläche des Mühlenberger Lochs, mit insgesamt rund 12 Millionen Kubikmetern Sand zugeschüttet werden. Allein 20 Hektar wurden gebraucht, um das künftige Bauterrain mit Deichen und stählernen Spundwänden vor Hochwasser zu schützen. Die Anlieferung von Einzelteilen für den A380 aus anderen Airbus-Werken soll per Schiff erfolgen. Bislang werden die vorgefertigten Komponenten für die kleineren Airbus-Typen auf dem Luftweg angeliefert – mit dem dickbäuchigen Frachtjet A300-600ST „Beluga" – so genannt wegen seines tief angesetzten Cockpits, das tatsächlich an die Silhouette eines Beluga-Wals erinnert. Doch die Bauteile für den Superflieger A380 sind selbst für die gewaltige „Beluga" überdimensioniert. Allein die in Hamburg gefertigte vordere Rumpfsektion ist elf Meter lang, fast achteinhalb Meter hoch und zehn Tonnen schwer, das Seitenleitwerk aus dem Airbus-Werk im benachbarten Stade misst 14 Meter in der Höhe.

Damit das Transportschiff direkt am Werksgelände festmachen kann, forderte die DASA eine neue, größere Kaianlage. Auch die vorhandene Start- und Landebahn reichte nun nicht mehr aus: Sie sollte um 363 Meter auf dann insgesamt 2684 Meter verlängert werden – nach Südwesten in Richtung des Obstbauerndorfes Neuenfelde und nach Nordosten weit ins Fahrwasser der Elbe hinein. Gleichzeitig beantragten die Flugzeugbauer eine Erhöhung der Zahl der täglichen Starts und Landungen von bisher acht auf 35.

Von bedrohten Fischen, Vögeln und Menschen

Wenige Tage später lieferten Spediteure den beteiligten Behörden, Verbänden und Vereinen die Planunterlagen frei Haus: Jeweils 23 prallvolle Aktenordner an insgesamt 81 Adressaten – vom Bundesverkehrsministerium über Handels- und Handwerkskammern bis zu Greenpeace, der Hafenlotsenbrüderschaft oder dem Be- und Entwässerungsverband Finkenwerder Süd. Genau sechs Wochen Frist räumte die Wirtschaftsbehörde den Betroffenen für eine Stellungnahme ein – kaum Zeit genug, die zahlreichen „Schlampereien" und „groben Mängel" aufzudecken, die etwa der Bund für Umwelt und Naturschutz Deutschland (BUND) beanstandete. Auch Wissenschaftler waren über die Qualität der Grundlagengutachten entsetzt: Als „miserabel", „sinnlos" und „unbrauchbar" beurteilte der renommierte Gewässerkundler und Elbexperte Professor Hartmut Kausch die vorgelegte „Analyse und Bewertung der Bedeutung des Mühlenberger Loches und der geplanten Maßnahmen für die Fischfauna". Der von Projektkoordinator Fischer bestellte Gutachter Uwe Kohla habe den „Istzustand des Mühlenberger Loches völlig unzureichend beschrieben": Die Bestands-

Vogelparadies Mühlenberger Loch:
Kormorane vor Blankenese (oben), Brandgänse im Schlickwatt (unten)

aufnahme sei mit falschen Methoden (viel zu große Maschenweite der Fangnetze, ungeeignetes Gerät, viel zu wenig Probestellen) und zur falschen Jahreszeit nur flüchtig vorgenommen worden. Die „überragende Funktion" des Flachwassergebiets als Kinderstube für Jungfische wurde auf diese Weise völlig unterschätzt. Vor allem für die Finte, eine Verwandte des Herings, stellt das Mühlenberger Loch das wichtigste Laich- und Aufwuchsgebiet dar. „Diese Fischart ist so stark bedroht, dass eigentlich nirgends auf der Welt in ihre Lebensräume eingegriffen werden dürfte", mahnte Kausch. Doch während der Fischereibiologe Ralf Thiel von der Universität Hamburg dort zu bestimmten Zeiten eine „dicke Suppe von Fintenlarven" feststellte, konnte (oder sollte) Kohla diese Spezies überhaupt nicht ausmachen. Denn die erwachsenen Finten waren als Wanderfische zur Zeit seiner Untersuchung bereits wieder unterwegs in Richtung Meer, die Larven entwischten ihm durch die zu groß bemessenen Netze. Thiel konnte außerdem auch den Nordsee-Schnäpel nachweisen, einen wohlschmeckenden silberglänzenden Lachsverwandten, der schon als ausgestorben galt. Kohla hingegen bestritt das Vorkommen.

Auch die Bestandsaufnahme der im Schlickwatt lebenden Krebse und Würmer weise „gravierende methodische Mängel" auf und genüge nicht den Ansprüchen an eine wissenschaftliche Arbeit, kritisierte Professor Kausch. Gerade im jetzt zugeschütteten östlichen Teil der Elbbucht sei die Zahl der Bodenorganismen pro Quadratmeter stets um ein Vielfaches höher gewesen als in der übrigen Elbe. Wer dieses Kerngebiet vernichte, entwerte das Ganze, warnte der Hydrobiologe. Oder, wie Rechtsanwalt Rüdiger Nebelsieck es später drastisch formulierte: „Wem das Herz herausgerissen wird, dem kann nicht mehr geholfen werden."

Die immense ökologische Bedeutung des Mühlenberger Lochs, von zahlreichen Wissenschaftlern immer wieder belegt, hatte Gutachter Kohla nicht einmal ansatzweise dargestellt. „Einzigartig" und „unersetzlich" sei das Mühlenberger Loch, resümierte Kausch in seiner Stellungnahme. „Niemand, der das hier schriftlich Niedergelegte gehört oder gelesen hat, wird später einmal sagen können, er habe das nicht gewusst." Zumindest Kohla hätte es wissen müssen, hatte er doch bei Kausch und Thiel studiert ... Ob sein Gutachten durch fachliches Unvermögen oder Vorgabe von Auftraggeber Fischer derart mangelhaft ausgefallen war, sei dahingestellt. Auf jeden Fall konzipierten die Planer aufgrund der fehlerhaften Beurteilung völlig unzureichende Maßnahmen zur Kompensation des gravierenden Eingriffs in das Elbwatt.

Eine „sehr hohe und irreversible Beeinträchtigung" bedeute das Bauvorhaben für die Vogelwelt, resümierte das Kieler Institut für Landschaftsökologie unter der Leitung des Biologen Ulrich Mierwald. Die international herausragende Bedeutung des Elbwatts als Rast- und Nahrungsgebiet hatten die beiden Vogelkundler Alexander Mitschke und Stefan Garthe bereits in einem 1994 veröffentlichten Gutachten im Auftrag des Wasser- und Schifffahrtsamtes Cuxhaven und der Hamburger Umweltbehörde dargestellt. Der Grund dafür, dass Enten, Möwen und Watvögel hier ein wahres Schlaraffenland vorfanden, lag in der einmaligen Kombination günstiger Faktoren: Auf den weiten, nahezu störungsfreien Wattflächen fühlten sich auch scheue Vogelarten sicher, und das Gewimmel von Kleinkrebsen, Würmern und Insektenlarven bot ihnen Nahrung im Überfluss.

Ausgerechnet das Herzstück des Europäischen Vogelschutzgebietes wollten die Technokraten um Wirtschaftssenator Mirow zubetonieren. Gerade hier, im östlichen Bereich der Elbbucht, waren die Bedingungen für die Vogelwelt ideal: Weil sich hier von der Strömung herangetragene Schwebstoffe absetzten und dadurch das Watt immer höher wuchs, lief das Wasser bei Flut nur sehr langsam auf. Über Stunden wanderte der Wassersaum auf breiter Front durch das Mühlenberger Loch – in dem nur wenige Zentimeter flachen Wasser konnten Arten wie die zierliche Krickente und die breitschnäblige Löffelente in Ruhe nach Nahrung gründeln und kleine Wasserorganismen durch ihren Lamellenschnabel seihen. Diese beiden Arten wie auch die seltene Zwergmöwe flogen hier regelmäßig in so hoher Zahl ein, dass das

Mühlenberger Loch 1992 als „Feuchtgebiet internationaler Bedeutung" gemäß der Ramsar-Konvention ausgewiesen worden war. Für weitere acht Vogelarten, darunter die hierzulande vom Aussterben bedrohte Trauerseeschwalbe, war die Elbbucht eines der wichtigsten Rastgebiete in Deutschland. Geeignete Ausweichgebiete für die Zugvögel auf ihrer Reiseroute zwischen den Brutplätzen in Nord- und Osteuropa und den afrikanischen Winterquartieren sind kaum mehr vorhanden. Insbesondere die hochspezialisierte Löffelente ist an Süßwasserlebensräume gebunden und kann daher nicht einfach etwa an die Nordseeküste fliegen. Schon Mitschke und Garthe hatten daher gefordert: „Das Mühlenberger Loch, das im nordwesteuropäischen Raum einzigartige Bedeutung als Rastgewässer der Löffelente ... gewonnen hat, muss aus diesen Gründen unbedingt geschützt werden."

Auch eine Pflanzenart machte den Planern Kopfzerbrechen: Der Schierlings-Wasserfenchel, der weltweit nur auf wenigen Stromkilometern im Süßwasser der Unterelbe gedeiht. Der extrem seltene Doldenblütler ruht die meiste Zeit seines Lebens als Same im Schlamm und keimt nur dann, wenn Hochwässer oder Eisgang ihm eine Bresche in die dichte Ufervegetation schlagen. Sobald sich dort jedoch andere, konkurrenzstärkere Pflanzen breit machen, verschwindet er wieder. Im Schlick des Mühlenberger Lochs vermuteten Experten das größte Samenreservoir dieser Art überhaupt. Allein wegen dieser Rarität, einer vorrangig zu schützenden („prioritären") Art gemäß der FFH-Richtlinie, waren die Planer gezwungen, eine Genehmigung der EU-Kommission für den Eingriff einzuholen.

Doch nicht nur die Natur, auch das „Schutzgut Mensch", wie es in den behördlichen Planunterlagen hieß, wird drangsaliert: Mit dem gigantischen Vorhaben werden auf beiden Seiten der Elbe die Wohngebiete mit zusätzlichem Fluglärm und Abgasen überzogen. Das Gedröhn der startenden und landenden Riesenjets über Häusern, Schulen, Parks und Obstplantagen erreicht den Geräuschpegel eines Pressluftbohrers – bei ersten Testflügen des A380 im April 2005

Maximale Rastbestände ausgewählter Vogelarten im Mühlenberger Loch vor dem Eingriff (1992-1997)

Arten mit Beständen von internationaler Bedeutung

Löffelente	2000 (400)
Krickente	4583 (4000)
Zwergmöwe	1400 (750)

Arten mit Beständen von nationaler Bedeutung

Trauerseeschwalbe	1185 (60)
Flussseeschwalbe	600 (220)
Kormoran	1260 (400)
Lachmöwe	17700 (3000)
Silbermöwe	2800 (1500)
Sturmmöwe	1568 (700)
Mantelmöwe	139 (80)
Spießente	138 (100)

Angegeben sind die jeweiligen Höchstzahlen gleichzeitig beobachteter Individuen, verglichen mit den für jede Art offiziell festgelegten Schwellenwerten (in Klammern) für eine Einstufung als international bzw. national bedeutender Lebensraum für die jeweilige Vogelart. (aus: Mitschke & Garthe 1994, verändert)

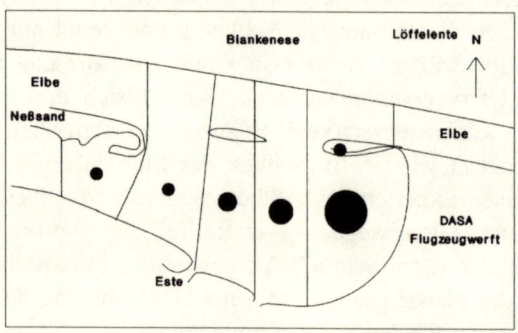

Räumliche Verteilung der Löffelente im Mühlenberger Loch vor dem Eingriff. Die Dicke der Punkte symbolisiert den jeweiligen Anteil des Rastbestandes in den einzelnen Teilflächen, gemittelt über den Zeitraum September 1991 bis August 1993. (dieses und die beiden folgenden Diagramme aus: Mitschke & Garthe 1994)

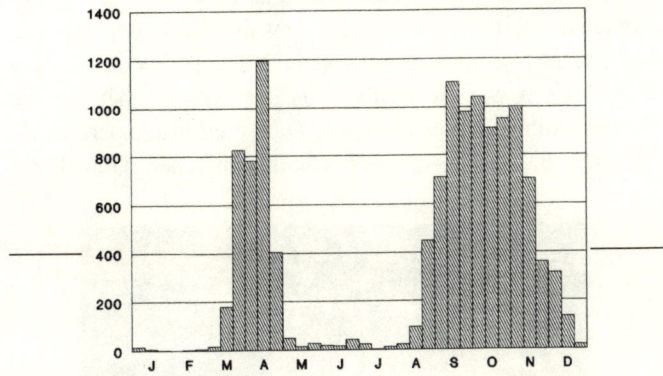

Jahreszeitliches Auftreten der Löffelente im Mühlenberger Loch
Dem Diagramm liegen die Mittelwerte pro Monatsdrittel aus den Jahren 1992 bis 1997 zugrunde. Markiert ist der Schwellenwert von 400 Exemplaren (ein Prozent des nordwesteuropäischen Gesamtbestandes der Löffelente), der eine Einstufung als Rastgebiet von internationaler Bedeutung für diese Art rechtfertigt.

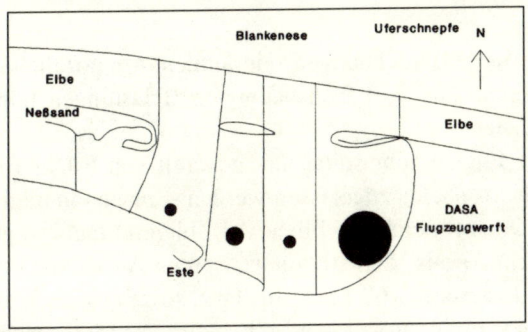

Räumliche Verteilung der Uferschnepfe im Mühlenberger Loch vor dem Eingriff

wurden Spitzenwerte zwischen 88 und 103 Dezibel gemessen. Die täglichen sechsstündigen Probeläufe der Triebwerke, die teilweise im Freien gewaltige Mengen Kerosin verbrennen, verstärken die Gesamtbelastung noch. Ebenso unzulänglich wie die Beurteilung der ökologischen Folgen für das Mühlenberger Loch war auch die Lärmexpertise: So mussten die Verfasser des schalltechnischen Gutachtens

Löffelente

„fehlerhafte Berechnungen" einräumen: Am nördlichen Elbufer seien „die vorhabensbedingten Belastungen höher als angegeben".

Der Flugverkehr sollte nun generell von 6 Uhr früh bis 22.00 Uhr nachts zugelassen werden – ausgenommen sonntags. Doch für eine erhebliche Anzahl von Flugbewegungen auf dem Airbus-Werksflugplatz wurden Ausnahmen festgesetzt: Insgesamt 168 Flüge im Jahr, so sah es die behördliche Genehmigung vor, dürfen bis kurz vor Mitternacht oder an Sonn- und Feiertagen stattfinden. Gleichzeitig beantragte Airbus, am Werksflughafen Finkenwerder bis zu viermal mehr Starts und Landungen als bisher durchführen zu können. Im Freien und bei geöffneten Fenstern werde die Lärmbelastung ganz erheblich zunehmen, räumten die Planer ein. Doch die Wirtschaftsbehörde sah darin kein Problem: Auch für Kinder, die zwischen 19 Uhr und 21 Uhr zu Bett gehen, so die Bürokraten in ihrem Beschluss, seien die Beeinträchtigungen „nicht mehr als gering". Denn nach den „Erkenntnissen der Behörde" könnten die Eltern oder Erziehungsberechtigten die Fenster ja auch erst nach dem Einschlafen ihrer Kinder öffnen: Kinder seien im Schlaf „relativ unempfindlich gegen Störungen durch Lärm". Bei älteren Menschen schließlich, so wussten die Bürokraten, sei „zu beobachten, dass diese dadurch, dass sie nicht mehr berufs-

Schierlings-Wasserfenchel

tätig sind, einem für sie subjektiv als belästigend empfundenen Lärm ausweichen, indem sie das lärmbelastete Gebiet verlassen". Soll heißen: Wer nicht wegzieht, ist selber schuld.

In einem Brief „an die lieben Nachbarn" bot Airbus den Bewohnern und Schulen im Zentrum der Flugschneise, dort, wo der Lärm bei geöffneten Fenstern unerträglich sein wird, einen Zuschuss zum Einbau schalldämmender Fenster und spezieller Belüftungsaggregate an. Diese Geräte sollen nach Angaben des Herstellers aus der angesaugten Außenluft „Abgas- und Kerosingerüche herausfiltern". Die schmierigen Hinterlassenschaften des Treibstoffes legen sich schon jetzt im benachbarten Alten Land auf die Fensterscheiben und die Wasserspiegel der Regentonnen. Und „Altländer Kerosinäpfel", so fürchten die Obstbauern, würden kaum noch Käufer finden. Verluste drohen ihnen auch durch eine Veränderung des Kleinklimas in den Plantagen: Bislang hatte das Flachwasser des Mühlenberger Lochs als eine Art Wärmepolster, das Spätfröste zur Blütezeit abmilderte, den ertragreichen Obstbau im Alten Land erst möglich gemacht.

Die Verlängerung der Werkslandebahn nach Nordosten bis in den Elbstrom hinein birgt die Gefahr von Kollisionen zwischen Flugzeugen und Schiffen. Denn wenn der Riesenjet A380 beim Starten und Landen in niedriger Höhe über die Elbe donnert, könnte er den oft mehr als 40 Meter über der Wasserlinie aufragenden Großtankern und Containerfrachtern in die Quere kommen. Schon bei mittelgroßen Schiffen von knapp 20 Meter Höhe könnte es krachen. Augenzeugen beobachteten schon mehrfach Beinahe-Kollisionen. Als schlechten Scherz empfanden die Elblotsen den Bürokrateneinfall, an diesem künstlichen Engpass den Verkehr mit einer Ampel zu regeln: Die Giganten der Meere haben selbst bei langsamer Fahrt einen kilometerlangen Bremsweg. Nun soll ein Radar am Airbus-Tower die Schiffe orten. Doch damit lässt sich nur deren Position, nicht aber ihre Höhe registrieren. Dazu wiederum wäre eine Kamera notwendig – doch was tun bei Nebel oder Dunkelheit?

Zunächst vorenthalten wurde den Einwendern ein Gutachten des Deutschen Flugsicherheitsdienstes. Danach hätte bei einer beantragten Landebahnlänge von 2684 Metern der bestehende Hochwasserschutzdeich am Ende und auch seitlich der Piste eigentlich abgetragen werden müssen, weil er eine Gefährdung für die Flugsicherheit darstellt. Weshalb die Wirtschaftsbehörde dieses Risiko scheinbar in Kauf nahm, wurde erst im Laufe der weiteren Entwicklung klar: Offensichtlich hatten Airbus und die Stadt bereits zu diesem Zeitpunkt eine weitere Verlängerung der Landebahn über den Elbdeich hinaus bis in das Dorf Neuenfelde hinein abgesprochen.

Gegen all diese Gefahren, Unwägbarkeiten und Nachteile für Mensch und Umwelt setzte der Hamburger Senat die Hoffnung auf 4000 neue Jobs – für die Airbus freilich nie eine verbindliche Zusage, geschweige denn eine Garantie gegeben hatte. Von Anfang an beherrschte der Slogan

„A3XX – Arbeitsplätze für Hamburg" die Diskussion. Auf Buttons gedruckt und in den Hamburger Medien gebetsmühlenartig wiederholt, sollte das Arbeitsplatzversprechen die Hamburger Bevölkerung für das umstrittene Mammutprojekt begeistern.

Geheime Schreiben und ein Verwaltungsmann in Tränen

„Wir alle befinden uns auf einer Beerdigung", rief der damals 80jährige Walter Hinneberg, Schiffsmakler und einer der prominentesten Hamburger Kaufleute, in den Saal, in dem am 1. Februar 1999 der so genannte Erörterungstermin zur Werkserweiterung begann: „Hier wird die Demokratie beerdigt, und Beerdigungsunternehmer ist die Freie und Hansestadt Hamburg!" Drei Wochen lang – insgesamt 110 Stunden – hatten 2600 Einwender mitsamt ihren Rechtsanwälten Gelegenheit, ihre Argumente gegen die Pläne von Airbus und Wirtschaftsbehörde vorzubringen. Hinnebergs Empörung galt dem berüchtigten Hamburger Politfilz: Denn Anhörung und Genehmigung des Verfahrens lagen in der Hand der Antragstellerin, des Amtes für Strom- und Hafenbau der Hamburger Wirtschaftsbehörde. Die Beamten der einen Abteilung hatten somit über den Antrag ihrer Kollegen aus demselben Amt zu entscheiden. Behördeninterne Vermerke beweisen, dass sie sich dabei regelmäßig abstimmten und unterstützten. Alle standen unter dem Befehl ihres obersten Dienstherrn, Wirtschaftssenator Mirow, gleichzeitig Aufsichtsratsmitglied des Airbus-Bauers DASA.

Die Multifunktion der Behörde beklagte Rechtsanwalt Peter C. Mohr, Vertreter zahlreicher betroffener Bürger, als einen „bundesweit einmaligen" Missstand, der die Rechtsstaatlichkeit des Verfahrens in Zweifel geraten ließ. „Da beginnen die Bauchschmerzen", kommentierte sogar das den Plänen stets gewogene *Hamburger Abendblatt*: „Dass die Wirtschaftsbehörde Prüfinstanz in eigener Sache ist, lässt zumindest Zweifel an der Objektivität des Verfahrens aufkommen."

So geriet der ganze Erörterungstermin von vornherein zur Farce. Befangenheitsanträge gegen den Leiter der Anhörung, den Verwaltungsjuristen Dietrich Hartmann-Heuer, wurden sämtlich zurückgewiesen. Selbst bestens begründete Argumente der Einwender prallten regelmäßig an den Beamten ab: „Aus fachlicher Sicht mögen Sie ja Recht haben", entgegnete Hartmann-Heuer etwa dem NABU-Biologen Manfred Prügel. „Aber darum geht es hier doch gar nicht. Es geht hier darum, das Verfahren juristisch wasserdicht zu machen – und dafür werden wir sorgen." In Wirklichkeit bestimmte Berater Fischer, der für die Wirtschaftsbehörde und die DASA gleichzeitig sprach, worüber diskutiert wurde: Auf Fragen der Einwender durften die Gutachter nur antworten, wenn Fischer auf dem Podium es ihnen mit einem Kopfnicken erlaubte. Ansonsten antwortete er selbst, lenkte, wenn es für die Antragsteller knifflig wurde, geschickt ab – oder verweigerte schlicht jede Aussage. Zu seinen bevorzugten Strategien gehörte es auch, die Diskussion besonders heikler Punkte möglichst weit ans Ende der langen Sitzungstage zu verschieben – wenn viele Kritiker bereits gegangen und die Verbliebenen übermüdet waren.

Ob Naturschutz, Lärmbelastung oder Sturmflutgefahr – im später veröffentlichten Planfeststellungsbeschluss, der rechtlichen Genehmigung des Projektes, hieß es nahezu regelmäßig: Die Einwendung „wird richtigerweise zurückgewiesen", „ist unbegründet" oder „steht dem Allgemeinwohl nicht entgegen". Dabei lag der Beschluss selbst, eigentlich das Ergebnis der Anhörung, offenbar schon vier Wochen vor ihrem Beginn in der Schublade. Das ging aus einem internen Schreiben hervor, in dem die Wirtschaftsbehörde ihren Rechtsbeistand bereits am 4. Januar 1999 gebeten hatte, fertige „Textbausteinentwürfe des künftigen Planfeststellungsbeschlusses durchzusehen" – ein Vorgehen, das Hartmann-Heuer als „normal" bezeichnete.

Endgültig zum Schmierentheater wurde die Veranstaltung, als den Einwendern ein bis dahin unbekanntes Schreiben des Wirtschaftsstaatsrates Heinz Giszas vom 10. Dezember 1998 zugespielt wurde. Darin versprach er Airbus-Chef Gerhard Puttfarcken eine Piste nach Maß: Obwohl im laufenden Planverfahren nur eine Verlängerung der Start- und Landebahn auf 2684 Meter beantragt war, bot Giszas „in zwei Schritten" einen Ausbau um weitere 501 Meter an, falls Airbus dies wünsche. Damit würde die Rollbahn mitten in das Obstbauerndorf Neuenfelde im Alten Land reichen. Bei der Prüfung der Alternativen für die Werkserweiterung waren seinerzeit just die dafür benötigten Flächen verworfen worden – weil möglicherweise langwierige Enteignungsverfahren gedroht hätten. Die neue Entwicklung mache deutlich, so der Naturschutzbund NABU, „dass die Argumentation hinsichtlich der Enteignungsproblematik nur vorgeschoben war – die scheinbare Beschränkung auf die Erweiterungsfläche Mühlenberger Loch stellt tatsächlich den Einstieg in die Zerstörung des Alten Landes dar."

Jahrzehntelang hatten Flugzeugindustrie und Obstbau – nur durch den Elbdeich und eine Straße voneinander getrennt – in friedlicher Koexistenz gelebt: „Wir waren immer gute Nachbarn mit Airbus", betonte Obstbäuerin Käthe Quast, deren Schwiegertochter Gabi später zur zentralen Figur des Widerstandes gegen das Projekt werden sollte. Nun alarmierte Giszas' Schreiben nicht nur die Bewohner des Alten Landes: Das Ganze sei „nur ein Torso dessen, was wirklich geplant ist", sagte Rechtsanwalt Peter Mohr. Das wahre Ausmaß der Werkserweiterung, empörten sich die Einwender, sollte geheim gehalten werden, um den Protest der Obstbauern zu vermeiden. Ein derart gravierender Eingriff in die gesamte, auch touristisch beliebte Region hätte von vornherein noch mehr Widerstand provoziert. Absehbare langwierige Enteignungsverfahren hätten das ganze Vorhaben mit Sicherheit scheitern lassen. Denn das Projekt stand von Beginn an unter enormem Zeitdruck: Wollte die Stadt überhaupt eine Chance haben, den A380 nach Hamburg zu holen, musste bis zu der für den Sommer 2000 angekündigten Standortentscheidung von Airbus der Zugriff auf die Erweiterungsfläche rechtlich abgesichert sein.

> **Das Alte Land – Nordeuropas größter Obstgarten**
>
> Das Alte Land erstreckt sich südlich der Elbe von der Autobahn 7 rund 30 Kilometer weit in westlicher Richtung bis zum Elbnebenfluss Schwinge. Der größere Teil der Region gehört verwaltungsmäßig zum niedersächsischen Landkreis Stade. Nur das östliche Drittel mit den Dörfern Francop, Cranz und Neuenfelde wurde durch das „Großhamburg-Gesetz" von 1937 dem Hamburger Staatsgebiet einverleibt.
> Im April und Mai verwandelt die Obstbaumblüte das Alte Land in ein weißrosa Blütenmeer, das jedes Jahr zahlreiche Gäste anzieht. Im Juli locken dann saftige Kirschen, die an zahlreichen Straßenständen feilgeboten werden, und ab September leuchten überall die reifen Äpfel.
> Das Alte Land ist jedoch mehr als nur Idylle: Es ist vor allem ein bedeutender Wirtschaftsraum. Mit einer Anbaufläche von rund 100 Quadratkilometern und einem Bestand von mehr als 16 Millionen Obstbäumen ist die Region zwischen Hamburg und Stade das größte geschlossene Obstanbaugebiet Deutschlands und das

Die Gegner forderten angesichts der neuen Wendung den Abbruch des Verfahrens. Verhandlungsleiter Hartmann-Heuer war das geheime Schreiben seines obersten Vorgesetzten offenbar ebenfalls unbekannt. Sichtlich erregt unterbrach er die Sitzung zunächst für eine Stunde, setzte sie schließlich für den Tag ganz aus, um die Sachlage zu klären. Der nüchterne Verwaltungsmann, so erinnern sich Teilnehmer, habe tränenfeuchte Augen gehabt. Am nächsten Morgen erschien er – mitten im Winter im spärlich beleuchteten Saal – mit Sonnenbrille, verlas eine vorgefertigte Erklärung, nach der Giszas' Zusage lediglich als politische Willenserklärung zu verstehen sei, und setzte das Anhörungsverfahren fort. Weitere Diskussionen über diesen entscheidenden Punkt wurden nicht zugelassen.

Rechtsanwalt Nebelsieck beschrieb später in einem Schriftsatz an das Hamburgische Verwaltungsgericht vom 17.10.2000 die möglichen Gründe für das merkwürdige Verhalten des Verhandlungsleiters an jenem Morgen: Er, Nebelsieck, habe „aus glaubwürdiger Quelle" erfahren, dass Hartmann-Heuer am Vorabend Besuch in seinem Hause be-

> größte in ganz Nordeuropa dazu. Etwa jeder dritte in Deutschland produzierte Apfel stammt von hier. Äpfel machen mit einem durchschnittlichen Ernteertrag von 280.000 Tonnen pro Jahr 90 Prozent der Obstproduktion aus. Daneben werden vor allem Kirschen, in geringerem Umfang auch Birnen, Pflaumen und Zwetschgen sowie Erdbeeren angebaut. Das Obst gibt vielen Menschen in der Region Lohn und Brot: Allein im hamburgischen Teil des Alten Landes wirtschaften 210 Obsthöfe, davon 140 Vollerwerbsbetriebe. Insgesamt sind im Niederelbegebiet etwa 2.100 Voll-Arbeitskräfte im Obstbau beschäftigt, davon rund 1.100 Familienarbeitskräfte, 400 feste Arbeitskräfte und etwa 650 Saisonarbeiter. In der Obstvermarktung arbeiten nach Schätzungen des Obstbau-Versuchs- und Beratungszentrums Jork etwa 1.500 Menschen. Dazu kommen weitere Arbeitsplätze, die vom Obstbau abhängig sind, etwa in der Produktion von Frostschutzberegnungsanlagen. Auch für Tourismus und Naherholung spielt das Alte Land mit seinen blühenden Obstbäumen und lebendigen Traditionen eine wichtige Rolle. Jährlich werden rund 250.000 Übernachtungen und 200.000 Tagesgäste gezählt.

kommen hatte, und zwar „von seinem Amtsleiter (Ulrich Hensen) sowie den für die Antragstellung verantwortlichen leitenden Beamten der Wirtschaftsbehörde". Diese hätten ihn „massiv bedrängt", das Verfahren fortzusetzen. Anderenfalls werde sich seine weitere Laufbahn bei der Wirtschaftsbehörde „in einem Büro unter der Dachschräge" abspielen. Die Unterredung solle bis in die frühen Morgenstunden gedauert haben. Zeugen könnten benannt werden, falls das Gericht dies wünsche. Hartmann-Heuer parierte. Kurz danach wechselte er in die Baubehörde. In einer eidesstattlichen Erklärung bestritt er später die von Nebelsieck geschilderten Umstände.

Bernd Meyer, Sprecher der Wirtschaftsbehörde, konnte die Aufregung nicht nachvollziehen: Eine Startbahnverlängerung sei zurzeit rein hypothetisch, und wenn es soweit käme, „wäre selbstverständlich ein eigenständiges Planfeststellungsverfahren notwendig". Auf jeden Fall würde die beantragte Strecke von 2684 Meter für die Basisversion des A380 ausreichen. Dies könne sich jedoch ändern, so sorgte indessen Airbus schon einmal vor, falls größere und schwerere Versionen gebaut werden sollten. Schon im April 1998, das offenbarte die „streng vertrauliche" Senatsdrucksache Nr. 98/610, die erst zwei Jahre später vom BUND an die Öffentlichkeit gebracht worden war, hatte der Flugzeugbauer dem Senat seinen Forderungskatalog („requirements") für die Ansiedlung eines A380-Montagewerks vorgelegt. Darin war auch die geforderte Landebahnlänge exakt festgelegt: 2684 Meter ohne Kunden-Auslieferungszentrum und 3035 Meter für den Fall, dass am Standort auch die fertigen Flugzeuge an die ordernden Fluggesellschaften ausgeliefert werden würden. Hamburg hatte sich zwar um die prestigeträchtige Auslieferung des A380 beworben – in den Planfeststellungsunterlagen aber gleichwohl nur eine Landebahnlänge von 2684 Meter beantragt. Das sei ausreichend, beantwortete der Senat eine entsprechende parlamentarische Anfrage des CDU-Abgeordneten Karl-Heinz Ehlers. „Damit ist Klarheit geschaffen, dass die Anwohner eine weitere Ausdehnung nicht befürchten müssen", so Ehlers.

Zur gleichen Zeit bekamen jedoch die Bürger in Neuenfelde, deren Häuser und Grundstücke in der Verlängerung der Rollbahn lagen, ungebetenen Besuch: Bodo Fischer und Gunther Bonz, damals Leiter des A380-Projektes und mittlerweile Staatsrat in der Wirtschaftsbehörde, legten den Eigentümern nahe, ihren Besitz an die Stadt Hamburg zu verkaufen. Denn sie müssten damit rechnen, dass die Piste um weitere 500 Meter verlängert würde. Fischer und Bonz boten einen guten Preis, drohten aber gleichzeitig mit Enteignung, falls die Betroffenen sich weigerten zu verkaufen. Das alles sei natürlich streng vertraulich... So zogen Angst, Neid und gegenseitiges Misstrauen in das Dorf ein.

Doch die Zusage von Staatsrat Giszas, die Landebahn auf 3185 Meter zu verlängern, reichte dem Konzern noch längst nicht. Bereits im September 1999 stellte Airbus „wegen möglicher technischer Weiterentwicklungen" neue Ansprüche und spielte die Bewerberstädte gegeneinander aus: Die Konzernzentrale Toulouse habe eine Piste von 3500 Metern zu bieten... Eilfertig verkündete Wirtschaftssenator Mirow, Hamburg werde alles tun, um bis spätestens 2006

Im Alten Land

eine vergleichbare Landebahnlänge „zur Verfügung zu stellen". Einklagbar sei sein Versprechen zwar nicht, das Unternehmen wisse aber, so Mirow, dass die Stadt bisher jede politische Zusage in Bezug auf frühere Erweiterungen des Werksgeländes eingelöst habe.

„Hamburg übt den Dauerknicks", kommentierte die *Frankfurter Allgemeine Zeitung* (*FAZ*). „In Hamburg lässt sich beobachten, was internationaler Standortwettbewerb für die lokale Politik bedeutet. Über die Jahre sind die Verantwortlichen in dem Versuch, möglichst günstige Bedingungen für die DASA zu schaffen, zu Getriebenen geworden. Die Stadt macht Zugeständnis um Zugeständnis, Zusage um Zusage." Städte und Regionen hätten kaum eine andere Möglichkeit, als dem Unternehmen das Terrain zu bereiten, so Gerd Hennings, Professor für Gewerbeplanung in Dortmund, in der *FAZ*: „Der internationale Standortwettbewerb ist ziemlich gnadenlos. Entweder man spielt mit oder man lässt es." In den vergangenen 20 Jahren habe die Stadt keinem anderen Nutzer so nachgegeben, beklagte Hamburgs ehemaliger Oberbaudirektor Egbert Kossack. Er hätte zudem das Vorhaben nicht direkt am Fluss, sondern weiter landeinwärts verwirklicht, aber: „Das ist an der Stadtplanung vollkommen vorbeigegangen."

Einen Monat später legte Airbus noch einmal nach: „Wenn es bis Ende Dezember dieses Jahres keinen Planfeststellungsbeschluss gibt", so drohte der damalige Geschäftsführer Gustav Humbert dem Senat, „hat Hamburg schlechte Karten für den A3XX (jetzt A380)."

Eine Dänin spuckt ins Loch

Der 29. Oktober 1999 war ein denkwürdiger Tag: Angesichts der neuen Dimension der Bedrohung schlossen sich Betroffene von beiden Seiten der Elbe zum „Schutzbündnis für Hamburgs Elbregion" zusammen, mit rund 30.000 Mitgliedern die größte Bürgerinitiative in der Geschichte Deutschlands. Obstbauern und Blankeneser Kaufleute, Naturschutzverbände und Segelclubs, Landfrauenvereine und Rechtsanwälte – rund 30 höchst unterschiedliche Organisationen sowie Privatleute bündelten hier ihren Widerstand gegen das zerstörerische Projekt. „Ein gutes Stück Hamburg", befand Obstbäuerin Gabi Quast aus Neuenfelde, Sprecherin der Initiative. „All diese Menschen gegen sich aufzubringen, ist wahrlich nicht leicht", kommentierte Sven-Michael Veit in der *tageszeitung* (*taz*). Der Senat habe es trotzdem geschafft – „eine rot-grüne Regierung, die kaum eine Gelegenheit auslässt, die ach so ökologischen, sozialen und bürgernahen Motive ihres Handelns zu betonen." Veit zitierte Georg Büchner, der schon vor über 170 Jahren seinen „Woyzeck" sagen ließ: „Die Herren machen das selber, dass ihnen der arme Mann feyndt wird."

Vergeblich versuchte die Wirtschaftsbehörde, die Phalanx der Gegner mit der Pressemitteilung „BUND und NABU betreiben Desinformation" zu spalten. Der Vorwurf gegen die Verbände, hinsichtlich der benötigten Landebahnlänge die Neuenfelder „Bürgerinnen und Bürger wissentlich irrezuführen", erwies sich als Bumerang: Die Behörde müsse sich die Frage gefallen lassen, wer hier eigentlich wen irreführt, konterte der BUND. Unterstützung kam auch von der FDP: „Die Vorgehensweise des Senats bzw. der Wirtschaftsbehörde ist für eine dem Rechtsstaat verpflichtete Partei unerträglich", so der damalige Landesvorsitzende Kurt Hansen.

Fortan ignorierten die Projektbetreiber das Schutzbündnis weitgehend und versuchten stattdessen, den Sozialneid der Hamburger Bevölkerung zu schüren: Die Gegner des Vorhabens seien vor allem reiche Blankeneser Bürger, die doch nur Angst um ihre schöne Aussicht auf die Elbe hätten...

Viel mehr noch als das Schutzbündnis plagte zunächst jedoch ein anderes Problem die Verantwortlichen bei Airbus und der Wirtschaftsbehörde – die immer noch ausstehende Genehmigung aus Brüssel.

„Eine Dänin spuckt uns ins Mühlenberger Loch", schrieb die *Hamburger Morgenpost* am 18. August 1999. Gemeint war die scheidende EU-Umweltkommissarin Ritt Bjerregaard. Die nämlich hatte als Reaktion auf die Beschwerdeschreiben der Umweltverbände wegen der geplanten Zerstörung des Mühlenberger Lochs inzwischen ein so genanntes Vertragsverletzungsverfahren gegen die Bundesrepublik Deutschland eingeleitet. Gleichzeitig lief, unabhängig von diesem speziellen Fall, vor dem Europäischen Gerichtshof eine Klage der EU gegen Deutschland wegen unzureichender Umsetzung der FFH-Richtlinie.

Das Vorgehen im Fall Mühlenberger Loch war Wasser auf die Mühlen der engagierten Kommissarin: „Auch nach Prüfung der deutschen Stellungnahme bleibt die Kommission bei ihrer Auffassung, dass im vorliegenden Fall ein Verstoß gegen das Gemeinschaftsrecht vorliegt", schrieb sie an Bundesaußenminister Joschka Fischer. Deutschland hätte die vorgeschriebene Prüfung von Alternativlösungen nicht allein auf die Stadt Hamburg beschränken dürfen. Die Begrenzung auf ein so kleinräumiges Gebiet könne nur in Ausnahmefällen in Betracht kommen, etwa wenn ein Projekt untrennbar mit dem betroffenen Areal in Verbindung stehe. Dies sei jedoch im vorliegenden Falle „nicht erkennbar", kritisierte Bjerregaard. Kritisch äußerte sich die Umweltkommissarin auch über die von der Stadt geplanten Ausgleichsmaßnahmen für die Zerstörung des Mühlenberger Lochs.

Alcatraz des Nordens

In der Tat – was sich die Technokraten aus der Wirtschaftsbehörde und ihre Gutachter ausgedacht hatten, um für die zubetonierten Wattflächen der Elbbucht Ersatz zu schaffen, übertraf alles, was Wissenschaftler und Naturschutzfachleute je an abstrusen Fehlplanungen erlebt hatten. Die Projektgegner hielten das Mühlenberger Loch wegen seiner Großflächigkeit und seiner einzigartigen ökologischen Ausstattung ohnehin für unersetzlich. In ihren Augen musste das Projekt schon allein aus diesem Grunde scheitern. Denn die FFH-Richtlinie stellt hier ganz eindeutige Anforderungen: Der Eingriff in ein europäisches Schutzgebiet ist nur dann zu genehmigen, wenn durch entsprechende zeitnahe Ausgleichsmaßnahmen der Zusammenhang (Kohärenz) des europäischen Schutzgebietssystems „Natura 2000" gewährleistet ist. Die Planer mussten also für den Eingriff gleichzeitig an anderer Stelle einen entsprechenden Lebensraum mit denselben ökologischen Funktionen wie das Mühlenberger Loch schaffen: Nahrungs- und Rastgebiet für Tausende von Zugvögeln, wichtigste Kinderstube der Elbfische, Wuchsort des Schierlings-Wasserfenchels. Anders als nach deutschem Naturschutzrecht war es in diesem Falle nicht möglich, den Verlust eines Süßwasserwatts etwa durch die – ökologisch natürlich unsinnige – Aufforstung eines Kartoffelackers „auszugleichen". Auch die in Deutschland übliche Praxis, sich der Verantwortung für die Umwelt durch Zahlung einer von den Umweltbehörden festgesetzten Geldsumme, der so genannten „Ausgleichsabgabe", zu entziehen, ließ sich hier nicht anwenden. Mit großer Verblüffung musste die Hamburger Wirtschaftsbehörde nun einsehen, dass europäisches Naturschutzrecht auch für sie gilt. Bei früheren schweren Eingriffen in Natur und Landschaft hatte sie es immer wieder verstanden, notwendige Kompensationsmaßnahmen bis zur völligen Erschöpfung der Umweltverbände zu blockieren und hinauszuzögern – eine „gängige Geschäftspraxis", wie ein frustrierter Mitarbeiter der Behörde unumwunden zugab.

Wo aber sollte man im dicht besiedelten Stadtstaat Hamburg mindestens 170 Hektar neues Süßwasserwatt schaffen? Die Hanseaten waren also auf Nachbarschaftshilfe angewiesen. Die SPD-geführten Landesregierungen von Niedersachsen und Schleswig-Holstein willigten ein, Hamburg bei der Suche nach Ausgleichsflächen zu unterstützen, da auch sie sich wirtschaftliche Impulse durch den Bau des Super-Airbus erhofften. Bilaterale Staatsverträge zwischen Hamburg und seinen Nachbarländern wurden geschlossen – nicht ganz unentgeltlich, wie später aus gut informierten Kreisen zu vernehmen war: Niedersachsen nötigte den Hanseaten als Preis für seine Unterstützung die Zusage für den Bau der bis dahin eher ungeliebten A 26 ab, eine Autobahn, die das Alte Land der Länge nach zerschneiden würde. Und Schleswig-Holstein freute sich über die lang ersehnte Zustimmung Hamburgs zur Elektrifizierung der Bahnstrecke Hamburg-Lübeck.

Letztlich wurden drei weit auseinander liegende Gebiete auserkoren, um den Verlust auszugleichen. Doch damit, so warnte der NABU Hamburg unter Berufung auf ein entsprechendes Gutachten des Kieler Ökologie-Professors Klaus Dierssen, würden „die vielschichtigen Beziehungen und Verflechtungen zwischen den einzelnen Funktionen, Arten und Lebensraumbestandteilen" im Ökosystem des Elbwatts „komplett auseinander gerissen".

Als erstes waren die Planer in Niedersachsen fündig geworden: Wenige Kilometer stromabwärts des Mühlenberger Lochs liegt die Elbinsel Hahnöfersand. Auf der Insel gab es Wiesen, Weiden, Wald – und mittendrin ein Gefängnis. Die Justizvollzugsanstalt für Frauen und Jugendliche wird von der Stadt Hamburg betrieben. Hier wollten die Technokraten nun zwei künstliche Süßwasserwattflächen schaffen. Da das Gefängnis jedoch stehen bleiben sollte, sah der Plan vor, westlich und östlich davon zwei voneinander getrennte Flächen auszubaggern. Dafür müsste der vorhandene Deich zurückverlegt und der Boden soweit abgetragen werden, dass die Elbe im Rhythmus der Gezeiten hineinschwappen und Schlick ablagern kann. Ein Gefängnis mitten im Watt – das „Alcatraz des Nordens", spotteten Kritiker.

Innerhalb von zwei Jahren, so behauptete Gutachter Kohla, würden sich im Schlick der neuen Wattflächen Würmer, Krebse und Insektenlarven ansiedeln, der Tisch für Krick- und Löffelente wäre reich gedeckt. Diese Vorstellung sei in ihrer „ahnungslosen Schlichtheit kaum mehr zu unterbieten", zürnte Elbkoryphäe Kausch. Denn bis sich aus gewachsenem Erdreich ein funktionsfähiges Watt mit einer stabilen Lebensgemeinschaft entwickelt habe, vergingen mindestens zehn Jahre – wenn es denn überhaupt funktioniere. Das aber würde bedeuten, dass der Ausgleich für die Zerstörung viel zu spät käme. Auch dazu hatte sich die EU-Umweltkommissarin in ihrem Schreiben an Bundesaußenminister Fischer eindeutig geäußert: „…dass der Eingriff in ein geschütztes Gebiet nur dann zulässig sein kann, wenn die Ausgleichsmaßnahmen nicht nur beabsichtigt, sondern zumindest größtenteils bereits durchgeführt wurden. Andernfalls wäre die Sicherung der im konkreten Fall geschützten Lebensräume und der in ihr lebenden Tiere und Pflanzen unter Umständen nicht gegeben."

Der von Kohla angegebene Zeitraum sei eine „realitätsferne, rein zweckoptimistische Prognose", schrieb auch der Hydrobiologe Hans-Joachim Krieg in einem Gutachten zur Bedeutung des Mühlenberger Lochs und zur Ausgleichsmaßnahme Hahnöfersand, das die Umweltverbände in Auftrag gegeben hatten. Wissenschaftlich fundiert beschrieb Krieg darin die „herausragende ökologische Bedeutung" des Mühlenberger Lochs als das „letzte große, zusammenhängende Flachwasser- und Süßwasserwattgebiet", das nach den zahlreichen wasserbaulichen Eingriffen in die Elbe noch verblieben sei. Der Eingriff in den wertvollsten Teil beschränke sich nicht allein auf die überbaute Fläche, sondern beeinträchtige das gesamte Ökosystem des Mühlenberger Lochs und auch den Fluss selbst. Diese Tatsache blieb jedoch bei der Berechnung des Ausgleichsbedarfs völlig unberücksichtigt, ebenso wie die Auswirkungen der erst kurz zuvor abgeschlossenen Elbvertiefung zugunsten immer größerer Containerschiffe. Nach dem EU-Reglement hätten die Folgen auch dieses Eingriffes für die Elbbucht berücksichtigt und ausgeglichen werden müssen. So laufen etwa Sturmfluten im vertieften Flussbett immer schneller und höher auf, während andererseits im Mühlenberger Loch 170 Hektar Rückhaltefläche verloren gingen. Das geplante Pseudowatt, so Kriegs Fazit, könne den Verlust nicht kompensieren: „Damit ist auch die Kohärenz nach Natura 2000 nicht sichergestellt."

Und weshalb, so fragte sich nicht nur Gutachter Krieg, waren die Planer so sicher, dass sich auf den neu geschaffenen Wattflächen zukünftig exakt 1007 (!) Löffelenten niederlassen würden? Ganz einfach: Die vermeintliche Prägnanz dieser Aussage beruhte einzig und allein auf einem gebietsbezogenen Mittelwert maximaler Rastbestände der Löffelente im Mühlenberger Loch. Da sich auf der Gesamtfläche vor dem Eingriff – unabhängig von der tatsächlichen Verteilung – rein rechnerisch 9,5 Individuen pro Hektar aufgehalten hatten, musste das nach den Vorstellungen der Planer auch auf dem zweigeteilten Watt von Hahnöfersand (insgesamt 106 Hektar) so sein. Ergo: 9,5 Enten pro Hektar multipliziert mit 106 ergibt 1007 Löffelenten – aus wissenschaftlicher Sicht „völliger Unfug", wie NABU-Biologe Prügel urteilte. Doch aus Sicht der Stadt war damit auch die Einstufung von Hahnöfersand als „Feuchtgebiet internationaler Bedeutung" gemäß Ramsar-Konvention sichergestellt, denn dazu reicht ein Rastbestand von 400 Löffelenten (ein Prozent der gesamten nordwesteuropäischen Population) aus. Bisher konnten Vogelkundler hier allerdings nur eine Höchstzahl von 35 Löffelenten beobachten. Ob es daran lag, dass die Flächen nicht tief genug abgebaggert worden waren? Denn wie Mitarbeiter der Hamburger Umweltbehörde bei einer Begehung feststellten, machten sich dort stellenweise Weidenbüsche und hochwüchsige Stauden breit – eine Vegetation, wie sie typisch für feuchte Ufer, nicht aber für Wattflächen ist.

„Ich zieh' euch das Ding durch!"

„Untauglich und Natur zerstörend!" Dieses vernichtende Urteil fällten die Umweltverbände über die Planungen der zweiten Ausgleichsmaßnahme in der Haseldorfer Marsch, einige Kilometer westlich von Hahnöfersand am schleswig-holsteinischen Elbufer gelegen. Dort erstreckt sich entlang des Flusses das Naturschutzgebiet „Haseldorfer Binnenelbe mit Elbvorland", mit einer Fläche von 2160 Hektar eines der größten des Landes. Wegen seiner überragenden Bedeutung für Fauna und Flora war es ebenso wie das Mühlenberger Loch als europäisches Schutzgebiet gemäß Vogelschutz- und FFH-Richtlinie sowie als „Feuchtgebiet internationaler Bedeutung" nach der Ramsar-Konvention ausgewiesen worden. Ein solch hochwertiges Areal sei, so EU-Umweltkommissarin Bjerregaard, schon aus grundsätzlichen Erwägungen tabu. Sie befand, „dass das Gebiet Haseldorfer Binnenelbe mit Elbvorland weder als Ganzes noch teilweise als Ausgleichsfläche in Betracht kommen kann". Denn hierbei handele es sich bereits um ornithologisch wertvolle Flächen.

Auf dem weitläufigen Grünland zwischen Elbstrom und Deich, dem „Twielenflether Sand", und auf den Wiesen hinter dem Deich brüten bedrohte Vogelarten wie Kiebitz und Uferschnepfe. Im Winterhalbjahr rasten hier große Scharen von Wildgänsen und sibirischen Zwergschwänen. Im Zentrum des Gebietes liegt die „Haseldorfer Binnenelbe", vor dem Deichbau ein Elbarm, jetzt ein großes, von mächtigen Weiden und Pappeln gesäumtes stehendes Gewässer. Dort wimmelt es von Fischen, Fröschen und anderem Kleingetier – ein Paradies für Eisvögel, Reiher, Kormorane und sogar Seeadler.

Die Hamburger Planer, allen voran Bodo Fischer, hatten zunächst vor, den Twielenflether Sand abbaggern zu lassen, um hier – ähnlich wie auf Hahnöfersand – ein weiteres Süßwasserwatt anzulegen. Die Naturschützer waren empört, und auch der damalige schleswig-holsteinische Umweltminister Rainder Steenblock (Grüne) lehnte das Ansinnen als „sehr problematisch" ab. Denn dieses Vorhaben hätte die geschützte Landschaft komplett verändert und die dort lebenden Tiere und Pflanzen vertrieben. Ein solches Tauschmanöver ließe den Ausgleich letztlich ins Leere laufen, kritisierte EU-Kommissarin Bjerregaard.

Der Plan wurde schließlich fallen gelassen. Andere Gebiete für einen Ausgleich standen nicht zur Verfügung, denn stromab der Haseldorfer Marsch beginnt die Brackwasserzone, in der sich Süß- und Salzwasser mischen – und die Planer mussten ja Süßwasserwattflächen schaffen. Der gesetzlich geforderte Ausgleich schien undurchführbar. Die Wirtschaftsbehörde wusste nicht mehr weiter – und stand offenbar kurz davor, das ganze Projekt der Werkserweiterung ins Mühlenberger Loch aufzugeben. Doch an diesem kritischen Punkt, so erinnert sich ein Insider, habe Berater Fischer versprochen: „Ich zieh' euch das Ding durch."

Unerwartete Unterstützung bekam Fischer dabei ausgerechnet vom damaligen Kreisjägermeister und Naturschutzbeauftragten des Kreises Pinneberg, Hans Hackländer. Der nämlich brachte die Planer auf die Idee, in den Elbdeich ein Sperrwerk zu bauen, durch das Elbwasser in das Hinterland strömen sollte. Die Haseldorfer Binnenelbe und ihre Nebenarme würden somit wieder dem Einfluss von Ebbe und Flut ausgesetzt. Auf den ersten Blick keine schlechte Idee, hatten doch die Naturschutzverbände genau dieses vor Jahren selbst gefordert. Doch die Pläne, die ihnen nun präsentiert wurden, hatten mit ihrer Vorstellung einer wirklich großräumigen Deichöffnung nichts gemein: Durch zwei

Fluttore von je zwölf Meter Breite sollte Elbwasser im Rhythmus der Gezeiten in die Haseldorfer Binnenelbe und ihre Nebengewässer strömen. Allerdings sollten die Tore bei Hochwasserständen von mehr als 2,15 Meter über Normalnull geschlossen bleiben – etwa hundert Mal im Jahr. Trotzdem rühmte sich Gutachter Mierwald, dass durch diese Maßnahme zwar keine großflächigen Süßwasserwatten, aber doch immerhin „Ästuarflächen" geschaffen würden. Als „Ästuar" bezeichnen Wissenschaftler den Unterlauf großer Ströme, der bereits dem Einfluss des Meeres ausgesetzt ist – ein Lebensraum, der nach der FFH-Richtlinie besonders geschützt ist. Doch in diesem Falle sollten Umweltfaktoren wie Sturmfluten oder Eisgang, die die besondere Dynamik dieses Lebensraumes prägen, durch den wasserstandsabhängigen Betrieb der Fluttore ausgeschlossen bleiben. Damit entstünde keinesfalls ein Ästuar, sondern ein „anthropogener Lebensraum, den es in der Natur so nicht gibt", urteilte Professor Rudolf Abraham, Zoologe an der Universität Hamburg und Betreuer des Haseldorfer Naturschutzgebietes. Außerdem würden die hinter dem Deich gelegenen Flächen in ihrem jetzigen Charakter völlig verändert – ein klarer Verstoß gegen die bis dahin geltende Naturschutzverordnung.

Aus der fischreichen Haseldorfer Binnenelbe wäre ein regelmäßig trocken fallendes Gezeitengewässer und damit ein völlig anderer Lebensraum geworden. Doch damit nicht genug: Das Vorhaben würde, so Abraham, überdies zu einer Absenkung des Grundwasserspiegels im Gebiet führen. Ein winterlicher Anstau des Wassers auf den Grünlandflächen, um den die Naturschutzverbände lange gekämpft hatten, wäre nicht mehr möglich gewesen. Die örtlichen Landwirte und Jäger freuten sich: Sie spekulierten auf eine intensivere Nutzung des Grünlandes, was der hohe Wasserstand bislang verhindert hatte. Doch die Folgen für die Natur wären nach Ansicht der Verbände und auch der Hamburger Umweltbehörde gravierend: Die bislang feuchten und im Winter oft überfluteten Marschwiesen wären langsam ausgetrocknet. Kiebitze, Schnepfen, Gänse und Schwäne hätten ihren Lebensraum verloren – und damit gerade die Vogelarten, die zur Einstufung als Europäisches Vogelschutzgebiet und Feuchtgebiet von internationaler Bedeutung geführt hatten. Die wiederum sollten in einem rund 40 Kilometer vom Mühlenberger Loch entfernten Gebiet, der Hörner Au bei Itzehoe, eine neue Heimat finden. Ein „absurdes Theater", so der NABU: „Natur ist nicht nach dem Bausatzprinzip an beliebiger Stelle machbar." Was genau die Stadt Hamburg in diesem weitab der Elbe gelegenen Bereich vorhatte, wurde den Verbänden jedoch zunächst vorenthalten.

Besonders empört waren die Umweltschützer darüber, dass Gutachter Mierwald dem im Haseldorfer Naturschutzgebiet brütenden Seeadler die Existenzberechtigung absprach. Wohl wissend, dass das Vorkommen dieser nach EU-Recht besonders geschützten Vogelart der Verwirklichung des Vorhabens im Weg stand, verstieg er sich zu der Aussage: „Gravierend ist die mögliche Abwanderung des Seeadlers als Brutvogel im Gebiet. Dessen Anwesenheit war jedoch ursprünglich nicht mit den Schutzzielen des Naturschutzgebietes beabsichtigt und ist nicht mit den Zielen des Landschaftsprogramms Schleswig-Holstein vereinbar." Als diese Ziele seinerzeit formuliert wurden, stand der Seeadler in Westdeutschland unmittelbar vor dem Aussterben. Niemand hätte sich damals träumen lassen, dass er später einmal ausgerechnet dort brüten würde, wo die Stadt Hamburg mit Unterstützung der rot-grünen schleswig-holsteinischen Landesregierung jetzt große Pläne verwirklichen wollte. Denn auch Umweltminister Steenblock, von Ministerpräsidentin Heide Simonis (SPD) zwischenzeitlich zur Koalitionsräson gebracht, beförderte nun das Vorhaben.

Die Verbände zogen eine bittere Bilanz: Als Ausgleich für die Zerstörung des europäischen Schutzgebietes Mühlenberger Loch solle das europäische Schutzgebiet Haseldorfer Marsch ebenfalls zerstört werden – eine „Steilvorlage für eine Klage", so die schleswig-holsteinische BUND-Landesvorsitzende Sybille Macht-Baumgarten.

Die Wirtschaftsbehörde nahm es gelassen: Sie konstatierte in „wissenschaftlichen Detailfragen" unterschiedliche fachliche Auffassungen und sah keinerlei Veranlassung, an den Ausführungen ihrer Gutachter zu zweifeln.

Enorm erschwert wurde die Gesamtbeurteilung des vorgesehenen Ausgleichskonzepts durch eine absolut unübliche Verfahrensweise der Wirtschaftsbehörde: Der Eingriff ins Mühlenberger Loch und die einzelnen Ausgleichsmaßnahmen wurden jeweils in rechtlich unabhängigen Planfeststellungsverfahren behandelt. So durften die Umweltverbände aus Niedersachsen lediglich zu dem Projekt Hahnöfersand Stellung nehmen, die Verbände aus Schleswig-Holstein hingegen nur zu den geplanten Maßnahmen in der Haseldorfer Marsch. Die Einsicht in die Pläne und Gutachten zur Werkserweiterung blieb ihnen verwehrt – eine qualifizierte fachliche Stellungnahme zu der Frage, ob die vorgesehenen Planungen die Zerstörung des Elbwatts tatsächlich kompensieren können, war somit unmöglich. Lediglich die Hamburger Verbände wurden bei allen Verfahren beteiligt, da die Wirtschaftsbehörde befürchtete, anderenfalls möglicherweise einen fatalen juristischen Formfehler zu begehen.

Dieser verwaltungsrechtliche Kunstgriff, das Gesamtprojekt in rechtlich eigenständige Pakete zu zerstückeln, sollte sich später für die Stadt als entscheidender Vorteil erweisen.

Kanzler Schröder greift ein

Inzwischen waren nach einer Entscheidung des Airbus-Aufsichtsrates von den ursprünglich fünf Städten, die sich um den Bau des A380 beworben hatten, nur noch zwei im Rennen: Hamburg und Toulouse. Dabei hatte die französische Stadt einen gewichtigen Vorteil, lag doch die Airbus-Zentrale im Wahlkreis Haute Garonne von Frankreichs damaligem Premier Lionel Jospin. Kurze Zeit später sickerte durch, dass die Produktion des Riesen-Airbus auf die beiden Standorte in Toulouse und Hamburg-Finkenwerder aufgeteilt werden sollte. Darauf hätten sich Jospin und DaimlerChrysler-

Chef Jürgen Schrempp am 17. Januar 2000 „unter größter Diskretion" bei einem Abendessen in Paris verständigt, berichtete die französische Zeitung *La Tribune* am 6. März 2000. Offiziell sollte die endgültige Entscheidung zwar erst im Sommer fallen, doch wurde schon einmal kräftig – und wie sich später herausstellen sollte, auch weitgehend zutreffend – spekuliert: Danach sollte der A380 in Toulouse zusammengebaut und in Hamburg nur die Innenausstattung vorgenommen werden.

Angesichts dieser möglichen Arbeitsteilung wagte die Hamburger Umweltbehörde einen letzten, verzweifelten Vorstoß: Für diesen Fall, teilte eine Pressesprecherin mit, könne ein erneutes Planfeststellungsverfahren notwendig werden. Denn die bisherigen Anträge von Airbus und der Wirtschaftsbehörde seien für den Fall einer kompletten Endmontage gestellt worden. Für diesen berechtigten Hinweis musste Umweltstaatsrat Michael Pollmann (GAL), der seinen verreisten Chef Porschke vertrat, von SPD und CDU-Opposition den wütenden Vorwurf der „Verantwortungslosigkeit und Illoyalität gegenüber dem Senat" einstecken. Ein neues Planverfahren hätte indessen das Aus für Hamburgs Bewerbung bedeutet.

Die Nerven lagen blank bei den Verantwortlichen, denn noch immer hatte die EU-Kommission in Brüssel keine Genehmigung für das Projekt erteilt.

Inzwischen hatte die Schwedin Margot Wallström die Nachfolge von Ritt Bjerregaard als Umweltkommissarin angetreten. Die einstige Greenpeace-Aktivistin, die selbst noch in ihrer Zeit als Ministerin vor dem Südsee-Atoll Mururoa gegen französische Atomwaffenversuche protestiert hatte, kündigte an, sie wolle in der europäischen Umweltpolitik zu „neuen Waffen" greifen. Die Versäumnisse von Mitgliedstaaten im Umweltschutz müssten zum öffentlichen Skandal gemacht werden. Dabei hatte sie auch die Bundesregierung im Visier, denn bis heute tut sich Deutschland im Vergleich zu den meisten anderen EU-Ländern äußerst schwer mit der Umsetzung der vom EU-Ministerrat – und damit auch von deutschen Regierungsvertretern – beschlossenen Naturschutzrichtlinien. Wallström teilte die ablehnende Haltung ihrer Amtsvorgängerin Bjerregaard zu den Hamburger Plänen: Die der Kommission vorgelegten Unterlagen zu möglichen Standortalternativen und Ausgleichsmaßnahmen seien „nicht überzeugend" – trotz regelmäßiger Besuche von Hamburger und Berliner Politikern und Beamten in Brüssel.

„Ich wäre Ihnen außerordentlich verbunden, wenn Sie persönlich darauf hinwirken könnten, dass die umweltrechtliche Unbedenklichkeitserklärung der Kommission umgehend erteilt wird." Mit dieser „Bitte, die mir sehr am Herzen liegt", wandte sich schließlich Bundeskanzler Gerhard Schröder (SPD) in einem Brief vom 15. März 2000 an den damaligen Präsidenten der Europäischen Kommission, Romano Prodi. Wallström reagierte gereizt auf den Vorstoß der Bundesregierung: Ein „ökologisches Schnellverfahren" werde es nicht geben. „Auch bei dieser Entscheidung werden wir nach Recht und Gesetz vorgehen", versicherte sie in einem Interview mit dem Nachrichtenmagazin *Der Spiegel*. Doch Prodi machte die Angelegenheit zur Chefsache und kurz darauf, am 19. April 2000, musste die Umweltkommissarin ihre Unterschrift unter die Genehmigung setzen. „Aus zwingenden Gründen des überwiegenden öffentlichen Interesses" hielt nun die Kommission die Zerstörung des Mühlenberger Lochs „für gerechtfertigt".

Ein einziger Brief und das politische Schwergewicht des Bundeskanzlers hatten ausgereicht, um geltendes EU-Recht auszuhebeln. Damit war ein Präzedenzfall geschaffen, der zukünftig europaweit geschützte Naturoasen dem beliebigen Zugriff von Wirtschaftsinteressen aussetzt. „Ein herber Rückschlag für den europäischen Naturschutz", klagte Manfred Braasch, Geschäftsführer des BUND-Landesverbandes Hamburg.

„Ein wunderschönes Osterei für Hamburg", freute sich dagegen die Europa-Abgeordnete Christa Randzioh-Plath (SPD). Für die Naturschutzverbände war das Schreiben aus Brüssel eher ein Windei. Denn zu den umstrittenen Ausgleichsmaßnahmen hatte sich Wallström nicht abschließend geäußert. Weil Deutschland bisher seiner Verpflichtung nicht nachgekommen sei, ausreichend FFH-Schutzgebiete zu melden, könne die Kommission „nicht umfassend beurteilen, ob die Ausgleichsmaßnahmen und deren Timing die Kohärenz des Netzes Natura 2000 gewährleisten". Dabei hatte die Umweltkommissarin in einer damals ganz aktuellen „Interpretationshilfe", veröffentlicht im April 2000, zum entsprechenden Passus der FFH-Richtlinie geschrieben: „Die Stellungnahme (der EU-Kommission) muss ... eine Beurteilung der Ausgleichsmaßnahmen umfassen." Aufgrund dieser Aussage wertete der NABU das Brüsseler Votum als „formales Ja, aber faktisches Nein": Solange die Zustimmung zu den Ausgleichsmaßnahmen nicht vorliege, warnte der Verband, sei der Eingriff unzulässig.

Das sah die Wirtschaftsbehörde anders: Mit dem so genannten Planfeststellungsbeschluss vom 8. Mai 2000 erteilte sie sich sogleich die Baugenehmigung für das von ihr selbst beantragte und geprüfte Vorhaben. Kurz darauf wurden auch die Planfeststellungsbeschlüsse für die Ausgleichsmaßnahmen Hahnöfersand und Haseldorfer Marsch erlassen.

Ein Blick in den 482 Seiten starken Beschlusstext ließ Umweltsenator Porschke stutzig werden. Denn darin war nicht mehr, wie in der Koalitionsvereinbarung festgelegt, von der „Endlinienfertigung" die Rede, sondern nur noch von „Fertigung". In der nächsten Senatssitzung ging es hoch her: Porschke warf seinem Kollegen Mirow vor, mit dieser Formulierung zu tricksen: Denn damit hielte sich Mirow die Möglichkeit offen, das Mühlenberger Loch auch dann in Anspruch zu nehmen, wenn Hamburg nicht die komplette Montage des Super-Airbus zugesprochen bekäme. Da hatte selbst Mirows Parteigenosse Wagner Bedenken, wie die *Welt* berichtete: So gehe das nicht, habe der sonst nicht gerade für seine Zimperlichkeit bekannte Bausenator gebrummelt. Erst auf Vermittlung von Bürgermeister Runde einigten sich die Kontrahenten nach stundenlanger Diskussion auf eine Auslegung des Begriffes „Endlinienfertigung": Darunter sei jegliche Beteiligung am Bau des A380 zu verstehen, „die einen

Arbeitsplatzeffekt in der Größenordnung von 4000 zusätzlichen Arbeitsplätzen beinhaltet und einen Flächenbedarf in der Größenordnung von 140 Hektar auslöst".

Airbus hatte indessen immer noch nicht über den Bau, geschweige denn über den Produktionsstandort des A380 entschieden. Da schlug Heinz-Bernd Millhagen, Vorsitzender des „Vereins zum Schutz des Mühlenberger Loches", Alarm: Der erfahrene Segler und Elbkenner hatte, noch vor Erlass des Planfeststellungsbeschlusses, rätselhafte Veränderungen im Mühlenberger Loch beobachtet. Wo vorher Kormorane sogar bei Ebbe im Tiefwasser tauchten, saßen jetzt Enten und Möwen auf dem Trockenen. Dort war eine ehemals fünf Meter tiefe Senke, auf der offiziellen Seekarte verzeichnet, offensichtlich aufgefüllt worden – genau an der Stelle, wo Airbus die neue Kaianlage geplant hatte. Weitere großflächige Aufspülungen hatten die Strömungsverhältnisse in der Elbbucht deutlich verändert. Millhagen entdeckte dort sogar große Betonteile und Kupferschlacke, außerdem lag Sand über dem Elbschlick – unter natürlichen Verhältnissen liegt der schwerere Sand unten. Zeugen wollten zuvor mitten in der Nacht ein großes Baggerschiff in dem fraglichen Bereich gesehen haben.

All dies waren nach Meinung der Umweltverbände Indizien für illegale Bauvorbereitungen. Sie erinnerten sich an die Devise von Ex-Bürgermeister Voscherau, der einst gefordert hatte, man müsse „vorauseilende Fakten schaffen". Auf die öffentlich erhobenen Vorwürfe des „Vereins zum Schutze des Mühlenberger Lochs" und des NABU reagierte die Wirtschaftsbehörde mit einer Klage gegen die beiden Verbände. Auf einer gemeinsamen Barkassenfahrt von Verbandsvertretern und Behördenmitarbeitern zum Ortstermin wies die zuständige Beamtin vom Amt für Strom- und Hafenbau alle Anschuldigungen zurück – mit „hochrotem Kopf", wie sich NABU-Elbereferent Manfred Prügel erinnert. Eine Gegenklage der Umweltverbände wurde nach über einem Jahr eingestellt. Möglicherweise, so die Staatsanwaltschaft, habe es dort zwar ungenehmigte Materialablagerungen gegeben, dies sei jedoch vermutlich auf „individuelles Fehlverhalten der jeweiligen Schutenführer" (Schute = Transportschiff für Schüttgut) zurückzuführen. Auch das Verfahren gegen die Verbände verlief im Sande.

Akrobatik mit Arbeitsplätzen

Doch das war nur der Anfang einer Flut von Klagen, die Anwälte und Gerichte in den kommenden Jahren ausgiebig beschäftigen sollten.

So reichten Umweltverbände sowie knapp 300 betroffene Privatpersonen Klagen gegen die Planfeststellungsbeschlüsse zur Werkserweiterung und zu den Ausgleichsmaßnahmen ein. Sie waren nicht bereit, die gravierenden Eingriffe hinzunehmen für Arbeitsplätze, für die der Konzern nur unverbindliche Zusagen zu geben bereit war. Unvergessen war das Konsolidierungsprogramm „DOLORES" (lateinisch für „Schmerzen"), mit dem Anfang der 1990er Jahre im Zuge einer Auftragskrise rund ein Drittel der damals 22.000 Beschäftigten in den deutschen Airbus-Werken eingespart worden war. Um die Bevölkerung für das Mega-Projekt zu begeistern, hantierten die Verfechter mit traumhaft hohen Arbeitsplatzzahlen: Die „Industrieseite", so Siegmar Mosdorf, damals Staatssekretär im Bundeswirtschaftsministerium und Koordinator für Luft- und Raumfahrt, gehe von der Schaffung von „rund 15.000 direkten neuen Arbeitsplätzen" aus. „Studien" besagten außerdem, dass bei Zulieferern weitere 30.000 Stellen hinzukämen.

Die Pressemitteilung der Europäischen Kommission anlässlich der Genehmigung des Vorhabens offenbarte, mit welchen Zahlen die Hamburger Verantwortlichen in Brüssel argumentiert hatten, um das „übergeordnete öffentliche Interesse" zu belegen. „In der Fabrik", so hieß es dort, „werden mindestens 4000 Arbeitsplätze geschaffen. Diese Anzahl könnte bei Berücksichtigung der gesamten Region Hamburg und der Bundesländer Schleswig-Holstein und Niedersachsen bis auf 8000 ansteigen."

In Hamburg selbst war man bescheidener: 2000 Jobs würden im Airbus-Werk Finkenwerder entstehen und weitere 2000 bei Zulieferbetrieben, so wurden die Verantwortlichen nicht müde zu versichern. Im Planfeststellungsbeschluss zur Werkserweiterung wurden sogar bis zu 4700 Arbeitsplätze in Aussicht gestellt – mit einer als Fußnote versteckten Einschränkung: Danach sei der „Arbeitsbedarf nicht unweigerlich gleichzusetzen mit zusätzlich neu entstehenden Arbeitsplätzen, da zunächst vorhandene Kapazitäten ausgelastet werden". Selbst der damalige Leiter des Hamburger Airbus-Werkes, Gustav Humbert, hatte auf einer Diskussionsveranstaltung am 14. Dezember 1999 eingestanden, er wäre schon froh, wenn effektiv 1000 neue Arbeitsplätze geschaffen werden könnten. Eine Garantie für eine bestimmte Anzahl von Jobs mochte er schon gar nicht geben.

Dennoch: Die Hamburger Springer-Presse, allen voran das *Hamburger Abendblatt*, hämmerte in den Wochen vor der Standortentscheidung der Öffentlichkeit immer wieder die Formel „4000 neue Arbeitsplätze für den A380" in die Köpfe. Und wer – außer ein paar „militant-messianischen Naturschützern" (*Welt*-Kommentator Uwe Bahnsen) – wollte es wagen, den Schutz von Löffelente und Schierlings-Wasserfenchel dagegen zu setzen …?

Doch nicht nur die Umweltverbände waren skeptisch. Auch die FDP, damals nicht in der Hamburger Bürgerschaft vertreten, bezweifelte die Seriosität der Zahlen: Weder gebe es eine nachvollziehbare Wirtschaftlichkeitsberechnung, noch könne der Verdacht ausgeräumt werden, dass die Zahl der versprochenen 4000 Jobs „getürkt" sei, sagte der frühere FDP-Landeschef Kurt Hansen. Er sollte Recht behalten: Interne Papiere aus der Hamburger Airbus-Zentrale offenbarten später, dass das Arbeitsplatzversprechen nur ein Bluff war: Außer Zeitarbeitskräften solle „kein zusätzliches Personal" für den A380 eingestellt werden, hieß es in einer Aktennotiz. Mit Rücksicht auf die hohen Zuschüsse aus Steuergeldern müsse jedoch „unter allen Umständen die Sprachregelung für ca. 3000 neue Arbeitsplätze beibehalten werden".

Mit dem Versprechen, Tausende neue Arbeitsplätze zu schaffen, werden immer wieder ökologisch und wirtschaftlich umstrittene Projekte rücksichtslos durchgesetzt. Wie neue Gewerbegebiete nutzlos Steuergelder und Naturflächen verschlingen, zeigen zahlreiche Beispiele aus ganz Deutschland. Am Ende bleibt von den vielen versprochenen Jobs meist nur ein Bruchteil übrig:

Ein Musterfall ist das grenzüberschreitende Gewerbegebiet „Avantis" zwischen Aachen (NRW) und Heerlen (Niederlande), in das seit 1989 mehr als 80 Millionen Euro Steuergelder investiert wurden. Für „Avantis" beanspruchten die Planer den letzten großen Freiraum zwischen den Ballungsräumen Aachen und Heerlen/Kerkrade, der als Frischluftschneise, Naherholungsgebiet und Lebensraum zahlreicher seltener Tier- und Pflanzenarten wichtig war. Daher schalteten Umweltverbände die Europäische Kommission ein. Von den immer wieder in Aussicht gestellten 8000 bis 12.000 Arbeitsplätzen könnten vielleicht 500 bis 600 realisiert werden, warnten Analysen des renommierten ETIL-Instituts und der Universität Maastricht schon Mitte der 90er Jahre – aufgrund des Überangebotes an Gewerbeflächen in der Region. Dennoch wurde fleißig weiter geplant und gebaut. Bislang wurden lediglich – teilweise wieder mit öffentlichen Mitteln der niederländischen Investitionsbank LIOF – drei Bürogebäude errichtet: Sie stehen bis heute fast leer, gewerbliche Neuansiedlungen sind nicht in Sicht. Nur eine gut ausgebaute und hell erleuchtete Straße zieht sich durch die weite Feldflur, am Wochenende wird sie von Radfahrern und Skatern genutzt.

In der Nähe, in Alsdorf-Hoengen bei Aachen, errichtete 1991 der japanische Mitsubishi-Konzern eine Mikrochip-Fabrik. Die Planungsvoraussetzungen für die 200 Hektar große Anlage inmitten einer vielfältigen Kulturlandschaft mit Obstwiesen und raren Vogelarten waren in Rekordzeit geschaffen worden. Die Zustimmung zu diesem sensiblen Standort hatte Mitsubishi mit dem Versprechen von 2000 neuen Arbeitsplätzen für die Region erkauft, die besonders vom Niedergang des Steinkohleabbaus betroffen ist. Wirklich geschaffen wurden 500 Arbeitsplätze, die bereits wieder gefährdet sind: Der Mitsubishi-Nachfolger „Renesas" hat 2004 die Schließung des Standortes beschlossen, da die Arbeitsplätze in Japan billiger seien.

Gegen den erbitterten Widerstand von Umweltverbänden baute Daimler-Benz in den 1980er Jahren ein neues Werk in die Rheinaue bei Rastatt (Baden-Württemberg), einer der letzten ökologisch intakten Auwälder am Oberrhein. Auch dieses etwa 200 Hektar große Areal wurde der Landesregierung mit dem Versprechen abgeschwatzt, in der strukturschwachen Grenzregion zu Frankreich bis zu 16.000 neue Jobs zu schaffen. Tatsächlich entstanden nur 2000. Mitte der 1990er Jahre drohte dem Werk sogar das vollständige Aus, nur die Übernahme einer Teileproduktion für den im benachbarten Lothringen (Frankreich) montierten „Smart" sichert noch das Überleben des Werkes mit rund 1800 Arbeitsplätzen.

Ein klassischer Fall ist der Fall Startbahn West des Frankfurter Flughafens, der vor gut 20 Jahren zu einem Brennpunkt der Umweltbewegung wurde. Startbahn West und Cargo City Süd wurden seinerzeit mit 6000 neuen Arbeitsplätzen begründet. Tatsächlich entstanden 528 Arbeitsplätze, viele davon schlecht bezahlte Teilzeitjobs, so eine Recherche des Verkehrsclubs Deutschland (VCD). Heute sollen für ein neues Rollfeld sechs Millionen Quadratmeter Wald abgeholzt werden, die Startbahn West wird in Zukunft nicht mehr gebraucht.

Beim gegenwärtigen Streit um den weiteren Ausbau des Flughafens Köln-Bonn, der seinerzeit rechtswidrig und ohne Ausgleichsmaßnahmen in einem der ältesten Naturschutzgebiete des Rheinlandes errichtet worden war, argumentieren die Projektbefürworter jetzt mit 17.000 Arbeitsplätzen...

Auch in den neuen Bundesländern schossen nach der Wende neue Gewerbegebiete wie Pilze aus dem Boden, von denen heute ein Großteil brach liegt. Die Zahl der Arbeitslosen stieg unvermindert.

„Finanzielle Sicherungen durchgebrannt"

„Jahrhundert-Erfolg für Hamburg", jubelte das *Hamburger Abendblatt* (*HA*). „Ein historischer Tag", der „Jubelstürme" rechtfertige, schwärmte auch Bürgermeister Runde. „Schließlich werden sich an diesen 23. Juni (2000) noch die kommenden Generationen erinnern", schwelgte *HA*-Kommentator Rolf Zamponi. Einen solchen „industriellen Ritterschlag" habe es für Hamburg nach dem Krieg nicht mehr gegeben. Was war geschehen? Der EADS-Konzern hatte endlich seine Standortentscheidung für die Endmontage des Super-Airbus bekannt gegeben. „Wie besoffen von der Droge A380" (Schutzbündnis-Sprecherin Gabi Quast) überschlug sich die Springer-Presse förmlich: Allein im *Hamburger Abendblatt* erschienen am Tag nach der Entscheidung nicht weniger als 15 Artikel und ein begeisterter Kommentar zum Thema Airbus. „Wie eine Sturmflut", spottete die *Süddeutsche Zeitung*, seien „die Wellen der Euphorie über Hamburg hereingebrochen".

Sollte der A380 also tatsächlich komplett in Hamburg gebaut werden? Keineswegs, denn: „Die Endmontage des neuen Super-Airbus wird wie erwartet im südfranzösischen Toulouse erfolgen", gab die *Deutsche Presse-Agentur* (*dpa*) die Entscheidung des Konzerns korrekt wieder: „Der Standort Hamburg übernimmt die Innenausstattung und die Lackierung des neuen Flugzeugs." Ebenso gehörten zum Hamburger Arbeitspaket der Zusammenbau und die technische Ausrüstung der vorderen und hinteren Rumpfsektionen und die Auslieferung der fertigen A380-Flugzeuge an Fluglinien in Europa sowie im Nahen und Mittleren Osten. Außerdem solle die Hamburger Airbus-Werft zum Zentrum für den Bau der kleineren und mittleren Airbus-Typen ausgebaut werden.

Das war zwar zweifellos ein großer Erfolg für die Hanseaten, aber doch weit entfernt von dem, was sich die Stadt und die Hamburger Airbus-Bauer erhofft hatten. Nach Auffassung der Anwälte der Kläger war mit der getroffenen Entscheidung über die Verteilung der Arbeiten die Rechtsgrundlage der behördlichen Genehmigung entfallen, denn die war an die Endmontage des A380 geknüpft. Die Airbus-Manager und die Hamburger Politiker hätten es „durchaus meisterhaft vermocht, diese für die bisherige Planung so negative Entscheidung in den Medien als Sieg zu verkaufen", klagte Rechtsanwalt Nebelsieck.

Ungerührt bezeichnete die Wirtschaftsbehörde die neue Sachlage als „präzisierende Weiterentwicklung", verordnete die „sofortige Vollziehbarkeit" des Planfeststellungsbeschlusses und kündigte den Beginn der Bauarbeiten im Mühlenberger Loch für Dezember 2000 an – erst zu diesem Zeitpunkt wollte Airbus die noch ausstehende grundsätzliche Entscheidung über den Bau des A380 treffen. Denn die Flugzeugbauer warteten noch immer auf eine genügende Anzahl fester Bestellungen für den neuen Super-Airbus durch die Fluggesellschaften. Das war jedoch nicht die einzige Unsicherheit: Noch hatte kein Gericht über die zahlreichen Klagen gegen das Projekt entschieden – der Planfeststellungsbeschluss war mithin noch nicht rechtskräftig. Die Zukunft des „Giganten der Lüfte" lag jetzt in der Hand der Richter.

Bis zu diesem Zeitpunkt hatte Wirtschaftssenator Mirow beharrlich die zu erwartenden Kosten für das Projekt geheim gehalten – selbst vor seinen Senatskollegen und der Hamburger Bürgerschaft, dem Parlament. Wären die Zahlen vorzeitig publik geworden, so seine offizielle Begründung, hätten Hamburgs Mitbewerber um den Bau des A380 der Hansestadt in die Karten schauen können. Nun forderte Mirow den „Einsatz außerordentlicher finanzieller Mittel" in einer „beispiellosen Kraftanstrengung". Und der Senator bekam, was er wollte:

Anfang September 2000 beschloss der Senat, bis zu 1,3 Milliarden DM (665 Millionen Euro) für die größte Einzelinvestition Hamburgs in der Nachkriegszeit bereit zu stellen. Das war mehr als das Anfang 2004 gemeldete Defizit von 650 Mio. Euro in der gesetzlichen Pflegeversicherung. Mit dieser gewaltigen Investition sollten die Herrichtung der Flächen im Mühlenberger Loch, der notwendige Hochwasserschutz sowie die Ausgleichsmaßnahmen finanziert werden. Auch die Bundesregierung ließ sich nicht lumpen: Kanzler Schröder sicherte dem Airbus-Unternehmen ein Darlehen in Höhe von 942,6 Millionen Euro für Entwicklung und Bau des A380 zu. Die übrigen am Airbus-Projekt beteiligten Länder Frankreich, Großbritannien und Spanien hatten ebenfalls Milliarden-Darlehen in Aussicht gestellt. Insgesamt erhielt der EADS-Konzern rund 3,2 Milliarden Euro an staatlicher Unterstützung – die nach einem Bericht der *New York Times* nur dann zurückzuzahlen sind, wenn der A380 ein wirtschaftlicher Erfolg wird. Das gab dem alten Subventionsstreit zwischen den Erzrivalen Airbus und Boeing neue Nahrung. Dabei geht es neben den wirtschaftlichen Interessen auch um viel Prestige: „Boeing im amerikanischen Seattle die Stirn zu bieten, das ist eine Frage der Ehre", schrieb *Die Zeit*.

Airbus selbst hat eigenen Angaben zufolge bis heute rund 650 Millionen Euro für die Hallenbauwerke und den Ausbau der Landebahn investiert. Doch auch dabei konnten die Konzernherren auf die Unterstützung Hamburgs zählen: Die Stadt verpflichtete sich, bei möglichen Schwierigkeiten mit dem problematischen Elbgrund für alle zusätzlichen Bau- und Folgekosten aufzukommen.

Da seien wohl alle „finanziellen Sicherungen durchgebrannt", wetterten die Parlamentarier Norbert Hackbusch und Lutz Jobs von der „Regenbogen-Gruppe", einer Abspaltung der Grünen, deren fünf Abgeordnete als einzige das Projekt ablehnten. Dessen ungeachtet segnete im Oktober 2000 die Hamburger Bürgerschaft mit den Stimmen von SPD, GAL und CDU den finanziellen Kraftakt ab – trotz maroder Haushaltslage der Stadt und ohne Vorlage der nach der Landeshaushaltsordnung vorgeschriebenen Kosten-Nutzen-Analyse.

„Wer kontrolliert das Milliarden-Projekt Airbus?", fragte

> **Airbus gegen Boeing: Dauerstreit um Subventionen**
>
> Der Subventionsstreit zwischen den Konkurrenten Airbus und Boeing schwelt bereits seit Jahren. 1992 hatten beide Konzerne ein Abkommen geschlossen, mit dem die Frage von Staatshilfen für den Bau von Verkehrsflugzeugen mit mehr als 100 Sitzen geregelt wurde. Danach dürfen die Europäer maximal ein Drittel der Entwicklungskosten im Flugzeugbau als Kredit mit 17 Jahren Laufzeit vorstrecken. Die USA können dafür aus ihrem Rüstungs- und Raumfahretat die Aufwendungen der Flugzeugbauer mit einer Summe finanzieren, die maximal drei Prozent des Unternehmensumsatzes entspricht. Seitdem hatten sich Airbus und Boeing gegenseitig immer wieder Verstöße gegen das Abkommen vorgeworfen. So sahen die USA auch in den Aufwendungen der Stadt Hamburg für die Erweiterung des Airbus-Geländes in das Mühlenberger Loch eine unzulässige Subvention. Im Mai 2005 eskalierte der Streit: Die USA und die Europäische Union verklagten sich gegenseitig vor der Welthandelsorganisation WTO – trotz enger ökonomischer Verflechtungen der europäischen und amerikanischen Luftfahrtindustrie.

Die Welt. Der Senat habe von Airbus offenbar keinerlei Garantien für die versprochenen „eindeutig zusätzlichen Dauerarbeitsplätze ohne Umwandlung bisher bestehender Zeitarbeitsplätze" erhalten. Die Landeshaushaltsordnung schreibe aber „Gewissheiten und nicht Erwartungen auf der Basis von Zusagen vor". Wie berechtigt die Zweifel des *Welt*-Redakteurs Uwe Bahnsen waren, sollten später bekannt gewordene werksinterne Papiere enthüllen.

Aus Sicht des NABU war die Zustimmung der Bürgerschaft eine „Blanko-Vollmacht für den Senat". Dass die Bürgerschaft noch nicht einmal das „Prognos-Gutachten" einsehen wolle, kritisierte auch der BUND, offenbare einen „Wirkungsverlust des Parlaments". Denn Wirtschaftssenator Mirow hatte die Studie „A3XX-Endlinienfertigung – Regionalwirtschaftliche Effekte für die Metropolregion Hamburg" erst nach der Zustimmung der Abgeordneten offen gelegt. Die Projektgegner mussten sich die Einsicht in diese Unterlagen durch ihre Anwälte erstreiten. Der Senator hatte seine Gründe, das Papier zurückzuhalten – gab doch die Qualität dieser Arbeit der Firma Prognos Anlass zu heftiger Kritik:

„Die von der Prognos GmbH vorgelegte quantitative regionalwirtschaftliche Analyse ist nicht nachvollziehbar, ihre Ergebnisse können geglaubt werden oder nicht. ... Die Analyse ist unvollständig und somit nicht aussagekräftig." Zu diesem Fazit kam Professor Rainer Marggraf, Direktor des Instituts für Agrarökonomie der Universität Göttingen, in einer Expertise, die das „Schutzbündnis für Hamburgs Elbregion" in Auftrag gegeben hatte.

Insbesondere bemängelte der Wirtschaftswissenschaftler, dass das Prognos-Institut hinsichtlich der Zahl der zu erwartenden Arbeitsplätze für seine Berechnungen einfach die Angaben des Flugzeugherstellers übernommen hatte: „Welche Annahmen sind entscheidend für die Zahl von 2000 zusätzlichen dauerhaften Arbeitsplätzen? Von welchem Planungshorizont geht die EADS aus, d.h. wie viele Jahre sind mit ‚dauerhaft' gemeint? Das Gutachten geht auf diese wichtigen Fragen nicht ein." Ebenso wenig fänden sich Angaben zu Einkommenseffekten und zu den volkswirtschaftlichen Kosten des Gesamtvorhabens. Marggraf: „All dies berechtigt zur Beurteilung, dass die Studie wissenschaftlichen Qualitätsstandards nicht genügt ... Die regionalwirtschaftliche Analyse der Prognos GmbH ist somit von ihrer Konzeption her nicht geeignet, die für die Stadt Hamburg relevanten Vor- und Nachteile des Gesamtvorhabens unter Einbeziehung aller gesellschaftlichen Wirkungen darzustellen und zu bewerten. Selbst wenn die errechneten Ergebnisse alle korrekt wären, sie wären als Entscheidungsgrundlage für die Überlegung, ob das Vorhaben zum Nutzen der Allgemeinheit beiträgt, unbrauchbar."

Das Schutzbündnis witterte Vetternwirtschaft: Denn die Geschäftsführerin des Prognos-Instituts war Susanne Weber-Mosdorf, Ehefrau von Siegmar Mosdorf, der wenige Wochen nach Fertigstellung des Gutachtens Staatssekretär im Bundeswirtschaftsministerium und Koordinator für Luft- und Raumfahrt wurde. Der energische Verfechter des A380-

Projektes war von Kanzler Schröder eine Zeit lang sogar als Bundesverkehrsminister favorisiert worden.

In einer zweiseitigen „ergänzenden Erläuterung" der Prognos GmbH zu ihrem Gutachten findet sich der entscheidende Hinweis zur Größenordnung des tatsächlichen Hamburger Anteils an der Produktion des A380: „Aus der Herleitung von EADS ergibt sich bei einem in Hamburg-Finkenwerder entstehenden Wertanteil von 5% (ohne Triebwerke) und einer Produktionsrate von 46 Stück ein jährlicher Produktionsanteil von 621 Mio. DM." Abgesehen davon, dass die Produktionsrate von der Airbus-Konzernleitung später deutlich nach unten korrigiert wurde: Für Hamburg war – gemessen an der gesamten Wertschöpfung eines A380-Jets – also nur ein Häppchen von gerade einmal fünf Prozent der erhofften Endmontage abgefallen – aus Sicht der Gegner keineswegs ein „Jahrhundert-Erfolg" für die Hansestadt und schon gar keine Rechtfertigung für die Inanspruchnahme des Mühlenberger Lochs.

„Macht sich der Airbus je bezahlt?" Diese Frage stellte sogar das *Hamburger Abendblatt*. In einem Kommentar bezweifelte Ernst-Gerhard Scholz, ob der geringe Bauanteil wirklich „Staatszuschüsse in Milliardenhöhe" rechtfertige. Insgesamt seien die sieben deutschen Airbus-Werke mit 35 Prozent am Bau des A380 beteiligt. Auf Hamburg entfalle somit genau der Durchschnittswert von fünf Prozent. Die anderen Standorte seien offenbar auch ohne die von Senat und Bürgerschaft gewährte Rieseninvestition ausgekommen. „Es bleibt der Verdacht, dass hier einiges an Informationen zurückgehalten, unvollständig oder nur verschleiernd weitergegeben wurde", so Scholz.

Gigantisches Puzzle

In Wirklichkeit war der Zusammenbau des Super-Airbus von vornherein als gigantisches Puzzle geplant: Rund vier Millionen Teile werden von etwa 1500 Firmen aus 30 Ländern zugeliefert und in verschiedenen Airbus-Werken zu größeren Einheiten zusammengesetzt. So stammen allein die Komponenten für die Tragflächen aus Großbritannien, Deutschland, Schweden, Finnland, Frankreich und der Schweiz, ja sogar aus Australien.

In Hamburg-Finkenwerder werden die vorderen und hinteren Sektionen des doppelstöckigen Flugzeugrumpfes aus angelieferten Bauteilen gefertigt und ausgerüstet (Kabelbäume, Versorgungsleitungen etc.). Die so ausgerüsteten Rumpfteile werden zusammen mit dem im Airbus-Werk Stade montierten Seitenleitwerk auf das eigens hierfür gebaute Schiff „Ville de Bordeaux" verladen, das dann über England Kurs nach Frankreich nimmt. Im britischen Hafen Mostyn an der Irischen See werden die Tragflächen zugeladen, im französischen St. Nazaire kommen die mittlere Rumpfsektion und das Cockpit hinzu. Schließlich erreicht das Schiff den Zielhafen Pauillac nahe Bordeaux. Dort werden die gigantischen Teile auf Lastkähne umgeladen und 95 Kilometer weit den Fluss Garonne hinauf bis Langon verschifft. Von dort transportieren spezielle Tieflader die sperrige Fracht auf den restlichen 240 Kilometern bis nach Toulouse über Land – auf einer eigens in Überbreite ausgebauten und durch alte Dörfer gezwängten Straße. Insgesamt elf Tage dauert der aufwendige Transport.

In Toulouse wird der Super-Airbus flugfertig zusammengebaut und anschließend nach Hamburg geflogen. In Finkenwerder werden die Flugzeuge lackiert, und hier erfolgt auch der Einbau der Inneneinrichtung. Anschließend fliegt das fertig ausgestattete Flugzeug nach Toulouse zurück und wird dort an die Kunden ausgeliefert. Nur für Fluglinien aus Europa (mit Ausnahme der Air France) und dem Mittleren

Osten darf Hamburg die Auslieferung der Airbus-Jumbos übernehmen.

Eine derartig zersplitterte Produktion sei „betriebswirtschaftlich unsinnig", urteilte die *Financial Times Deutschland*. „Das Beste wäre: ein Werk, ein Flugzeugtyp", sagte auch ein deutscher Airbus-Mitarbeiter gegenüber der Zeitung *Libération*. Auf einem Transitflug von Hamburg nach Toulouse verlachten damals Airbus-Ingenieure das Mega-Projekt als „industrielle Absurdität". Doch der Haken war das einmal vereinbarte „work-sharing", die zäh ausgehandelte Aufgabenverteilung innerhalb des europäischen EADS-Konzerns. Nach Informationen des Nachrichtenmagazins *Der Spiegel* hatte Hamburg das Angebot, Innenausbau, Lackierung und einen Teil der Kundenauslieferung zu übernehmen, nur bekommen, um den Kredit von fast 950 Millionen Euro nicht zu gefährden, den die Bundesregierung für das A380-Projekt zugesagt hatte. Ursprünglich war die von Franzosen dominierte Konzernspitze ohnehin davon überzeugt gewesen, dass die Hansestadt sich angesichts der enormen Kosten und des Aufwandes der erforderlichen Werkserweiterung ins Mühlenberger Loch gar nicht erst um eine Beteiligung am Bau des neuen Luxusjets bewerben würde. Das jedenfalls hatte der Hamburger Filmemacher und Regisseur Hark Bohm, prominenter Kritiker des Vorhabens und Duzfreund von Wirtschaftssenator Mirow, später „von damaligen Mitgliedern des Senats" erfahren. Eine realistische Option, gar die komplette Endmontage des Super-Airbus an die Elbe holen zu können, bestand somit zu keinem Zeitpunkt.

Wie *Der Spiegel* unter Berufung auf Airbus-Insider recherchierte, machen Innenausbau und Lackierung nur etwa zehn bis 20 Prozent des Hamburger Anteils von fünf Prozent aus – also insgesamt nur etwa 0,5 bis ein Prozent des Gesamtwertes eines A380 (ohne Triebwerke). Nur für diesen minimalen Anteil muss der Riesenflieger auf dem Gelände des Airbus-Werks in Hamburg-Finkenwerder starten und landen können, mussten gigantische Hallen im Elbwatt gebaut werden. Zusammenbau und Ausrüstung der Rumpfsegmente – immerhin 80 bis 90 Prozent des Hamburger Arbeitspaketes – hätten dagegen weitaus weniger Fläche erfordert. Möglicherweise hätte dafür sogar das bestehende Werksgelände ausgereicht, zumindest aber eine Erweiterung in eine der angrenzenden Landflächen. Deren Nutzung war jedoch von vornherein durch die umstrittene „Alternativflächenuntersuchung" von Bodo Fischer verworfen worden.

Auch auf die Zahl der erhofften Arbeitsplätze konnte die Aufteilung der Arbeiten nicht ohne Folgen bleiben: Kritiker Bohm errechnete anhand von Airbus-Daten einen Personalbedarf von 48 Arbeitskräften für die Lackierungsarbeiten und von etwa 360 Mitarbeitern für die gesamte Innenausstattung des A380, insgesamt also rund 400 Jobs. Darauf angesprochen, fuhr Hans-Joachim Gante, bis Ende 2002 Chef von Airbus Deutschland, den Widersacher an: „Was reiten Sie da auf den 400 Arbeitsplätzen für Lackierung und Kabinenausbau rum? Darauf kommt es gar nicht an. Es kommt nur darauf an, dass Hamburg ein Delivery-Center (Auslieferungszentrum) bekommt. Sonst ist Hamburg kein Key-Player mehr." Bei diesem Gespräch am Abend des 23. September 2003 in der Hamburger Landesvertretung in Berlin sagte Gante wörtlich zu Bohm: „Ich bin jetzt nicht zitierfähig, aber wenn wir das Delivery-Center nicht bekommen, brauchen wir auch die ganzen Flächen nicht." Ähnlich habe sich auch der jetzige Airbus-Direktor Gerhard Puttfarcken ihm gegenüber geäußert, erinnert sich Bohm.

„Die Auslieferung ist doch nur ein Prestige-Akt mit einer Zeremonie, netten Reden und schönen Bildern", hatte demgegenüber der oberste Airbus-Chef, der Franzose Noël Forgeard, einst angemerkt. Auch in Zeitungsartikeln war immer wieder die prestigeträchtige Übergabe der Flugzeuge an die Kunden betont worden. So schrieb etwa das *Hamburger Abendblatt* bereits am 30. November 1999: „Es ist aber kein Geheimnis, dass dahinter (hinter der Standortentscheidung für die Endmontage) auch handfeste politische Interessen stehen. Immerhin sind Endmontage und Auslieferung an die Airlines recht prestigeträchtige Vorgänge, obwohl die Wertschöpfung für den am Ende etwa 400 Millionen Mark teuren Vogel durch die Montage der Einzelteile nur etwa vier Prozent betragen soll." Hamburg „mag nicht als einfacher Zulieferer kleinerer Elemente erscheinen" (*Libération*). Durch die Auslieferung wenigstens einiger der neuen Superflieger fühlte sich die Hansestadt nun an der vergeblich ersehnten Endmontage beteiligt.

Prestige für Hamburgs Politiker und die Hoffnung von Airbus Deutschland, als „Key-Player" mit Airbus Frankreich mithalten zu können – das waren offenbar die wahren Beweggründe dafür, dass die wertvolle Elbbucht geopfert und die Landebahn bis in das Dorf Neuenfelde hinein verlängert werden sollte. Hamburg werde künftig neben Seattle und Toulouse zu den weltweit bedeutendsten Luftfahrtzentren zählen, schwärmte Senator Mirow. Auch Jürgen Hogeforster, Hauptgeschäftsführer der Hamburger Handwerkskammer, sah die große Bedeutung des A380 „nicht allein in den harten Fakten, sondern in der enormen wirtschaftspsychologischen Wirkung und einer weltweiten, einmaligen Imageprägung zu Gunsten Hamburgs".

Zugleich betonte Hogeforster aber auch die Bedeutung des Mittelstandes, der „in Hamburg rund 97 Prozent aller Arbeits- und den größten Teil aller Ausbildungsplätze stellt". Mittelständische Unternehmen seien jedoch in den letzten Jahren „fast sträflich vernachlässigt" worden. Auch die FDP wollte vom Senat wissen, ob es ein mit der Airbus-Subvention vergleichbares Förderprogramm für den Mittelstand gäbe. Denn bei einer Investition von 665 Millionen Euro würde jeder der in Aussicht gestellten 2000 Arbeitsplätze im Airbus-Werk mit 332.000 Euro gefördert.

„Als Buchhalter wäre Mirow in der freien Wirtschaft längst gefeuert worden", schrieb Stefan Bick, Mitarbeiter des Hamburger Lokalblattes *Klönschnack*, in einem Kommentar. Er nannte drastische Beispiele für den fahrlässigen Umgang der Mirow-Behörde mit mittelständischen Unternehmen: „Doch während Thomas Mirow vorne den Gegnern des Projektes mit der Arbeitsplatzkeule kommt, rieseln hinten, wie aus einer Sanduhr, durch Inkompetenz seiner Behörde permanent Arbeitsplätze weg. Allein durch die Abwanderung der Firma Kühne, die sich nach Kündigung ihrer Flächen in der Wirtschaftsbehörde ohne Erfolg um neue Gewerbeflächen bewarb, gehen über 500 Arbeitsplätze nach Mecklenburg-Vorpommern verloren. Weitere 500 Arbeitsplätze werden 2001 eingebüßt, wenn die Firma Libri sich aus ähnlichen Gründen gezwungen sieht, Hamburg zu verlassen. Wie gering offensichtlich überhaupt das Interesse an der Ansiedlung mittelständischer Unternehmen in Mirows Behörde ist, erfuhr kürzlich die Firma Dittmeyer. Vor fast einem Jahr hatte Dittmeyer jr. die fertigen Unterlagen für die Ansiedlung einer Firma mit 170 Arbeitsplätzen der Wirtschaftsbehörde zugeschickt. Ohne überhaupt den Eingang zu bestätigen, schlief Mirows Behörde über ein dreiviertel Jahr. In der Zwischenzeit hatten 22 andere Hafenstädte großes Interesse an einer Ansiedlung der Firma Dittmeyer bekundet und teils sogar die Zurverfügungstellung von Hallen angeboten. Nach mehr als einem dreiviertel Jahr, Dittmeyer hatte sich bereits für Bremen entschieden, meldete sich erstmals eine Sekretärin Mirows, sie habe ‚hier noch Unterlagen gefunden'! Dittmeyer erwiderte lediglich: ‚Das hat sich schon erledigt. Wir gehen nach Bremen. Schlafen Sie ruhig weiter!' Allein eine Sicherung dieser fast 1200 Arbeitsplätze wäre … mit einem Bruchteil der Kosten verbunden gewesen, die jetzt für die Schaffung von 2000 nicht mal gesicherten durch die DASA-Erweiterung erzielt werden sollen."

Aus allen Träumen gerissen

Doch für ihr Renommierprojekt waren Senat und Bürgerschaft bereit, dem privaten Unternehmen EADS-Airbus mit der gigantischen Summe von 665 Millionen Euro im wahrsten Sinne des Wortes den schlickigen Boden des Mühlenberger Lochs zu bereiten – einem Unternehmen, das seinen juristischen Firmensitz in Amsterdam hat und daher in Hamburg keine Unternehmenssteuern zahlt. Das Prognos-Gutachten prophezeite aufgrund der erwarteten Arbeitsplatzzahlen immerhin Einkommens- und Lohnsteuermehreinnahmen von jährlich rund 800.000 Euro – eine „Rendite" von nur 0,1 Prozent, wie der Diplom-Kaufmann Andreas Tjaden vom „Schutzbündnis für Hamburgs Elbregion" errechnete. Theoretisch dauere es also rund 800 Jahre, bis die Stadt das eingesetzte Kapital wieder eingenommen habe. „Wo bleibt eigentlich der Rechnungshof?", fragte sich nicht nur Tjaden. Der betrachtete ein Jahr später das Unterfangen als „hochinteressantes und grundsätzliches Thema", das man genau im Auge behalten werde.

Zu jener Zeit, im Jahr 2001, war der Stadtstaat Hamburg mit 15 Milliarden Euro verschuldet. Nach Angaben der Finanzbehörde betrug die Nettokreditaufnahme rund 700 Millionen Euro, um wenigstens die größten Haushaltslücken zu schließen. Rund eine Milliarde Euro musste der Finanzsenator in 2001 für Zinsen ausgeben. Im Februar 2003 veröffentlichte der Rechnungshof eigene Berechnungen, nach der die Flächengewinnung im Mühlenberger Loch 750 Millionen Euro kosten würde und nicht wie vom Senat angegeben 665 Millionen – denn Zinsausgaben und Folgekosten seien nicht berücksichtigt worden.

Derweil steuerte die Stadt auf ein haushaltspolitisches Desaster zu: Das Finanzierungskonzept sah vor, dass das Megaprojekt zu einem großen Teil aus dem Verkauf der Hamburger Beteiligung von 5,99 Prozent an der Daimler-Chrysler Luft- und Raumfahrt Holding AG an eben dieses Unternehmen finanziert werden sollte. Gut 400 Millionen Euro sollte der Deal für die Stadt bringen. Noch im Mai 2001 hatte Mirow der Bürgerschaft in einer offiziellen Drucksache mitgeteilt, der Konzern habe die Übernahme der Anteile zugesichert. Der Vertragsabschluss sei „für 2002 angestrebt", bis dahin werde das Projekt zwischenfinanziert. Doch von einer solchen Zusicherung wollte das Unternehmen nichts wissen: „Wir haben kein Interesse, Hamburgs Anteile zurückzukaufen", sagte Firmensprecher Hartmut Schick im März 2002. Es habe zwar immer wieder Konsultationen gegeben, aber: „Ich weiß nicht, wann wir zugesichert haben sollen, die Anteile zu übernehmen." Die Elbbucht drohte endgültig zum „schwarzen Loch für Hamburger Steuermittel" (*Hamburger Abendblatt*) zu werden. Denn allein die Zinsen für die Zwischenfinanzierung verschlingen jährlich 16,9 Millionen Euro. Erst 2003 einigten sich Stadt und DaimlerChrysler nach zähen Verhandlungen auf eine mittelfristige Übernahme der Hamburger Beteiligung bis spätestens 2007. Bis dahin versickern weiterhin knapp 17 Millionen Euro zusätzliche Zinsen jährlich im Mühlenberger Milliardenloch.

Was dort an Steuergeldern investiert worden war, musste an anderer Stelle wenigstens teilweise wieder hereingeholt werden. Im April 2004 beschloss der neue CDU-Senat eine umfangreiche, harte Sparliste: Drastisch gekürzt wurden beispielsweise die Zuschüsse zu Kuren für sozial benachteiligte Kinder, für das so genannte „Blindengeld", für die berufliche Weiterbildung und die Lehrerfortbildung. Die Tarife für den öffentlichen Nahverkehr und der Wasserpreis wurden erhöht. Schwimmbädern und Bücherhallen droht die Schließung. Der rigide Sparkurs trieb sogar Polizisten auf die Barrikaden. Angesichts der dramatischen Haushaltslage appellierte Finanzsenator Wolfgang Peiner an die Bürger, „Verständnis für die Beschlüsse" aufzubringen.

Gleichzeitig mussten die Kommunen aller deutschen Airbus-Standorte einen Teil der in 2004 eingenommenen Gewerbesteuern an das Unternehmen zurückzahlen. Denn der Konzern hatte in seiner Gesamtbilanz Verluste an anderen europäischen Standorten geltend gemacht, die ihm in Deutschland eine Steuerrückerstattung in zweistelliger Millionenhöhe bescherte.

„Filz wäre das falsche Wort, aber eine unglückliche Konstruktion ist es schon." Das sagte der damalige Oppositionsführer Ole von Beust (CDU) im Dezember 2000 zur Entscheidung des Senats, den Staatsrat der Wirtschaftsbehörde Heinz Giszas zum Geschäftsführer der neu gegründeten Realisierungsgesellschaft Finkenwerder „A380REA" (oder kurz „ReGe" genannt) zu ernennen. Diese stadteigene, aber privatwirtschaftlich organisierte GmbH ist für die praktische Umsetzung der Baumaßnahmen im Mühlenberger Loch und der erforderlichen Ausgleichsmaßnahmen zuständig. Dass der höchste politische Beamte der Wirtschaftsbehörde damit zugleich Chef einer Firma wurde, die von eben dieser Behörde finanziert wird, kritisierten selbst einige Mitglieder des rot-grünen Senats. Dabei war Giszas' Geschäftsführersalär von gut 2500 Euro brutto im Monat (zusätzlich zu den rund 9000 Euro Monatsgehalt als Staatsrat), gemessen an den in der freien Wirtschaft sonst üblichen Gehältern, für die Stadt ein echtes Schnäppchen. Die Projektgegner regten sich indessen mehr über die Tatsache auf, dass der Landesrechnungshof nunmehr das Finanzgebaren im Zusammenhang mit dem A380-Projekt nicht mehr aus eigener Initiative überprüfen konnte. Denn anders als Behörden und öffentliche Einrichtungen unterliegt die privatrechtliche Realisierungsgesellschaft nicht der Kontrolle des Rechnungshofes.

Doch die Personaldiskussion um Heinz Giszas war nur ein unbedeutendes Geplänkel angesichts der Ereignisse, die nur wenige Tage später über die Stadt Hamburg hereinbrechen sollten.

Das Airbus-Konsortium hatte seine Entscheidung über den Bau des A380 für Dienstag, den 19. Dezember 2000 angekündigt. In der Wirtschaftsbehörde hatte man den Sekt schon kalt gestellt, zwischen Weihnachten und Neujahr sollten die Bauarbeiten im Mühlenberger Loch beginnen. Doch in der Nacht zu besagtem Dienstag riss ein Anruf des Hamburger Verwaltungsgerichts Senator Mirow aus allen Träumen: Die zuständigen Richterinnen hatten aufgrund der Klagen von Anwohnern in einem Eilverfahren vorsorglich einen Baustopp für die Arbeiten in der Elbbucht verhängt. Eine halbe Stunde vor Mitternacht tickerte die Entscheidung mitsamt ausführlicher Begründung (insgesamt 95 Seiten) in der Wirtschaftsbehörde aus dem Faxgerät. „Nun steht Hamburg unter einem enormen Zeitdruck. Ich sehe ganz konkret die

> **Der Weg durch die Instanzen**
>
> Im Verwaltungsrecht gibt es ein zweizügiges Verfahren: Insbesondere bei sehr umfangreichen und juristisch komplizierten Projekten wie der Airbus-Werkserweiterung, bei denen ein Rechtsstreit sich in der Regel über mehrere Jahre hinzieht, kann im Eilverfahren ein vorläufiges Urteil gesprochen werden, ohne dass dabei bereits alle relevanten rechtlichen Probleme berücksichtigt werden. Im Eilverfahren gibt es maximal zwei Instanzen: das Verwaltungsgericht und das Oberverwaltungsgericht.
> Parallel zum Eilverfahren läuft das umfangreiche Hauptsacheverfahren, bei dem alle juristischen Aspekte ausführlich gewürdigt werden. Hier sind drei Instanzen möglich: Wird gegen die Urteile von Verwaltungs- und Oberverwaltungsgericht Revision eingelegt, entscheidet abschließend das Bundesverwaltungsgericht in Leipzig.

Gefahr, dass Hamburg in seiner Bewerbung nicht erfolgreich ist", sagte Mirow nach nächtlicher Krisensitzung, die bis zum frühen Morgen dauerte. Denn die juristische Begründung des Urteils hatte es in sich.

In ihrer „sehr gründlichen Entscheidung", befand Ingo von Münch (FDP), Staatsrechtler und ehemals Hamburgs Zweiter Bürgermeister, habe das Verwaltungsgericht den Planfeststellungsbeschluss auseinander genommen. Die drei Richterinnen spießten in ihrem Spruch vielerlei Ungereimtheiten auf und kritisierten dubiose Gutachten. Zwar konnten die Juristinnen „keine ausreichenden Anhaltspunkte" dafür feststellen, dass Senator Mirow während des Planfeststellungsverfahrens entscheidenden Einfluss auf seine Behörde genommen hätte. Es wäre jedoch „angesichts des ... Rechtsstaatsprinzips befriedigender gewesen, wenn die Antragsgegnerin (die Hamburger Wirtschaftsbehörde) zur Vermeidung auch nur der Möglichkeit eines ‚bösen Scheins' in mehrerer Hinsicht anders verfahren wäre".

Das Gericht zweifelte die Zahl der versprochenen Arbeitsplätze an, wies auf die drohende Kollisionsgefahr zwischen Flugzeugen und Schiffen hin und verwarf die Berechnungen zur Landebahnlänge. Dabei kamen die Richterinnen auch einem Gutachter auf die Schliche, der, um die beantragte Piste passender zu machen, das Startgewicht des A380 drastisch heruntergerechnet hatte.

„Rechtserheblich" sei jedoch allein die zu erwartende Lärmbelastung für die Anwohner. Zwei der Kläger, deren Grundstücke hüben und drüben der Elbe genau am Ende der Landebahn liegen, würden unzumutbar belastet. Entscheidend sei dabei, argumentierte das Gericht, dass das Vorhaben, anders als von den Antragstellern deklariert, nicht gemeinnützig sei, sondern allein den privaten Interessen des Konzerns diene. In einem solchen Falle müssten die Betroffenen die Belastungen nicht hinnehmen – im Unterschied zum Bau eines öffentlichen Verkehrsflughafens. Die Richterinnen beriefen sich in ihrer Begründung auch auf ein Urteil des Bundesverfassungsgerichts: Das hatte 1987 den von Daimler-Benz geplanten Bau einer Teststrecke im baden-württembergischen Boxberg untersagt. Damals ging es um 1000 geplante Arbeitsplätze, doch die obersten deutschen Richter sahen darin kein unmittelbares öffentliches Interesse. Der Baustopp im Mühlenberger Loch war die logische Konsequenz dieser Rechtsauffassung. Einen Monat später bekamen noch zwei weitere private Kläger Recht zugesprochen.

Den Naturschutzverbänden, die parallel vor dem Verwaltungsgericht geklagt hatten, war dagegen kein Erfolg beschieden. Der Richterspruch, der am 15. Januar 2001 erging, brachte die Verbandsvertreter schier zur Verzweiflung: Obwohl das Gericht das Projekt in wesentlichen Teilen für rechtswidrig erklärte, durften sie nicht dagegen klagen. In seiner Begründung bezog sich das Gericht auf ein kurz zuvor ergangenes Urteil des Europäischen Gerichtshofes in einem Rechtsstreit der EU-Kommission gegen Frankreich in Sachen „Basses Corbières". In diesem Gebiet nahe der Grenze zu Spanien hatten die französischen Behörden die Ausweitung eines Kalksteinbruchs genehmigt, obwohl dies die dortigen Brutplätze des europaweit gefährdeten Habichtsadlers bedrohte.

In seinem Urteil hatte der Europäische Gerichtshof eine Grundsatzentscheidung gefällt: Für Gebiete mit besonderer

Bedeutung für die europäische Vogelwelt, die von einem Mitgliedstaat entgegen europarechtlichen Verpflichtungen nicht zu besonderen Schutzgebieten erklärt wurden, gilt auch nach Inkrafttreten der FFH-Richtlinie weiterhin das strenge Schutzregime der EU-Vogelschutzrichtlinie. Ausnahmen nach der weniger rigiden FFH-Richtlinie seien in einem solchen Fall nicht möglich.

Diese höchstrichterliche Entscheidung und die Tatsache, dass die Hamburger Behörden das Mühlenberger Loch zwar als EU-Vogelschutzgebiet in Brüssel gemeldet, aber nach nationalem Recht lediglich als Landschaftsschutzgebiet und nicht als höherwertiges Naturschutzgebiet ausgewiesen hatten, bewog das Hamburger Verwaltungsgericht zu einer bemerkenswerten Aussage: Danach sei die von der EU-Kommission erteilte Ausnahmegenehmigung zur teilweisen Zuschüttung des Mühlenberger Lochs „rechtlich nicht zulässig". Damit bestätigte das Gericht zwar die Rechtsauffassung der Umweltverbände, verweigerte ihnen aber gleichzeitig ein Klagerecht. Denn, so die Richterinnen, deren Klagebefugnis erstrecke sich nach dem Hamburgischen Naturschutzgesetz nur auf ausgewiesene Naturschutzgebiete, nicht aber auf Landschaftsschutzgebiete. Vergebens wiesen die Kläger darauf hin, dass der Europäische Gerichtshof erst wenige Monate zuvor, am 19. September 2000, in einem Urteil gegen Luxemburg auch zur Klagebefugnis eindeutig Stellung genommen hatte: Der Gerichtshof, so heißt es dort, habe hierzu wiederholt entschieden, dass es mit der verbindlichen Wirkung der Richtlinien unvereinbar wäre, wenn Betroffene sie nicht gerichtlich durchsetzen könnten: „Insbesondere in den Fällen, in denen die Gemeinschaftsorgane die Mitgliedstaaten durch eine Richtlinie zu einem bestimmten Verhalten verpflichten, würde deren praktische Wirksamkeit abgeschwächt, wenn die Bürger sich vor Gericht nicht auf sie berufen und die nationalen Gerichte sie nicht als Bestandteil des Gemeinschaftsrechts berücksichtigen könnten."

Doch noch war für die Umweltverbände nichts verloren und für die siegreichen Kläger nichts gewonnen: Sowohl die

Verbände als auch die Wirtschaftsbehörde legten Berufung ein bei der zweiten Instanz, dem Hamburger Oberverwaltungsgericht.

Recht ist, was dem Riesen nützt

Bürgermeister Runde und sein Wirtschaftssenator Mirow konnten es nicht fassen: Wie konnte ein Gericht die Gemeinnützigkeit des Vorhabens in Abrede stellen? Schließlich, so argumentierten sie, würden durch das A380-Projekt doch 4000 neue Arbeitsplätze geschaffen und der Luftfahrtstandort Hamburg entscheidend gestärkt. Sollte das Oberverwaltungsgericht (OVG) den Spruch der ersten Instanz bestätigen, sah Mirow gar den Airbus-Standort als Ganzes in Gefahr: „Der Schaden ginge weit über das konkrete Projekt A380 hinaus", für die Stadt entstünde „unabsehbarer Schaden". Sollte das Projekt scheitern, würde er das „logischerweise als persönliche und politische Niederlage" empfinden. Das Wort „Rücktritt" vermied er indessen sorgsam, denn: „Gerichten droht man nicht", wusste der Senator. Der Bürgermeister war da weniger zurückhaltend und bezeichnete das Urteil des Verwaltungsgerichts als „relativ abwegig". Rundes Äußerungen seien „beispiellos in Hamburgs Rechtsgeschichte" und grenzten an „versuchte Erpressung", empörte sich der NABU-Landesvorsitzende Rolf Bonkwald. Selbst der Chefredakteur des *Hamburger Abendblatts*, Menso Heyl, sonst ein überzeugter Befürworter des Projekts, kommentierte die Richterschelte kritisch: „Gewiss zum ersten Mal hat ein Bürgermeister das Urteil eines Hamburger Gerichts öffentlich als ‚abwegig' bezeichnet, als Fehlurteil also", schrieb er in der Tageszeitung: „Er hat sich weit vorgewagt. Der Vorwurf der Unfähigkeit an die Richter-Adresse muss zwar nicht gleich als Eingriff in die Gewaltenteilung bewertet werden... Aber in diesen Tagen, in denen sich das Oberverwaltungsgericht der Airbus-Sache annimmt, ist mit Sicherheit nicht der günstigste Zeitpunkt, Richtern vorzubeten, was richtig und falsch ist." Auch *Die Welt* schrieb: „Noch gibt es keine Rechtsregel, die da lautet: ,Recht ist, was dem Bau des Riesen-Airbus nützt.'"

Schützenhilfe für Hamburgs Politiker kam dagegen aus den Nachbarländern: Niedersachsens damaliger Regierungschef Siegmar Gabriel (SPD) schrieb an Runde: „Ich kann Sie nur in Ihrem Bestreben bestärken, gegen den Beschluss Rechtsmittel einzulegen." Das Gerichtsurteil bedürfe „des nachdrücklichen Widerspruchs". Als „besonders gemeinnützig und förderungswürdig" bezeichnete auch die damalige schleswig-holsteinische Ministerpräsidentin Heide Simonis das A380-Projekt.

„Auch das Gericht ist Teil der Stadt", legte Mirow noch einmal nach: Er sei sicher, dass das OVG den Baustopp aufheben werde, weil sonst Hamburgs Chancen zunichte gemacht wären und die Produktion des A380 dann komplett nach Toulouse ginge. OVG-Präsident Rolf Gestefeld stellte indessen klar: „Wir entscheiden nicht nach politischer Zweckmäßigkeit und Opportunität." Gerichte seien schließlich nicht dazu da, „Politik und Wirtschaft den Weg freizuschießen", warnte auch NABU-Chef Bonkwald.

Doch lag natürlich ein ungeheurer Druck auf den drei Richtern des zweiten Senats am OVG. Wie würden Karsten Schulz, Günther Ungerbieler und Helmuth Jahnke entscheiden? Bei früheren umstrittenen Großverfahren hatte das Hamburger Oberverwaltungsgericht schon häufiger zugunsten der Stadt geurteilt – in einigen Fällen auch „durchaus überraschend", so Klägeranwalt Nebelsieck. In der Tat gilt das Hamburger OVG in Juristenkreisen als eher staatstragend. Doch schon einmal, anlässlich einer im Mai 1997 genehmigten Erweiterung des Airbus-Geländes auf eine südlich angrenzende Landfläche, hatte das OVG klargestellt, dass das Versprechen, zusätzliche Arbeitsplätze zu schaffen, nicht ausreiche, um das Vorhaben als gemeinnützig einzustufen. Die Klägeranwälte Nebelsieck und Mohr waren sich daher ihrer Sache sicher: Das OVG würde den Baustopp nicht kippen können.

Da trat – erstmals in aller Deutlichkeit – Airbus selbst auf den Plan: In einem Brief an das OVG drohten die Manager, dass Hamburg seinen Anteil an der Produktion des A380 ganz verlieren könnte, falls der Baustopp nicht bis zum 15. Februar 2001 aufgehoben werde. Um den sehr engen Zeitplan für das Projekt einhalten zu können, müsste spätestens ab diesem Termin mit den Bauarbeiten im Elbwatt begonnen werden. Im November 2001, so hatte der Konzern verlangt, sollte die Stadt bereits eine erste Teilfläche baufertig an Airbus übergeben. Ein solch unverhohlener Versuch, die Richter unter Druck zu setzen, „tangiert das Nervensystem des Rechtsstaates", kommentierte *Die Welt*.

Dass im September desselben Jahres in Hamburg Bürgerschaftswahlen anstanden, machte die Sache noch brisanter: Sollte das A380-Projekt, für Regierungschef Runde einer der größten Erfolge der vergangenen Jahre, in letzter Minute scheitern, stünde die rot-grüne Koalition vor einem Scherbenhaufen.

Bis Mitte Februar blieben nur noch sechs Wochen – viel zu kurz, um eine so komplexe Rechtsmaterie angemessen und gründlich zu prüfen. „To lose heißt in sechs Wochen Toulouse", kalauerte deshalb *die tageszeitung*. Die Anwälte der Streitparteien arbeiteten fieberhaft: Zahlreiche Schriftsätze an das Gericht, Stellungnahmen der jeweils anderen Partei zu den Schriftsätzen der gegnerischen Anwälte und Stellungnahmen zu den Stellungnahmen ließen die ohnehin schon gewaltigen Aktenberge beinahe täglich anwachsen. Mehrfach rügten die Anwälte der Kläger, dass Stadt und Konzern dem Gericht wichtige Unterlagen vorenthalten hatten. Dabei sahen die zwei „Rebellen in schwarzer Robe" (*Die Welt*) Mohr und Nebelsieck sowie ihr Anwaltskollege Michael Günther sich Dutzenden von Juristen in Diensten der Stadt und des Airbus-Konzerns gegenüber. Nicht immer wurde der Kampf nur mit Paragrafen geführt: Eines Tages fand Anwalt Nebelsieck ein Messer in seinem privaten Briefkasten.

Derweil versuchten Hamburger Politiker, das gesetzlich verbriefte Klagerecht der Umweltverbände einzuschränken, wenn nicht ganz abzuschaffen – mit dem Argument, die aus ihrer Sicht viel zu langen Planungsverfahren zu beschleunigen. Doch gerade die Klagebefugnis, ohnehin nur als ultima ratio eingesetzt, so konterten die Verbände, zwängen die Behörden von vornherein zu sorgfältiger und rechtlich einwandfreier Arbeit. „Nur wer schlampig plant, hat eine Klage zu fürchten", sagte BUND-Geschäftsführer Braasch. Dennoch: Auf Betreiben der CDU-Opposition wurde in die Novelle des Hamburgischen Naturschutzgesetzes eine bundesweit einmalige Einzelfallregelung eingebaut: Zwar wurde das Klagerecht für anerkannte Umweltverbände, das bislang nur für ausgewiesene Naturschutzgebiete galt, insgesamt erheblich ausgeweitet, da entsprechende Vorgaben des kurz zuvor ebenfalls novellierten Bundesnaturschutzgesetzes umgesetzt werden mussten. Doch zugunsten von Airbus beschnitt der Hamburger Gesetzgeber die Klagebefugnis gleich wieder: „Abweichend ... ist die Klage oder der Antrag nicht zulässig", so heißt es in Paragraf 41, „wenn die behördliche Entscheidung ... die Flugzeugproduktion am Standort Finkenwerder und den Sonderlandeplatz betrifft."

Diese willkürliche Einschränkung, die ebenso für ein bestimmtes Autobahnprojekt, den Deichbau sowie für alle Maßnahmen im Hafenbereich gilt, widerspricht dem rechtlich übergeordneten Bundesnaturschutzgesetz und dürfte nach Meinung von Juristen somit rechtswidrig sein.

Der Druck auf das Oberverwaltungsgericht wuchs von Tag zu Tag: Ende Januar 2001 schlossen sich 14 einflussreiche Verbände und Institutionen aus Hamburg, Niedersachsen und Schleswig-Holstein, darunter Handels- und Handwerkskammern, Unternehmens- und Arbeitgeberverbände sowie mehrere große Gewerkschaften zu einer mächtigen „Allianz für den A380" zusammen. „Wir brauchen unbedingt Erfolg für den A380!", sagte Nikolaus W. Schües, damals Präses der Hamburger Handelskammer und einer der Initiatoren der Allianz. Das war auch der Tenor einer entsprechenden Resolution, die an die Wirtschaftsbehörde geschickt wurde – mit der Bitte um Weiterleitung an das Gericht. Sollte das Projekt scheitern, so Schües, bedeute das eine „erdbebenähnliche Erschütterung in ganz Norddeutschland". 26.000 Arbeitsplätze wären in Gefahr.

Angst schürte auch die Airbus-Muttergesellschaft EADS: Bei einer negativen Gerichtsentscheidung, so ließ Konzernchef Rainer Hertrich durchblicken, könnte Hamburg auch seine führende Rolle bei der Produktion der kleineren Airbus-Typen verlieren: „Nur soviel: Zwischen den beiden Projekten gibt es eine innere Verbindung. Deshalb wurde die Entscheidung, die Endmontage zwischen Hamburg und Toulouse aufzuteilen und mehr Kompetenz für die kleinen Flugzeuge in die Hansestadt zu verlagern, im Paket getroffen." Und: „Unser Vertrauen liegt voll und ganz beim Oberverwaltungsgericht."

Doch nicht nur die Richter bekamen Post von der „Allianz für den A380": Auch die bisher siegreichen Kläger fanden ein Schreiben der Hamburger Handelskammer in ihren Briefkästen. Die Kammer bot darin ihre Unterstützung bei einem Interessenausgleich an – falls die Klagen zurückgezogen würden. Als „hinterlistigen Versuch, die Klägergemeinschaft auszuhebeln", wertete Manfred Brandt, Vorsitzender des „Vereins zum Schutz von Hamburgs Elbregion", in dem sich viele Mitstreiter des Schutzbündnisses inzwischen organisiert hatten, die Initiative: „Woher haben die überhaupt die Adressen?" Offenbar hatte es die Wirtschaftsbehörde mit dem Datenschutz nicht so genau genommen. Dabei hatten die Projektgegner in Neuenfelde ohnehin schon einiges auszuhalten. Die einst intakte Dorfgemeinschaft begann, sich in Befürworter und Gegner zu spalten. Denn im Dorf wohnen auch zahlreiche Menschen, die im benachbarten Airbus-Werk arbeiten. Andere wiederum liebäugelten mit den hohen Geldsummen, die ihnen für ihre Grundstücke geboten wurden. Obstbäuerin Gabi Quast wusste von nächtlichen Drohanrufen und „Anmache" auf dem Wochenmarkt zu berichten. Kinder kamen weinend aus der Schule – Mitschüler hatten sie dafür beschimpft, dass die Eltern für den Erhalt ihrer Heimat und ihrer bäuerlichen Existenzen kämpften. Die Saat der Zwietracht, die Bodo Fischer und Gunther

Bonz mit ihren vertraulichen Hausbesuchen gesät hatten, war aufgegangen. Doch diese Zwistigkeiten waren unbedeutend gegen das, was die Neuenfelder drei Jahre später erleben und erleiden sollten.

Im Schneckentempo durch Frankreich

Anfang Februar organisierten der Airbus-Betriebsrat und die IG Metall eine „Zwangsdemo von Abhängigen" (Gabi Quast). Mehr als 6000 Airbus-Beschäftigte gingen für den A380 auf die Straße und blockierten vier Stunden lang die Hamburger Innenstadt. Auf der Kundgebung tönte Betriebsratsvorsitzender Horst Niehus ins Mikrofon: „Wenn der A380 tief über die Felder bei Toulouse fliegt, dann reißen die Bauern die Mütze vom Kopf und rufen ‚Vive la France!' Aber in Hamburg laufen die Leute zum nächsten Telefon und beschweren sich." Was er verschwieg: Auch in Frankreich hatte sich längst Widerstand formiert – nicht nur gegen die zu erwartende Zunahme des Fluglärms in der Umgebung des Werksflughafens Toulouse-Blagnac.

„Nein zur Route für den A380!" So lauteten die Protestparolen entlang der Platanenalleen, die durch hügeliges Land nach Toulouse führen. Für die monströsen Tieflader, auf denen die gewaltigen, bis zu 135 Tonnen schweren A380-Teile vorangeschleppt werden, war selbst die bestehende Autobahn zwischen Bordeaux und der südfranzösischen Airbus-Zentrale nicht geeignet. Die Autobahnbrücken waren zu niedrig, und der Verkehr wäre durch die regelmäßigen Schwertransporte zu sehr beeinträchtigt worden. Daher mussten die einfache „Route Nationale" und stille Landsträßchen breitgewalzt, verlängert und begradigt werden – Kosten: 171 Millionen Euro. „Um Platz für Ihre Majestät das Flugzeug zu schaffen", wie die Zeitung *Le Monde* spottete, waren Opfer vonnöten: Entlang der neuen Strecke wurden Grundbesitzer enteignet. Alleen mussten weichen, Flusstäler, Wälder, Dörfer und Ackerland wurden durchschnitten.

Nie gesehene Vehikel – 50 Meter lang, acht Meter breit und 13 Meter hoch – kriechen nachts auf jeweils 96 Rädern im Schneckentempo auf der neuen „Straße der Zukunft" voran. 50 Gendarmen begleiten die nächtliche Karawane, tagsüber steht die Fracht in speziellen Weichen unter Bewachung.

Ähnlich wie in Hamburg hatten auch in Frankreich betroffene Bauern und Bürger ihren Protest organisiert. Anders als die Bürgerinitiativen sah allerdings Jacques Rocca, Kommunikationschef bei Airbus Frankreich, den überdimensionalen Zubringer als eine „ganz gewöhnliche Route, wir müssen nur rechts und links die Hindernisse beseitigen." Der nächtliche Durchzug der Tieflader sei im Grunde „nicht viel anders als die Passage der Tour de France."

Der Ausbau der Megapiste wurde durch ein Notstandsgesetz abgesegnet. So etwas hatte es in Frankreich in den letzten 50 Jahren nur dreimal gegeben – zuletzt 1995, als der damalige Staatspräsident François Mitterand auf diese Weise den Bau des „Stade de France" durchsetzte, eines riesigen Fußballstadions in Paris.

Die Abstimmung über das erforderliche Gesetz fand um zwei Uhr morgens mit nur fünf Abgeordneten der französischen Nationalversammlung statt – ein „undemokratisches, autoritäres Verfahren", wie Simon Charbonneau, Umweltrechtler an der Universität Bordeaux, kritisierte.

In Hamburg war inzwischen eine regelrechte Medienschlacht zwischen Stadt und Airbus auf der einen Seite und den Projektgegnern auf der anderen Seite entbrannt. Mit ganzseitigen Zeitungsanzeigen warb der Flugzeugkonzern für den A380. In der Euphorie der Hamburger Springer-Medien, so beklagte das „Schutzbündnis für Hamburgs Elbregion", seien ihre vielfältigen Argumente untergegangen. Ignoriert wurde vor allem die Tatsache, dass Hamburg statt der erhofften kompletten Endmontage nur einen Anteil von fünf Prozent erhalten hatte.

In dieser Phase hatte insbesondere das *Hamburger Abendblatt* entscheidenden Anteil daran, die Öffentlichkeit zugunsten des A380-Projektes zu beeinflussen. Chefredakteur Menso Heyl bot sich den Politikern gar als „Rammbock" an, für den Fall, dass es „Hindernisse zu überwinden gilt". Skeptisch und distanziert berichteten hingegen die überregionalen Blätter wie die *Süddeutsche Zeitung*, die *Frankfurter Allgemeine Zeitung* oder *Der Spiegel*.

Vergebens hatte Heinz-Bernd Millhagen, Vorsitzender des „Vereins zum Schutz des Mühlenberger Loches", die Umweltorganisation Greenpeace um Hilfe gebeten. Doch die Regenbogen-Krieger, deren deutsche Zentrale nur wenige Schritte von der Elbbucht entfernt liegt, winkten ab. Lediglich im *Greenpeace-Magazin* erschien ein ungewohnt moderater Beitrag über den Streit. Dafür trat nun eine andere weltweit tätige Organisation, kaum weniger einflussreich als Greenpeace, auf den Plan: Der Internationale Tierschutz-Fonds IFAW (International Fund for Animal Welfare) mit Hauptsitz in den USA und Niederlassungen in 15 Ländern hatte erst vor kurzem seine Deutschland-Zentrale in Hamburg eröffnet. Und der damalige Direktor von IFAW Deutschland, der Hamburger Biologe Markus Risch, war mit den örtlichen Verhältnissen bestens vertraut.

IFAW hatte im März 2000 einen fünf Jahre dauernden Kampf gegen den mächtigen Mitsubishi-Konzern für sich entschieden. Das japanische Multi-Unternehmen wollte in der mexikanischen Meeresbucht Baja California eine gigantische Salzgewinnungsanlage bauen. Dieses Projekt hätte die bedeutendste Kinderstube der ostpazifischen Grauwale in der Laguna San Ignacio sowie ein als Weltnaturerbe ausgewiesenes Schutzgebiet im Hinterland gefährdet. Aufgrund der weltweiten Proteste zog Mitsubishi schließlich seine Pläne zurück. Durch diesen Erfolg ermutigt, wollte IFAW nun auch dem Flugzeug- und Rüstungskonzern EADS die Stirn bieten. Die Organisation erklärte sich bereit, die Bemühungen der Projektgegner inhaltlich und finanziell zu unterstützen. Einzige Bedingung: Auch die Bundesorganisationen von NABU und BUND, die das Feld bislang weitestgehend ihren Hamburger Landesverbänden überlassen hatten, müssten sich öffentlich für den Schutz des Mühlenberger Lochs engagieren.

IFAW-Präsident Fred O'Regan sowie die stellvertretende

Leiterin der Abteilung Naturschutz, die Juristin Kyla Bennett, reisten eigens aus den USA an, um sich vor Ort über die Lage der Dinge informieren zu lassen. Schnell gelangten sie zu der Überzeugung, dass die Hamburger Elbbucht genauso geschützt werden müsse wie etwa ein bedrohter Nationalpark in Afrika oder die Grauwale an der mexikanischen Küste. Denn mit welchem Recht, so argumentierten die IFAW-Vertreter, könnten die reichen Europäer von den Entwicklungsländern den Erhalt ihrer Naturschätze fordern, wenn sie selbst ihre eigenen Schutzgebiete missachteten? Dieser Auffassung war offenbar auch die indische Ministerin für Umwelt und soziale Gerechtigkeit, Maneka Gandhi: In einer Protestnote an den französischen Airbus-Chef Noël Forgeard kritisierte sie das Vorhaben als „unangemessen" und „extrem unzeitgemäß".

Am 8. Februar 2001 verkündeten IFAW-Boss O'Regan, der damalige NABU-Präsident Jochen Flasbarth sowie BUND-Bundesgeschäftsführer Gerhard Timm auf einer Pressekonferenz in Hamburg die Gründung einer „Internationalen Allianz zum Schutz des Mühlenberger Lochs" – ein Gegengewicht zur einflussreichen „Allianz für den A380".

Innerhalb kürzester Zeit wurde eine groß angelegte Medienkampagne unter dem doppeldeutigen Motto „Airbus – think twice!" konzipiert. Ziel war es, das Image des Flugzeugkonzerns zu beschädigen, um so die Manager zum Einlenken zu bewegen. Ihre wichtigsten Argumente fassten die Mitglieder der Allianz in ganzseitigen Anzeigen zusammen, die unter anderem im *Spiegel*, in der *Frankfurter Allgemeinen Zeitung*, aber auch in wichtigen ausländischen Medien wie der *New York Times*, dem *International Herald Tribune* und sogar im australischen *The Sun Herald* erschienen. Das *Wall Street Journal*, die *Financial Times* und andere internationale Zeitungen berichteten kritisch über die Hintergründe der Airbus-Erweiterung. Zusätzlich schrieb IFAW-Chef O'Regan Briefe an die Fluggesellschaften, die bereits A380-Maschinen geordert hatten: „Im Namen unserer weltweit zwei Millionen Mitglieder bitte ich Sie um Hilfe beim Schutz eines der letzten großen Öko-Juwelen

Europas, Hamburgs Mühlenberger Loch. Sie zählen zu den Erstkunden, und wir sind besorgt, dass Ihnen nicht bewusst ist, dass hier Europas größtes Süßwasserwatt verfüllt werden soll, um den Airbus zu bauen, den sie gerade bestellt haben."

„Wir beginnen übermorgen"

In Hamburg strebte die Spannung unterdessen ihrem Höhepunkt entgegen: Das Oberverwaltungsgericht hatte seine Entscheidung für die dritte Februarwoche angekündigt. Wenige Tage zuvor durfte Wirtschaftssenator Mirow im *Hamburger Abendblatt* noch einmal ausführlich für das A380-Projekt werben und betonen: „Wenn das Gericht Nein sagt, ist Hamburg endgültig aus dem Rennen. Teillösungen gibt es leider nicht."

Am Dienstag, den 20. Februar 2001, tagte im Rathaus turnusgemäß der Hamburger Senat. Es war, so wusste die *Financial Times Deutschland* zu berichten, genau 10.40 Uhr, als Senator Mirow aus der Sitzung gerufen wurde. Zwei Minuten später kehrte er in den Saal zurück, lächelte – und schwieg. Erst unter dem Tagesordnungspunkt „Verschiedenes" erfuhren die restlichen Regierungsmitglieder, was den Kollegen Mirow so heiter dreinblicken ließ: Das Oberverwaltungsgericht hatte den Baustopp aufgehoben.

„Das Urteil macht den Weg für unumkehrbare Fakten frei", schrieb *Die Welt* am nächsten Tag. Dabei hatten die Richter alle wesentlichen Rechtsfragen offen gelassen. Vor allem die entscheidende Frage, ob das Vorhaben gemeinnützig sei oder ausschließlich dem Nutzen eines privaten Konzerns diene, könne „in einem Verfahren des vorläufigen Rechtsschutzes nicht sicher geklärt werden", so das Gericht. Denn solche „bundesrechtlichen Fragen von grundsätzlicher Bedeutung" müssten vom Bundesverwaltungsgericht entschieden werden. Das aber sei nur im Wege des noch ausstehenden Hauptverfahrens möglich. Um dennoch zu einer vorläufigen Entscheidung zu kommen, hatten die Richter die Vor- und Nachteile eines Baustopps gegeneinander abgewogen: Sie kamen zu dem Ergebnis, dass die Nachteile für die Stadt Hamburg und den Airbus-Konzern deutlich schwerer wögen als für die Antragsteller. Denn wenn mit den Bauarbeiten im Mühlenberger Loch nicht wie geplant begonnen werden könne, sei das Projekt auch dann endgültig gescheitert, wenn die in erster Instanz des Eilverfahrens siegreichen Kläger im Hauptverfahren unterliegen sollten. Demgegenüber stelle der Beginn der Bauarbeiten selbst noch keine „irreparablen Rechtsbeeinträchtigungen der Antragsteller" dar. Der beklagte erhöhte Fluglärm trete ja erst viel später ein – Zeit genug für eine abschließende gerichtliche Entscheidung.

Die Richter sahen dabei sehr wohl, dass noch vor einer endgültigen Klärung der offenen Rechtsfragen „naturschutzrechtlich bedeutsame Flächen endgültig verloren gehen". Doch das, so hieß es in dem Urteil, könnten die Kläger weder nach deutschem noch nach europäischem Recht „gerichtlich geltend machen". Das Oberverwaltungsgericht hielt es daher für müßig, sich darüber Gedanken zu machen, ob das Projekt, wie von der ersten Instanz ausgeführt, gegen europäische Naturschutzrichtlinien verstoße. „Eine absolut unerträgliche Situation und ein Frontalangriff auf europäische Rechtsnormen!", wetterte der Hamburger NABU-Vorsitzende Bonkwald. Vergebens hatten die Umweltverbände gefordert, das Verfahren zur Klärung dieser aus ihrer Sicht so entscheidenden Frage dem Europäischen Gerichtshof vorzulegen.

Das „in sich unbestimmte Urteil" hinterlasse einen „Zustand absoluter Rechtsunsicherheit" sagte Klägeranwalt Mohr. Die gesamte Planung sei auf schlickigem Grund gebaut. Airbus-Chef Gante sprach dagegen von einer „glasklaren, positiven Entscheidung des OVG".

Auch Ex-Bürgermeister Voscherau, einer der Väter des Airbus-Projektes, meldete sich als Gastkommentator in der *Welt* zu Wort: „Offen ist der politische Reformstau, den dieser Beinahe-GAU schonungslos offen gelegt hat. Strukturpolitische Zukunftsmaßnahmen müssen auch in Deutschland durch das Parlament mit Bindungswirkung gegenüber der Verwaltungsgerichtsbarkeit ausgestattet werden können. Wie sollen wir in der Globalisierung sonst bestehen?" Die geschraubten Sätze des Juristen bedeuten nichts anderes als die Forderung nach einer Aufhebung der Gewaltenteilung. Schon jetzt habe sich das Gericht zum „Büttel des Senats" gemacht, schimpfte Heinz-Bernd Millhagen vom „Verein zum Schutz des Mühlenberger Loches". Die Entscheidung trieb sogar einen angesehenen Juristen, nach 30 Jahren SPD-Mitgliedschaft, aus der Partei: „Der Beschluss des OVG ließ erkennen", so Helmut Rittstieg, Professor für Staatsrecht an der Universität Hamburg, in seinem Abschiedsbrief an die Genossen, „wie einseitig hier Interessen verfolgt wurden." Und: „Unerträglich war in meinen Augen der vom Senat und prominenten Sozialdemokraten ausgeübte Druck auf die Richter des Oberverwaltungsgerichts."

Strahlend posierte Regierungschef Runde für die Fotografen mit einem Modell des A380 in den Händen und bezeichnete den Tag der OVG-Entscheidung als „den bisher schönsten für mich als Bürgermeister". „Wir beginnen übermorgen", kündigte Senator Mirow auf einer Pressekonferenz den Beginn der Bauarbeiten im Mühlenberger Loch an. Äußerlich unbewegt wie immer gab er eine nüchterne Erklärung ab – kein Blick, kein persönliches Wort für die ebenfalls anwesenden Vertreter des Schutzbündnisses für Hamburgs Elbregion. Die wollten unmittelbar im Anschluss an die Senatspressekonferenz an gleicher Stelle den zahlreich erschienenen Medienvertretern ihre Sicht der Dinge darstellen. Die „Regenbogen-Gruppe" in der Hamburger Bürgerschaft hatte dies möglich gemacht. Doch als der Abgeordnete Norbert Hackbusch die einleitenden Worte sprechen wollte, blieb überraschend das Mikrofon stumm. Der Strom war abgestellt.

Das sei zwar ein „schwarzer Dienstag" für die Elbregion und den europäischen Naturschutz, so die Projektgegner, aber: „Der Kampf geht weiter!" Erst als die Pressekonferenz vorbei war, flossen Tränen. In den folgenden Tagen gingen

Beginn der Bauarbeiten im Mühlenberger Loch

Solidaritätsbekundungen aus ganz Deutschland bei den Betroffenen ein. Am Wochenende nach der umstrittenen Gerichtsentscheidung zogen rund 1200 Menschen in einem friedlichen Protestmarsch von Finkenwerder am Airbus-Werk vorbei nach Neuenfelde. Derweil bereiteten die Anwälte der unterlegenen Kläger den Gang nach Karlsruhe zum Bundesverfassungsgericht vor.

„Was für ein schönes Bild", schwärmte Staatsrat Giszas, als am 22. Februar 2001, Punkt 12 Uhr, der Schwimmponton „Wotan I" das erste von unzähligen Stahlrohren in den schlammigen Grund der Elbe rüttelte, um die Erweiterungsfläche für das Airbus-Werk abzustecken. Die Vernichtung des Mühlenberger Lochs hatte begonnen.

Ein Ding aus dem Tollhaus

Zunächst musste die zukünftige Betriebsfläche mit einem Deich zum Schutz vor Hochwasser umgeben werden. Als Fundament für den etwa drei Kilometer langen neuen Deich wurden insgesamt rund 46.000 Sandsäulen mit einem Durchmesser von 80 Zentimetern in den bis zu 13 Meter mächtigen Elbschlick gepresst. Der so geschaffene Polder wurde dann mit Sand bis auf eine Höhe von 4,5 Meter über Normalnull aufgefüllt. Knapp zwölf Millionen Kubikmeter Sand waren dafür nötig. Eine solche Menge würde fast 150.000 Güterwaggons der Bahn füllen – ein Zug von mehr als 2000 Kilometer Länge!

Ein Teil des benötigten Sandes fiel bei der Abbaggerung der Elbinsel Hahnöfersand an, wo als Ausgleich für den Eingriff in das Mühlenberger Loch ein neues Süßwasserwatt entstehen soll. Der weitaus größte Teil aber stammt aus der Nordsee westlich der Insel Scharhörn – in unmittelbarer Nachbarschaft zum Nationalpark „Hamburgisches Wattenmeer". Obwohl die Aufspülarbeiten innerhalb von zwei Jahren abgeschlossen sein sollten, beantragte die Hamburger Wirtschaftsbehörde beim zuständigen Oberbergamt Clausthal-Zellerfeld eine Abbaugenehmigung über zehn Jahre, die auch bewilligt wurde. Ulrich Hensen, Direktor des Amtes für Strom und Hafenbau in der Wirtschaftsbehörde, begründete den Antrag damit, dass es „sinnvoll" sein könne, auch später noch Sandreserven zu haben. Die Umweltverbände waren alarmiert: Sie befürchteten, dass die Stadt Hamburg bereits konkrete Pläne für die Zuschüttung weiterer Flächen in der Mühlenberger Elbbucht in der Schublade haben könnte. Hatte es doch schon in den Antragsunterlagen geheißen, dass Airbus „bei der Auswahl des Standortes die Erweiterungsmöglichkeiten der Betriebsflächen als Bedingung der Standortentscheidung voraussetzen" müsse.

Auf der Elbinsel Hahnöfersand hatten unterdessen die Vorbereitungen für die Schaffung neuer Wattflächen begonnen. Motorsägen kreischten, rund 12.000 Eichen, Erlen und Pappeln wurden gerodet – ausgerechnet zur Brutzeit. Habichte und Bussarde kreisten verzweifelt über ihren zerstörten Horsten. 70 Jahre alter Wald und auch der bisherige Hochwasserschutzdeich mussten weichen, damit Watt entstehen konnte.

„Ein Ding aus dem Tollhaus!", wetterte Karl-Heinz Tiemann, langjähriger Leiter des Obstbau-Versuchs- und Beratungszentrums in Jork. „Früher wurden diejenigen, die einen Deich durchstachen, im Moor versenkt!" Rund 1200 Menschen aus dem Alten Land demonstrierten auf der Insel gegen die Gefährdung von Leib und Leben: „Viele von uns stehen hier, weil sie Angst haben und Sturmfluten für nicht berechenbar halten", sagte Hartwig Quast, Sprecher der „Interessengemeinschaft Hahnöfersand". Die Pläne der Stadt Hamburg, den bisherigen Deich zu verlegen, bedrohten 40.000 Anwohner in der Region, fürchteten die Protestler. Viele hatten die Sturmflutkatastrophe vom Februar 1962, bei der allein in Hamburg 315 Menschen starben, noch in Erinnerung. In der bald 900-jährigen Geschichte des Alten Landes hatte es immer wieder verheerende Überschwemmungen nach Deichbrüchen gegeben. Gerade hier, im Bereich Hahnöfersand, verlaufe der schwierigste und gefährlichste Deichabschnitt in der Region, warnte Quast. Da der

Senat darauf bestanden hatte, das Hamburger Frauen- und Jugendgefängnis auf der Insel mitten zwischen den beiden geplanten Wattflächen zu erhalten, musste der geplante Deich in steilen Kurven um den Gebäudekomplex herum geführt werden.

Der neue Schutzwall – bisher parallel zur Strömungsrichtung der Elbe ausgerichtet – verläuft nun teilweise quer dazu und bietet dem anprallenden Hochwasser damit eine erhöhte Angriffsfläche. Auch der weiche Untergrund, auf dem die zukünftige Deichlinie errichtet werden sollte, machte den Menschen Angst. Mindestens sechs sturmfluterprobte Männer traten unter Protest aus der Freiwilligen Feuerwehr aus – unter diesen Bedingungen wollten sie im Ernstfall nicht ihr Leben riskieren. Eine Klage vor dem zuständigen Verwaltungsgericht im niedersächsischen Stade verzögerte die Bauarbeiten zunächst. Erst nachdem die Stadt Hamburg umfangreiche Nachbesserungen durchgeführt hatte, erklärten Gericht und Deichverband den neuen Deich für hochwassersicher.

Doch nicht nur auf Hahnöfersand demonstrierten die Menschen: Am 19. April 2001 rollte ein „Zug des Zorns" (*Hamburger Abendblatt*) gen Hamburg: Aus dem gesamten Alten Land tuckerten fast 200 Obstbauern mit ihren Traktoren und Hängern, beladen mit Obstkisten und drapiert mit Spruchbändern, durch die Innenstadt auf den Rathausmarkt. Fast eine Stunde dauerte es, bis der letzte Trecker vor dem Rathaus geparkt war – ein Anblick, wie die Hansestadt ihn noch nie erlebt hatte. Landfrauen in Altländer Festtagstracht verteilten Äpfel aus eigener Ernte. Doch zum Feiern war ihnen nicht zu Mute: „Wir sind heute nicht hierher gekommen, um mitzuteilen, dass im nächsten Monat die Obstbaumblüte beginnt!", erklärte Karl-Heinz Tiemann.

Denn die Altländer bangten um ihre Existenz: Scheibchenweise kamen immer mehr Pläne ans Tageslicht, die die jahrhundertealte Kulturlandschaft des Alten Landes bedrohten. Die Verlängerung der Airbus-Landebahn bis in das Dorf Neuenfelde hinein, von den Hamburger Politikern bis zu diesem Zeitpunkt noch als vage Zukunftsmusik bezeichnet, war dabei noch nicht einmal die größte Gefahr. Inzwischen hatte das Land Niedersachsen in einem ersten Streckenabschnitt mit dem Bau der Autobahn A 26 begonnen, die das Alte Land zwischen dem Elbstädtchen Stade und Hamburg der Länge nach zerschneiden würde. Eine Variante der so genannten Küstenautobahn A 20 sah zum damaligen Zeitpunkt eine Elbquerung in Höhe des Ortes Hetlingen vor – in unmittelbarer Nachbarschaft zu den Flächen, die für die Ausgleichsmaßnahmen in der Haseldorfer Marsch vorgesehen sind. Diese Trassenführung hätte das Alte Land zusätzlich auf ganzer Breite durchquert. (Diese Variante wurde zwar inzwischen verworfen, die Gefahr für das Alte Land durch die A 20 scheint aber dennoch keineswegs gebannt.) Zudem sollte noch eine neue Zubringerstraße für das Airbus-Werk („Airbus-Trasse") gebaut werden, die auch der Entlastung des Stadtteils Finkenwerder dient. Auch hierfür müssten Obstbauflächen in Anspruch genommen werden. Durch die historisch bedingte lang gestreckte Anordnung der Grundstücke in Nord-Süd-Richtung wäre insbesondere durch die A 26 ein Großteil der insgesamt fast 400 Vollerwerbsbetriebe im Alten Land betroffen. Und neue Straßen, so fürchteten die Obstbauern, würden neue Gewerbegebiete nach sich ziehen. Der A380 erschien ihnen wie ein „Trojanisches Flugzeug", um den Einstieg in die Industrialisierung des Alten Landes zu ermöglichen – eine Entwicklung, die auf alten Plänen bereits vorgezeichnet worden war.

Es sei „eine seltene Arroganz, von der Stadt aufs Land zu gucken und so zu tun, als sei das eine grüne Wiese, die beliebig überplant werden kann", schimpfte Obstbau-Vertreter Tiemann. Schließlich lebten viele Altländer Familien seit Generationen hier. Mehr als 3600 Arbeitsplätze im Alten Land hingen direkt von Obstanbau und Obstvermarktung ab, rechnete er vor. 120 Millionen Euro würden jährlich in der Region im Obstbau erwirtschaftet – ganz ohne staatliche Subventionen. Diese Zahlen hätten in der Diskussion um die Airbus-Werkserweiterung nie eine Rolle gespielt. „Wir sperren uns nicht grundsätzlich gegen Airbus oder Straßenbau", betonte Tiemann. Man könne durchaus über Kompromisse

Protest der Altländer Obstbauern

reden, doch dazu müsse die Stadt ihre Zukunftspläne für die Region offen legen und mit den Bewohnern diskutieren, so die Forderung der Obstbauern.

Ihre Argumente, Sorgen und Zukunftsängste hatten die Demonstranten in einem „Altländer Manifest" zusammengefasst. Dieses Papier klebten beherzte Landfrauen an das

Portal des Hamburger Rathauses. Die Polizei griff nicht ein. Und dann geschah etwas, was es im Westen der Bundesrepublik wohl noch nie zuvor gegeben hatte: Spontan schoben Obstbauern und Landfrauen die verdutzten Polizeibeamten zur Seite, drängten in das Rathausfoyer und skandierten dort minutenlang: „Wir sind das Volk! – Wir sind das Volk!"

„Besuchen Sie uns, solange es uns noch gibt!" Mit dieser Aufforderung an alle Hamburger machte sich der lange Treck wieder auf den Heimweg. Doch es sollte nicht das letzte Mal gewesen sein, dass die Altländer mit einem Treckerkonvoi in der Innenstadt demonstrierten.

Turbulenzen über St. Pankratius

Wenige Tage später verkündete Wirtschaftssenator Mirow in der Hamburger Bürgerschaft, er rechne damit, dass Airbus schon bald eine Verlängerung der Start- und Landebahn seines Werksflughafens über die genehmigten 2684 Meter hinaus auf 3500 Meter beantragen werde. Die Gegner sahen sich endgültig in ihrem Vorwurf der „Salamitaktik" bestätigt. Angesichts des Aufruhrs, den Mirows Äußerung verursacht hatte, bemühte sich sein Sprecher Bernd Meyer, die Wogen zu glätten: Der Eindruck, der Senator habe eine abermalige Verlängerung der Startbahn angekündigt, sei falsch, ließ er verlauten. Richtig sei, dass Hamburg zugesagt habe, „eine weitere Verlängerung machen zu wollen, falls dies von Airbus beantragt würde, eine Überprüfung die tatsächliche Erforderlichkeit ergäbe und ein neues Planfeststellungsverfahren die rechtliche und faktische Realisierbarkeit begründen würde." Keine dieser Voraussetzungen liege derzeit vor.

Aber warum, so fragten sich nicht nur die Neuenfelder Bürger, hatten die Planer der gerade erst vom Senat beschlossenen „Airbus-Trasse" ausgerechnet in dem Bereich der möglichen weiteren Startbahnverlängerung den genauen Verlauf offen gelassen? Und wieso kaufte die Stadt in Neuenfelde seit geraumer Zeit in großem Stil Häuser auf – genau in der Verlängerung der bisherigen Piste? Das, so erklärte Senator Mirow, sei eine übliche „Bodenbevorratung im Umfeld eines großen Industriewerks". Für Haus- und Grundstückskäufe sei außerdem nicht seine Behörde zuständig, sondern die Liegenschaftsverwaltung der Finanzbehörde. Die aber verweigerte mit dem Hinweis auf Datenschutzbestimmungen jegliche Auskunft.

Eine auf 3500 Meter verlängerte Landebahn würde mitten in Neuenfelde enden – nur etwa 200 Meter von der barocken St. Pankratius-Kirche entfernt, einer Wallfahrtsstätte für Tausende von Musikfreunden aus aller Welt. Hier liegt

Transportflugzeug „Beluga" im Anflug auf die Airbus-Werkslandebahn

der weltberühmte Orgelbauer Arp Schnitger (1648-1719) begraben. Seine Orgel in der Neuenfelder Kirche gilt als einer der größten Kulturschätze des Alten Landes – weltweit sind von ursprünglich 170 Schnitger-Orgeln nur noch 30 Instrumente erhalten geblieben. Die 1688 erbaute Orgel von St. Pankratius gilt als sein vollkommenstes Werk. Mehr als 200 Musikwissenschaftler, Orgelbauer und Organisten aus zahlreichen Ländern haben sich deshalb einer „Initiative zur Erhaltung der Neuenfelder Schnitger-Orgel" angeschlossen. Denn selbst ohne eine Landebahnverlängerung, so befürchtet der Organist Karl-Bernhardin Kropf, sei die Kirche durch den neuen Riesen-Flieger akut gefährdet. Ursache sind die so genannten „Wirbelschleppen", gewaltige Luftverwirbelungen, die durch die fast 80 Meter spannenden Tragflächen verursacht werden. In der Tat können diese Turbulenzen bei niedriger Flughöhe Verwüstungen wie ein Wirbelsturm anrichten. Schon jetzt ist es ein bedrohliches Bild, wenn das gewaltige Transportflugzeug „Beluga" – gegenüber dem A380 von bescheidenen Ausmaßen – beim Anflug auf den

über der Neuenfelder Kirche St. Pankratius

Airbus-Werksflughafen nur wenige Dutzend Meter über den Kirchturm hinweg donnert. Beerdigungszeremonien auf dem benachbarten Friedhof werden beim Überflug regelmäßig unterbrochen. Inzwischen wurden alle Ziegel auf dem Kirchendach von St. Pankratius einzeln mit Draht befestigt.

In der Zwischenzeit waren die Klägeranwälte nicht untätig geblieben: Mit der Stuttgarter Anwaltskanzlei Zuck & Quaas hatten sie sich einen Partner an die Seite geholt, der bundesweit einen hervorragenden Ruf als Spezialist für Verfassungsklagen genießt. Später engagierte IFAW zusätzlich noch den Brüsseler Fachanwalt Scott Crosby, einen Experten für EU-Recht. Doch es half alles nichts: „Wir müssen erkennen, dass das bestehende Regelwerk für den Schutz international bedeutsamer Lebensräume gegen industrielle Zerstörung nicht ausreicht, und dass dieser Zustand politisch gewollt und juristisch abgesichert ist", sagte IFAW-Direktor Risch, dessen Organisation den Weg durch die gerichtlichen Instanzen finanziell unterstützte. Denn am 10. Mai 2001 hatte das Bundesverfassungsgericht in Karlsruhe den gemeinsamen Antrag des „Vereins zum Schutz des Mühlenberger Loches" und des „Vereins zum Schutz von Hamburgs Elbregion" auf einen Baustopp im Mühlenberger Loch abgelehnt. „Dieser Beschluss ist natürlich sachlich einwandfrei, erinnert aber an die Rechtsauffassung der 60er Jahre", kommentierte der Verfassungsrechtler Christofer Lenz von der Kanzlei Zuck & Quaas das höchstrichterliche Urteil.

Auf den europarechtlichen Aspekt waren die Verfassungsrichter gar nicht erst eingegangen. Die Kläger hatten argumentiert, dass ihnen der „verfassungsgemäße Richter" vorenthalten worden sei, da das Hamburger Oberverwaltungsgericht (OVG) den Fall nicht dem Europäischen Gerichtshof zur Entscheidung vorgelegt hatte, wie es aus ihrer Sicht nötig gewesen wäre. Das sah das Bundesverfassungsgericht anders: Die Verbände seien durch die angefochtene OVG-Entscheidung nicht in ihren Grundrechten verletzt worden. Verfassungsrechtlich seien weder die restriktive Auslegung des hamburgischen Naturschutzgesetzes noch die unterlassene Beteiligung des Europäischen Gerichtshofes zu beanstanden. Zu der entscheidenden Frage der Gemeinnützigkeit des Vorhabens hatten sich die Verfassungsrichter ebenso wenig geäußert wie zu der Auffassung des Hamburger Verwaltungsgerichts, dass die Genehmigung der EU-Kommission unrechtmäßig erteilt worden sei. Für solche Grundsatzentscheidungen, so wurde aus Kreisen des Verfassungsgerichts kolportiert, sei das Verfahren „viel zu politisch".

Wenig später wurde auch die parallel eingereichte Verfassungsklage betroffener Privatpersonen abgelehnt. Damit war nun der Instanzenweg vorerst ausgeschöpft. Die Hoffnungen auf einen schnellen Baustopp, der das Elbwatt noch hätte retten können, waren endgültig dahin. Zwar stand noch das Hauptverfahren aus, doch bis zu einer endgültigen Entscheidung, so wussten die Kläger, würden noch Jahre vergehen. Immerhin hatte das Hamburger Verwaltungsgericht in einem Beschluss vom 6. Dezember 2001 deutlich darauf hingewiesen, dass der natürliche Zustand im Mühlenberger Loch wieder hergestellt werden müsse, falls der Planfeststellungsbeschluss gerichtlich aufgehoben werden sollte: „Sollte sich im Ergebnis erweisen, dass der Planfeststellungsbeschluss aufzuheben wäre ... wäre die Vollziehung rückgängig zu machen, d.h. das Gelände wäre, soweit dies möglich ist, zu renaturieren. Dieses Risiko geht die Antragsgegnerin (Wirtschaftsbehörde) ein, wenn sie derartig umfangreiche Baumaßnahmen allein auf einen für sofort vollziehbar erklärten und noch nicht rechtskräftigen Planfeststellungsbeschluss gründet. Dass sich faktisch die Verhältnisse bei weiterem Fortgang der Bauarbeiten noch mehr verfestigen werden, weil ein Rückbau zunehmend teurer käme, ist rechtlich nicht von durchgreifendem Belang."

Die Gegner befürchteten dennoch, dass kaum ein Richter es je wagen würde, den Rückbau des einmal zubetonierten Elbwatts anzuordnen, selbst wenn das Projekt schließlich für unrechtmäßig erklärt werden sollte.

Doch aufgeben wollten sie auf keinen Fall: Längst ging es ihnen nicht mehr allein um den Schutz von Löffelente und Schierlings-Wasserfenchel, um die Verschandelung des Landschaftsbildes, um Fluglärm und den drohenden Ruin bäuerlicher Existenzen. Viele sahen mittlerweile den Rechtsstaat selber in Gefahr. Das Opfer des Mühlenberger Lochs sollte nicht umsonst gewesen sein, waren sich die Betroffenen einig – etwas Vergleichbares dürfe sich niemals wiederholen.

Wenige Monate später schien es tatsächlich so, als sollte sich das Blatt doch noch zugunsten der Projektgegner wenden. Umweltverbände aus Schleswig-Holstein und Hamburg hatten beim Verwaltungsgericht Schleswig gegen die geplante und behördlich genehmigte Ausgleichsmaßnahme in der Haseldorfer Marsch geklagt – mit Erfolg: Der von der Wirtschaftsbehörde erlassene Planfeststellungsbeschluss leide unter „materiellen Mängeln, die ihn bei summarischer Überprüfung als rechtswidrig erscheinen lassen", erklärten die Richter in ihrem Urteilsspruch vom 10. Oktober 2001. Die sofort eingelegte Beschwerde der Stadt Hamburg beim Oberverwaltungsgericht Schleswig wurde wegen offenkundiger Erfolglosigkeit gar nicht erst angenommen. Im Ge-

genteil: In ihrer Begründung bekräftigten die Richter am OVG die Rechtsauffassung der Vorinstanz. Die Haseldorfer Marsch sei bereits ein höchstwertiges Naturschutzgebiet und daher als Kompensationsfläche für den Eingriff im Mühlenberger Loch tabu. Sie beriefen sich dabei auf ein Grundsatzurteil des Bundesverwaltungsgerichts aus dem Jahr 1998: Danach kommen für Ausgleichs- und Ersatzmaßnahmen nur solche Flächen in Betracht, deren ökologischer Wert tatsächlich verbessert werden kann und aus fachlicher Sicht auch verbessert werden sollte. „Eine solche Aufwertung der Haseldorfer Marsch erscheint unter Berücksichtigung des bereits bestehenden Zustandes ausgeschlossen", so die Schleswiger Richter.

Demgegenüber führe die geplante Maßnahme sogar zu einer „erheblichen Beeinträchtigung des vorhandenen Lebensraums". Sie stelle damit unzweifelhaft einen „ausgleichspflichtigen Eingriff" dar und verstoße zudem gegen die geltende Naturschutzverordnung. Selbst wenn die vorgesehene Deichöffnung zur Entwicklung bundesweit seltener Ästuarflächen führe, könne daraus „ein zur Veränderung bzw. Vernichtung berechtigender Vorrang gegenüber anderen schutzwürdigen Gebietstypen nicht abgeleitet werden".

Das Urteil war eine „juristische Ohrfeige" (*Die Welt*) für die Stadt Hamburg und eine Altlast für den neuen Senat.

Denn inzwischen hatte die Hamburger Regierung gewechselt: Die SPD, seit Kriegsende ununterbrochen an der Macht, hatte bei der Bürgerschaftswahl im September 2001 schwere Verluste hinnehmen müssen. Eine Koalition von CDU, FDP und der „Partei Rechtsstaatliche Offensive", nach ihrem Gründer kurz „Schill-Partei" genannt, löste die rot-grüne Mehrheit ab. Neuer Bürgermeister wurde der Christdemokrat Ole von Beust.

Hinsichtlich der Airbus-Werkserweiterung änderte sich jedoch nichts: Die neue Regierung trieb das umstrittene Prestigeprojekt mit der gleichen Intensität und den gleichen Mitteln voran, wie Runde und Mirow es getan hatten.

„Zubuttern ohne Ende"

Für die Umweltverbände war klar: Der Schleswiger Richterspruch im Eilverfahren musste einen sofortigen Baustopp im Mühlenberger Loch, wenn nicht gar die Einstellung des Projektes zur Folge haben. Denn wie auch immer das noch ausstehende Hauptverfahren in Sachen Haseldorfer Marsch ausgehen würde – die rasche Umsetzung der Ausgleichsmaßnahme war nun nicht mehr möglich. Damit aber war eine zentrale Voraussetzung für die Erteilung einer Ausnahmegenehmigung vom Schutzregime der FFH-Richtlinie entfallen.

Das sah die Wirtschaftsbehörde anders: Sie verwies darauf, dass die Maßnahme Haseldorfer Marsch fast zeitgleich mit dem Eingriff im Mühlenberger Loch genehmigt worden sei und die Projektgegner die eingetretene Verzögerung selbst zu verantworten hätten. Außerdem, so die Behörde, handele es sich dabei jeweils um rechtlich eigenständige Verfahren – daher seien die Baumaßnahmen im Elbwatt von dem Schleswiger Urteil nicht betroffen. Der Trick der Verwaltungsjuristen, das gesamte Genehmigungsverfahren von Beginn an in mehrere rechtlich unabhängige Einzelverfahren zu zerstückeln, hatte bestens funktioniert.

Indessen kritisierten renommierte Rechtswissenschaftler die Taktik der Stadt: Zumindest zum Zeitpunkt des Eingriffs müsse „die Entscheidung über den Ausgleich unanfechtbar feststehen", forderten Professor Christian Schrader (Fachhochschule Fulda) und Tobias Hellenbroich (Universität Göttingen) in der *Zeitschrift für Umweltrecht*. Daher könne der Ausgleich für die Verfüllung des Mühlenberger Lochs nicht als rechtlich gesichert angesehen werden. „Die Trennung des Verfahrens höhlt damit die materiellen Rechtsvorgaben aus und stellt einen Verstoß gegen die (europäischen) Richtlinienvorschriften dar." Auch Professor Hans-Walter Louis, Referatsleiter für Naturschutzrecht im niedersächsischen Umweltministerium und eine Kapazität in seinem Fachgebiet, bekräftigte in der Fachzeitschrift *Natur und Recht* diese Auffassung. Anlässlich des vom Verwaltungsgericht Schleswig verfügten Baustopps in der Haseldorfer Marsch schrieb er, diese Entscheidung müsse sich auch auf den Planfeststellungsbeschluss zur Werkserweiterung auswirken – solange die Ausgleichsmaßnahmen nicht rechtskräftig seien, dürfe im Mühlenberger Loch nicht gebaut werden.

Angesichts dieses eklatanten Verstoßes gegen europäisches Recht wandte sich Klägeranwalt Nebelsieck an Bundesumweltminister Jürgen Trittin (Grüne), der sich kurz zuvor engagiert in die Diskussion um den europarechtlichen Schutz der Donau eingeschaltet hatte. Der Anwalt bat den Minister, seinen Einfluss auch gegenüber den Hamburger Verantwortlichen geltend zu machen. Doch Trittin verwies in diesem Falle lapidar auf die Zuständigkeit der Bundesländer bei der Umsetzung der FFH-Richtlinie – der Bittsteller solle sich daher direkt an die Hamburger Behörden wenden... Dabei, so Nebelsieck, sei in europarechtlichen Fragen nicht die Hansestadt gegenüber der EU-Kommission verantwortlich, sondern allein die Bundesregierung.

Umweltkommissarin Wallström und ihr Mitarbeiterstab wurden ebenfalls unverzüglich von der neuen Entwicklung unterrichtet. Doch in Brüssel weigerten sich die Verantwortlichen standhaft, das Thema Mühlenberger Loch noch einmal aufzugreifen. Vergeblich versuchte der internationale Tierschutzfonds IFAW, Einsicht in die entsprechenden Akten der EU-Kommission zu erlangen. Der Antrag wurde mit dem Hinweis abgelehnt, dass die deutschen Behörden dagegen ihr Veto eingelegt hätten. Eine IFAW-Klage vor dem europäischen Gerichtshof gegen diese Entscheidung blieb erfolglos. Auch eine Anfrage des schwedischen Europaabgeordneten Anders Wijkman auf Initiative des Brüsseler IFAW-Büros beantwortete Wallström nur mit einem äußerst knappen offiziellen Statement. Zu groß schien die Scheu angesichts der politischen Einflussnahme von Schröder und Prodi und zugleich die Angst vor einem Gesichtsverlust. Dabei machten hochrangige Mitarbeiter der Umweltkommissarin hinter vorgehaltener Hand kein Hehl aus ihrem Ärger über die erzwungene Fehlentscheidung.

Der Hamburger Wirtschaftsbehörde schien indes die Entscheidung des Schleswiger Oberverwaltungsgerichts nicht ungelegen zu kommen: „Bis heute hat die Stadt im Hauptverfahren Haseldorfer Marsch nicht einen einzigen Schriftsatz an das Gericht geschickt", kritisiert Anwalt Nebelsieck. „Und potentiell geeignete Ersatzflächen gibt es nicht."

Die Stadt focht es nicht an, sie hatte Grund zum Feiern: Die Bauarbeiten in der Mühlenberger Elbbucht waren trotz der Verzögerung durch den vom Verwaltungsgericht verhängten Baustopp planmäßig vorangeschritten. Am 7. November 2001 übergab Thomas Mirow in seiner Funktion als Aufsichtsratsvorsitzender der städtischen A380-Realisierungsgesellschaft das erste elf Hektar große bebauungsfertige Teilstück an Hans-Joachim Gante – pünktlich, so wie der Airbus-Chef es gefordert hatte. Zugleich legte Mirow damit die politische Verantwortung für das Projekt in die Hände seines Nachfolgers im Amt des Wirtschaftssenators, Gunnar Uldall (CDU).

Die neu hergerichteten Flächen werden anschließend an Airbus vermietet. Die Miete selbst soll angeblich erst nach einer zweijährigen „Testphase" fällig werden – wenn sich das Terrain als wirklich tragfähig erwiesen hat. Doch das ist durchaus nicht sicher: „Der Boden lässt sich nicht bluffen, er kann sich auch von Bauwerken befreien", sagt Gerd Gudehus, Professor für Bodenmechanik an der Universität Karlsruhe. Der in seinem Fachgebiet führende Wissenschaftler prophezeit seiner Heimatstadt ein „Zubuttern ohne Ende". Die Aufschüttung von Millionen Tonnen Sand auf dem feinen, weichen, teils suppigen Elbschlamm sei „ohne Beispiel in Europa". Fest stehe, so Gudehus, „dass es größere Bodenbewegungen geben wird". Schon in den alten Hallen der Airbus-Werft waren Setzungen von ein bis drei Metern aufgetreten.

Derlei Einwände ließ Hartmut Wegener, nach Giszas' Pensionierung neuer Geschäftsführer der Realisierungsgesellschaft, nicht gelten: „Unsere Fläche ist von Poldern eingefasst, der Schlick kann nicht weg." Maximal 30 Zentimeter Senkung innerhalb von fünf Jahren garantiert die Gesellschaft für die neuen Flächen. Für die Außenflächen, auf denen die Flugzeuge später stehen werden, rechnet sie mit maximal 15 Zentimetern. „Etwaige Höhenunterschiede zur Halle werden später mit Rampen überbrückt", so Wegener.

Einen Vergleich mit dem japanischen Flughafen Kansai wischte Wegener vom Tisch. Der Airport wurde 1994 auf einer aufgeschütteten Insel in der Bucht von Osaka errichtet – für zwölf Milliarden Euro, bis heute ein investiver Weltrekord. Doch das künstliche Eiland, seinerzeit als Wunderwerk japanischer Technik gepriesen, sackt unaufhaltsam, seit Baubeginn um zwölf Meter. Vorausberechnet waren sechs. Für Stützkissen, Betonmauern und Auffüllarbeiten mussten die Japaner seit der Eröffnung rund 2,6 Milliarden Euro draufzahlen.

Aschermanns Abfuhr

Erst jetzt, als Airbus die erste Teilfläche in Empfang nehmen durfte, eineinhalb Jahre nach Genehmigung der Werkserweiterung und knapp ein Jahr nach Beginn der Bauarbeiten, erfuhren die Umweltverbände offiziell, was die Stadt Hamburg eigentlich an der Hörner Au plante. Dort war neben Hahnöfersand und der Haseldorfer Marsch die dritte der vorgesehenen Ausgleichsmaßnahmen vorgesehen. Bislang hatte die Wirtschaftsbehörde den Betroffenen die Planunterlagen vorenthalten – ein „rechtlicher Verfahrensfehler", wie das Hamburger Verwaltungsgericht rügte. Denn damit sei das Recht der Umweltverbände, ihre fachliche Stellungnahme zu den behördlichen Plänen abzugeben, verletzt worden. Anfang Dezember 2001 legte die Wirtschaftsbehörde auf Druck des Gerichts den Verbänden nun endlich ein Gutachten zur geplanten Umwandlung des Gebiets „Hörner Au" vor. Erstmals während des ganzen Verfahrens präsentierten die Verantwortlichen auch eine Gesamtbilanz des in drei unabhängige Planverfahren zersplitterten Ausgleichskomplexes.

Das als Ausgleichsfläche vorgesehene Gebiet liegt in einem dünn besiedelten Winkel Schleswig-Holsteins in der Nähe der Stadt Itzehoe und wird durchflossen von der „Hörner Au", einem Nebenfluss der Stör, die wiederum in die Elbe mündet. Auf den ersten Blick schienen die geplanten Maßnahmen tatsächlich ein fachlich fundiertes Naturschutz-Großprojekt zu sein: Das Konzept sieht vor, auf einer Fläche von knapp 400 Hektar abgetorfte Moorflächen und entwässertes, intensiv genutztes Grünland durch gezieltes Aufstauen des Wasserstandes in einen flachen See, umgeben von nassen Wiesen und Weiden, zu verwandeln – ideale Bedingungen für große Scharen von Wasser- und Watvögeln.

Erst bei sehr genauem Hinsehen wurde offenbar, warum die Wirtschaftsbehörde so zögerlich mit der Herausgabe der Planunterlagen gewesen war: Denn dieses Konzept erwies sich lediglich als langfristige Zielplanung, für deren Umsetzung bis heute keinerlei Zeitrahmen existiert. Tatsächlich hatte die Stadt Hamburg im Gebiet an der Hörner Au insgesamt 93 Hektar Land aufgekauft – darunter zwei ehemalige Bauernhöfe und einen unbedeutenden Fichtenforst. Die Gebäude wurden abgerissen, die Nadelbäume gerodet und die Flächen mit Gras eingesät – noch bevor die Verbände dazu Stellung nehmen durften.

Um das Konzept tatsächlich umsetzen zu können, müssten zunächst alle landwirtschaftlich genutzten Flächen im Projektgebiet aufgekauft werden. Denn natürlich will sich kein Landwirt seine Wiesen und Weiden unter Wasser setzen lassen. Doch die Verkaufsbereitschaft der Bauern hält sich in engen Grenzen. „Somit können weitere naturschutzfachlich sinnvolle Maßnahmen auf den Hamburger Flächen, wie z.B. die Anhebung des Grundwasserstandes, erst im Rahmen der Umsetzung des langfristigen Entwicklungskonzeptes durchgeführt werden", schrieb Gutachter Mierwald in den Planunterlagen. Diese Tatsache hatte Chef-Planer Bodo

Fischer jedoch so geschickt mit der ausführlichen fachlichen Beschreibung des Vorhabens vermischt, dass selbst viele erfahrene Naturschutz-Profis nicht erkannten, wie hier die Stadt Hamburg trockenes, ökologisch weitgehend wertloses Grasland fernab der Elbe als Ausgleich für die zerstörten Wattflächen des Mühlenberger Lochs deklarierte. Damit sah Hamburg seine Mission an der Hörner Au als erfüllt an, wie Fischer gegenüber der *Frankfurter Rundschau* unumwunden zugab: „Wir haben unseren Ausgleichsanteil geleistet, und dass wir nun in Schleswig-Holstein Naturschutzgebiete durchsetzen, die die Bauern rundherum nicht wollen, das kann nicht unsere Funktion sein."

Damit war das gesamte Ausgleichskonzept ganz offensichtlich gescheitert: Der geplante Eingriff in die Haseldorfer Marsch war gerichtlich gestoppt worden, die Umsetzung des Konzepts an der Hörner Au stand in den Sternen. Der Zusammenhang des Netzes europäischer Schutzgebiete „Natura 2000" war damit in fachlicher und zeitlicher Hinsicht unter keinen Umständen mehr zu gewährleisten – ein schwer wiegender Verstoß gegen die FFH-Richtlinie. Die Unterlagen, die die Hamburger Wirtschaftsbehörde der EU-Umweltkommission präsentiert hatte, um die notwendige Genehmigung für die Airbus-Werkserweiterung in das europäische Schutzgebiet „Mühlenberger Loch" zu erhalten, erwiesen sich nun endgültig als Makulatur.

In seinem offiziellen Antwortschreiben auf die Kritik der Umweltverbände ignorierte Hans-Günter Aschermann, Leiter der Planfeststellungsbehörde, die Konsequenzen des Schleswiger Richterspruchs und wischte zugleich alle naturschutzfachlichen und -rechtlichen Einwände arrogant und mit absurder Argumentation vom Tisch – eine verbale Verzweiflungstat, die Anwalt Nebelsieck als „geradezu abenteuerlich" bezeichnete. Das Verwaltungsgericht sah den gerügten Verfahrensfehler trotzdem als „rechtlich geheilt" an. Für die Verbände jedoch stellte Aschermanns Abfuhr einen Akt der Rechtsbeugung dar. Sie stellten eine Strafanzeige gegen den Verwaltungsmann aus der Wirtschaftsbehörde.

Nach immerhin vier Monaten teilte die Staatsanwaltschaft das Aktenzeichen des Vorgangs mit, nach weiteren zwei Monaten wurde das Verfahren eingestellt.

Auch in Brüssel sorgte der nachlässige Umgang der Stadt Hamburg mit ihren EU-rechtlichen Verpflichtungen für erheblichen Unmut: Eine offizielle Reaktion erfolgte zwar nicht, aber: „Wir glauben deutschen Behörden kein Wort mehr!", so machte ein hochrangiger Wallström-Mitarbeiter seinem Ärger Luft.

Aus juristischer Sicht konnte die EU-Kommission allerdings ihr Gesicht wahren: Denn streng genommen war ein Ausgleich nur für die verloren gegangenen Funktionen des Süßwasserwatts im Mühlenberger Loch erforderlich, nicht aber für diesen Lebensraum selbst. Der nämlich wird im Anhang der FFH-Richtlinie nicht als eigenständiger Lebensraumtyp aufgelistet. Echte Süßwasserwatten sind europaweit so extrem selten, dass die Fachleute in den Mitgliedstaaten dieses Habitat schlicht vergessen hatten, als sie die Liste der besonders kostbaren („prioritären") Arten und Lebensräume in Europa erstellten. Daher wurde das Elbwatt als Teil des Lebensraumtyps „Ästuar" (Unterlauf großer Ströme im Einflussbereich des Meeres) angesehen.

Die Kommission zog sich nun offiziell auf den Standpunkt zurück, Hamburg habe zugesagt, auf Hahnöfersand und in der Haseldorfer Marsch neue Ästuarflächen und neue Lebensräume für die prioritäre Pflanze „Schierlings-Wasserfenchel" zu schaffen und überdies an anderer Stelle (Hörner Au) ein neues EU-Vogelschutzgebiet auszuweisen. Entscheidend war dabei offenbar nur die Einhaltung der formalen Kriterien der Vogelschutzrichtlinie, nicht aber das Vorkommen bestimmter Vogelarten. Von geeigneten Ersatzflächen speziell für Krick- und Löffelente, Zwergmöwe und Trauerseeschwalbe, die das Mühlenberger Loch in großen Scharen bevölkert hatten, war jedenfalls keine Rede mehr. Zur Empörung der Umweltverbände wurde deren Beschwerdeverfahren in Brüssel von der EU-Kommission eingestellt.

„Was interessiert uns Völkerrecht?"

„Deutschland, als selbst ernannter Musterknabe der Umweltpolitik, sollte wenigstens internationale Konventionen achten, die es selber unterschrieben hat", forderte IFAW-Direktor Risch. Mit der Zerstörung des Mühlenberger Lochs ausgerechnet im Jubiläumsjahr 2001 würdige die Bundesrepublik das 30-jährige Bestehen der Ramsar-Konvention zum Schutz international bedeutsamer Feuchtgebiete „auf sehr eigenwillige Weise". Nie zuvor hatte ein Vertragsstaat derart offenkundig gegen seine völkerrechtlichen Verpflichtungen verstoßen. Wenigstens ein „Minimum an Respekt gegenüber der Konvention und den übrigen Vertragsstaaten" forderte Delmar Blasco, Generalsekretär des Ramsar-Büros im schweizerischen Gland, in einem scharf formulierten Brief vom 16. Februar 2001 an das Bundesumweltministerium (BMU).

Nach den Bestimmungen der Konvention müssen Projekte, die zu gravierenden Beeinträchtigungen eines Ramsar-Schutzgebietes führen, vorab dem Ramsar-Büro gemeldet werden. Das Reglement sieht außerdem vor, dass eine Konferenz der Vertragsstaaten darüber befinden soll, ob ein solches Vorhaben ausnahmsweise aus „dringendem nationalem Interesse" gerechtfertigt ist und ob die vorgesehenen Ausgleichsmaßnahmen ausreichend sind. Blasco hatte bereits Anfang 2000 die deutsche Regierung um entsprechende Angaben gebeten. Doch erst ein Jahr später – einen Monat vor Beginn der Bauarbeiten im Mühlenberger Loch – erhielt er eine Antwort. Das BMU hatte einfach einen Brief der Stadt Hamburg, der eine knappe Darstellung des Projektes enthielt, an das Ramsar-Büro weitergeleitet. Der Generalsekretär war pikiert: Schließlich habe Deutschland die Konvention unterzeichnet und nicht das Bundesland Hamburg, er erwarte daher eine ausführliche Antwort der Bundesregierung. Blasco sah außerdem den Geist der Konvention in

Frage gestellt, wenn ein so schwerer Eingriff in ein geschütztes Gebiet stattfinde. Das Thema „Mühlenberger Loch" sollte daher auf die Tagesordnung der nächsten Vertragsstaatenkonferenz im November 2002 in Valencia (Spanien) gesetzt werden. Zwar habe das Ramsar-Büro keine gesetzliche Handhabe gegen einen vorzeitigen Baubeginn, er erwarte aber, so Blasco, dass vor der Konferenz keine unumkehrbaren Tatsachen geschaffen würden. „Was interessiert uns Völkerrecht?", hieß es in Kreisen der Wirtschaftsbehörde.

Im September 2001 besuchte ein dreiköpfiges internationales Expertenteam unter der Leitung des Schweizers Tobias Salathé, Ramsar-Regionalkoordinator für Europa, im Rahmen einer „Ramsar-Beratungsmission" die Stadt Hamburg. Auf dem dreitägigen Programm standen eine Besichtigung der Mühlenberger Elbbucht und der Ausgleichsgebiete Hahnöfersand, Haseldorfer Marsch und Hörner Au sowie ausführliche Gespräche mit Vertretern aller beteiligten Behörden, des BMU und der Naturschutzverbände. Dabei verteidigte die BMU-Vertreterin Anita Breyer, zuständig für das Referat „Gebiets- und Artenschutz", vehement die Position der Projektplaner – trotz einer behördeninternen kritischen Stellungnahme des nachgeordneten Bundesamtes für Naturschutz.

Bereits einen Monat später legten die Experten den Entwurf ihres Berichtes vor. Darin sparten sie nicht mit deut-

---

Die Ramsar-Konvention

Die Konvention zum Schutz von Feuchtgebieten wurde 1971 in der iranischen Stadt Ramsar beschlossen. Bis heute haben 141 Staaten die Konvention unterzeichnet. Weltweit wurden bislang 1387 „Feuchtgebiete von internationaler Bedeutung" ausgewiesen, 32 davon in Deutschland. Das Mühlenberger Loch wurde am 6. November 1992 als Ramsar-Gebiet gemeldet. Seine teilweise Zuschüttung galt bis dahin als globaler Präzedenzfall. Inzwischen haben Georgien und die Ukraine ebenfalls zerstörerische Projekte in ausgewiesenen Ramsar-Gebieten in Angriff genommen.

licher Kritik vor allem an dem geplanten Ausgleichskonzept, die sich absolut mit der der Umweltverbände deckte. Insbesondere die Maßnahmen in der Haseldorfer Marsch („völlig inakzeptabel") und an der Hörner Au seien prinzipiell ungeeignet, den Lebensraumverlust im Mühlenberger Loch auszugleichen, hieß es in dem 24 Seiten starken Bericht. Offenbar hätten die Verantwortlichen die Realisierung geeigneter Ausgleichsmaßnahmen nicht mit derselben Ernsthaftigkeit betrieben wie den Eingriff – obwohl doch beides untrennbar zu einem Projekt gehöre, für das ein „dringendes nationales Interesse" proklamiert wurde. Auch konnten die Ramsar-Fachleute nicht nachvollziehen, warum ausgerechnet die Zerstörung eines durch die Konvention geschützten Feuchtgebiets im „dringenden nationalen Interesse" sein sollte, wo doch ein Ersatzstandort in Rostock zur Verfügung gestanden hätte. Die Argumentation der Stadt, dass die Schaffung Tausender Arbeitsplätze in Hamburg eben dieses nationale Interesse begründe, überzeugte die Experten ebenfalls nicht: 1992, als das Mühlenberger Loch als Ramsar-Gebiet angemeldet wurde, sei die Arbeitsmarktsituation in der Region Hamburg deutlich schlechter gewesen als heute. Trotzdem habe damals das nationale Interesse offenbar der Erhaltung des Gebietes gegolten. Es sei daher schwer nachvollziehbar, so hieß es in dem Bericht, „wie sich überzeugende Argumente für ‚Dringlichkeit' auf den arbeitsmarktbezogenen Nutzen gründen lassen".

Eine rechtlich bindende Wirkung hatte das Papier zwar nicht, dennoch sollte es als Grundlage dienen, um in Valencia eine Handreichung zur Definition des bisher in der Konvention nicht ausreichend definierten „dringenden nationalen Interesses" und zu erforderlichen Ausgleichsmaßnahmen zu erarbeiten.

Für eine endgültige Fassung des Berichts der Ramsar-Beratungsmission musste der vorgelegte Entwurf von allen beteiligten Behörden genehmigt werden. Doch die ließen sich mit einer Stellungnahme viel Zeit. Schließlich verweigerte das Bundesumweltministerium der Kritik der Ramsar-Fachleute seine Zustimmung. Das Ministerium habe einfach die

Argumente der Hamburger Behörden übernommen, beklagte Salathé. Zwei Berichtsentwürfe wurden vom BMU abgelehnt, zuletzt am 23. Januar 2003 – zwei Monate nach der Vertragsstaatenkonferenz in Valencia. Entnervt veröffentlichte schließlich das Ramsar-Büro den offiziellen Abschlussbericht mit einer Darstellung abweichender Standpunkte. Die Verzögerungs- und Verweigerungstaktik der deutschen Behörden hatte funktioniert: Das Thema „Mühlenberger Loch" stand in Valencia nicht auf der Tagesordnung.

Ein Fall für Bella Block

„Wir müssen für dieses wichtige Vorhaben alle juristischen Register ziehen", sagte der CDU-Politiker Michael Freytag, heute Hamburgs Umwelt- und Bausenator, im Februar 2002. Denn die Begründung, mit der das Hamburgische Verwaltungsgericht im Dezember 2000 den Baustopp im Mühlenberger Loch verhängt hatte, machte den Verantwortlichen schwer zu schaffen. Bekanntlich hatten die Richterinnen seinerzeit entschieden, dass die Airbus-Werkserweiterung ausschließlich den privatwirtschaftlichen Interessen des Konzerns und nicht dem Wohle der Allgemeinheit diene. Das Oberverwaltungsgericht und auch das Bundesverfassungsgericht hatten im Eilverfahren diese für den Ausgang des Rechtsstreits so entscheidende Frage offen gelassen. Die andauernde Rechtsunsicherheit bewog den Senat nun zu einem kühnen Entschluss: „Zur Vermeidung rechtlicher Restrisiken bedarf es der Feststellung, dass die entsprechenden Maßnahmen dem Wohl der Allgemeinheit dienen und damit gemeinnützig sind", beschrieb Wirtschaftssenator Uldall den Kern eines vom Senat eingebrachten Gesetzentwurfs. Mit diesem Sondergesetz zur Sicherung des Luftfahrtstandortes Hamburg, einer echten „Lex Airbus", sollte die Gemeinnützigkeit des Vorhabens nachträglich festgeschrieben werden – „mehr gemein als nützig", wie *die tageszeitung* lästerte.

Mit einem solchen Gesetz könnte im Prinzip zukünftig jede beliebige Industrieansiedlung den Status der Gemeinnützigkeit beanspruchen, Widerstände dagegen wären somit von vornherein ausgeschlossen.

Der Vorstoß des Senats führte zu heftigem Streit in der Bürgerschaft: „Das Gesetz geht weit über das hinaus, was wir im rot-grünen Senat mitgetragen haben", sagte der Rechtsexperte der GAL, Christian Maaß, und kritisierte den Entwurf als „demokratisch fragwürdig, verfassungsrechtlich zweifelhaft und in seiner sachlichen Kernaussage schlicht falsch". Auch die FDP-Fraktion hatte nach eigenem Bekunden erhebliche „Bauchschmerzen", lediglich drei von sechs Abgeordneten stimmten schließlich dafür.

„Das Gesetz ist das Papier nicht wert, auf dem es steht", urteilte Hans-Joachim Koch, Jura-Professor an der Universität Hamburg und früher selbst 15 Jahre lang Richter am Hamburger Oberverwaltungsgericht. Aus seiner Sicht sei das Vorhaben „ganz eindeutig privatnützig". Auch Umweltverbände wie der NABU lehnten die „Lex Airbus" strikt ab. „Eindeutig gemeinnützig" sei dagegen der Erhalt des Alten Landes als größtes geschlossenes Obstanbaugebiet Nordeuropas und überregional bedeutsamer Naherholungsraum, so NABU-Landesvorsitzender Bonkwald, genauso wie der Schutz des Mühlenberger Lochs als natürlicher Stauraum für Hochwässer und als biologische Kläranlage für die Elbe.

Dennoch wurde das Gesetz in erster Lesung verabschiedet – für Airbus-Manager Gante ein „Schritt in Richtung Planungssicherheit".

„Der Ort Neuenfelde ist nicht gefährdet. Ich kann aber nicht ausschließen, dass einzelne Häuser weichen müssten." Das sagte Airbus-Sprecher Theodor Benien am 24. April 2002 – nur zwei Tage, nachdem im inzwischen aufgeschütteten Mühlenberger Loch feierlich der Grundstein für die erste Montagehalle gelegt worden war. Anlass für diese Äußerung war ein Brief des Flugzeugkonzerns an Senator Uldall, in dem infolge „nachträglicher technischer Entwicklungen" die Forderung nach einem weiteren Ausbau der Piste bis nach Neuenfelde hinein angekündigt wurde – genau das hatte Ex-Senator Mirow dem Airbus-Konzern bereits 1999 versprochen.

Umgehend schrieb die Stadt entsprechende Ingenieurleistungen aus – noch bevor Airbus überhaupt einen offiziellen Antrag gestellt hatte. „Wird der Senat von Airbus erpresst oder bettelte der Bürgermeister um ein Alibi für seine Entscheidungen gegen das Alte Land?" Diese Frage stellte das „Schutzbündnis für Hamburgs Elbregion", nachdem es erfahren hatte, dass Regierungschef von Beust drei Tage nach Eingang der Airbus-Forderungen in Toulouse vorgesprochen hatte. Sollte die Stadt nicht umgehend eine wunschgemäße Anbindung des Flugzeugwerks gewährleisten, so beschieden die Airbus-Manager dem Hamburger Bürgermeister, könnten weitere Anteile an der Produktion des A380 von Hamburg nach Frankreich verlegt werden.

Ursprünglich sollte nur eine Straßentrasse als neuer Airbus-Zubringer gebaut werden – entweder die Autobahn A 26 oder eine Umgehungsstraße für den Stadtteil Finkenwerder („Airbus-Trasse"). So jedenfalls stand es im Koalitionsvertrag vom Oktober 2001. Zwar hatte das Land Niedersachsen bereits mit dem Bau der A 26 begonnen, doch bis zur Fertigstellung würden noch Jahre vergehen. Und solange wollte Airbus nicht warten.

Nun, kurz nach von Beusts Rückkehr aus Toulouse, verkündete der damalige Bausenator Mario Mettbach (Schill-Partei) überraschend den Senatsbeschluss, sowohl die Autobahn als auch die Umgehungsstraße zu bauen – was der Bürgermeister noch kurz zuvor als „volkswirtschaftlich idiotisch" bezeichnet hatte. Denn die beiden Straßen würden nur wenige Hundert Meter voneinander entfernt verlaufen.

Ausgerechnet die aus ökologischer Sicht verheerendste Variante hatte sich der Senat – allen Fachgutachten zum Trotz – für die Airbus-Trasse ausgedacht: Die Straße soll in nur zehn Meter Entfernung am Ufer der „Alten Süderelbe" entlang führen. Das sei, so NABU-Biologe Prügel, das Ende dieses bedeutenden Naturschutzgebietes. Hier, in dem durch einen Deich vom Hauptstrom abgetrennten Elbarm, jagt der Fischadler, der im Frühjahr und Herbst regelmäßig für längere Zeit verweilt. Zahlreiche Wasservögel brüten und rasten an den Ufern des idyllischen Gewässers, das auch die landesweit größte Population des seltenen Seefrosches beherbergt.

Neue Straßen, das wusste Umweltschützer Prügel, würden neue Industrieansiedlungen bringen. Tatsächlich kündigte die Hamburger Finanzbehörde alsbald den Obstbauern in der betroffenen Region kurzfristig alle städtischen Pachtflächen – weitaus mehr als für den Bau der Airbus-Trasse benötigt würde. Die Umwandlung der Jahrhunderte alten naturnahen Kulturlandschaft in ein Industrierevier, bereits in den 60er Jahren geplant, nahm immer konkretere Formen an.

Am 4. Juni 2002 stellte Airbus beim Hamburger Senat seinen offiziellen Antrag: Die Landebahn müsse auf 3273 Meter verlängert werden – 589 Meter mehr als im Planfeststellungsverfahren zur Werkserweiterung beantragt. Als Begründung gaben die Konzernmanager an, dass jetzt auch der Bau einer Frachtversion des A380 geplant sei, die wegen ihres höheren Gewichts eine längere Startbahn benötige. „Airbus hat zugleich erklärt und hervorgehoben", so hieß es in einer Pressemitteilung der Wirtschaftsbehörde, „dass auf der ... Start- und Landebahn von 2684 Metern die Passagierversion des Airbus A380 ... starten und landen kann." Der Chefjustitiar von Airbus Deutschland, Hubertus Thulke, bestätigte am 27. August 2002 vor dem Hamburger Verwaltungsgericht: „Auch für den Fall, dass die Start-/Landebahn nicht wie angemeldet über den Deich hinaus verlängert werden sollte, wird das Projekt seitens der Beigeladenen (Airbus) durchgeführt werden. Die Passagierversion wird wie ‚gelauncht' (auf dem Markt präsentiert) gefertigt werden, und die getätigten Investitionen werden durchgeführt werden." Diese Aussagen sollten Airbus später noch in große Schwierigkeiten bringen.

Für die Gegner war offensichtlich, dass die Argumentation mit der schwereren Frachtversion nur vorgeschoben war: Denn der A380-Programm-Manager für Nordamerika, Dan Cohen, hatte im Juni 2003 auf einer Fachtagung in Boston damit geworben, dass für den Riesenflieger keine Landebahnverlängerung nötig sei. Nach dieser Darstellung brauche die Frachtversion nur eine geringfügig längere Startstrecke und eine sogar kürzere Landestrecke als die Passagierversion. Auch waren die Planungen für eine Frachtversion des A380 keineswegs neu: „Zum ersten Mal überhaupt", so hieß es rückblickend in einer Pressemitteilung des Konzerns vom 24. Juli 2002, hatte Airbus die Entscheidung (im Dezember 2000) für die Passagier- und die Frachtversion gleichzeitig getroffen: „For the first time ever, production go-ahead was given simultaneously for both passenger and freighter versions of the superjumbo..."

Schon seit das Geheimschreiben, in dem Ex-Wirtschaftsstaatsrat Giszas 1998 Airbus eine weitere Verlängerung der Piste versprach, bekannt geworden war, hatten die Projektgegner von einem „Planungstorso" gesprochen. Zusätzliche Munition lieferte ihnen die Forderung der Hamburger Airbus-Manager, die neuerliche Verlängerung der Startbahn müsse bereits zum Produktionsbeginn der A380-Passagierversion ab 2006 fertig gestellt sein – obwohl der Frachter erst ab 2008 gebaut werden sollte. Ohne eine weitere Verlängerung der Start- und Landebahn sah die Wirtschaftsbehörde gar das gesamte Projekt in Gefahr: „Geschieht dies nicht, droht eine wesentliche Kompetenz- und damit einhergehende Arbeitsplatzverlagerung nach Frankreich (Toulouse)." Hamburg würde in die „zweite Liga" absteigen. Das ging aus einer Senatsdrucksache vom Juli 2003 hervor, einem internen Papier aus dem Rathaus, von dem das „Schutzbündnis für Hamburgs Elbregion" erst sehr viel später Kenntnis erhalten hatte. In dem Papier wurde die neuerliche Verlängerung der Piste durchgängig als „Teilprojekt" bezeichnet.

Dass diese Verlängerung offenbar von Beginn an geplant war, zeigt auch eine Kartenskizze in dem 2003 erschienenen Fachbuch *Die Planfeststellung*, verfasst von Willi E. Probstfeld und Bernhard Stüer, dem damaligen Rechtsberater der Stadt Hamburg. In dieser Skizze ist die Airbus-Landebahn bereits bis weit nach Neuenfelde hinein eingezeichnet – obwohl offiziell noch gar nicht über das Vorhaben entschieden war. Angesichts der bei Buchprojekten üblichen Vorlaufzeiten dürften die Autoren das Buch bereits in 2002 oder früher verfasst haben. Den letzten Beweis sollte später ein Vermerk eines leitenden Beamten aus der Wirtschaftsbehörde liefern.

Die Stadt deklarierte und behandelte diesen offensichtlichen Bestandteil des Gesamtprojekts dennoch als rechtlich und inhaltlich eigenständiges Verfahren.

Inzwischen protestierten auch zahlreiche Prominente gegen das Projekt: „Ich finde es beängstigend, dass sich nun auch noch die Landebahn ins Alte Land hineinfressen soll", sagte die Schauspielerin Hannelore Hoger („Bella Block"). „Verfügen Sie den Baustopp!" Dazu forderten 33 bekannte Darsteller, Regisseure und andere Künstler Hamburgs Politiker auf. In einem offenen Brief, unterzeichnet unter anderem von Christian Görlitz, Hannelore Hoger, Peter Striebeck, Fritz Lichtenhahn, Barbara Auer, Susanne Lothar und Günther Maria Halmer, warfen sie den Politikern und Airbus-Managern vor, „unlauter zu handeln": „Sorgen Sie dafür, dass Hamburgs Bürger keinerlei Zweifel an der Rechtsstaatlichkeit Ihres Handelns hegen können." Zugleich unterstützten die Unterzeichner damit eine Strafanzeige wegen Betruges gegen die Verantwortlichen, die der „Verein zum Schutz des Mühlenberger Loches" gestellt hatte.

Im Juli gab der Senat erwartungsgemäß grünes Licht für die Airbus-Pläne und präsentierte zugleich ein Finanzierungskonzept für das 56 Millionen Euro teure Projekt. Denn auch der erneute Ausbau der Airbus-Landebahn sowie die damit zusammenhängenden umfangreichen Straßen- und Deichbauarbeiten sollten aus Hamburger Steuergeldern finanziert werden. Neuenfelde schien verloren.

Asterix in Neuenfelde

„Uns vertreibt Ihr hier nicht!" Obstbauer Hans Diercks, dessen Familie seit 14 Generationen in Neuenfelde lebt, sprach trotzig aus, was die alteingesessenen Dorfbewohner von den Plänen hielten: „Wir haben das Land urbar gemacht, und nun machen die uns alles kaputt." Das beklagte auch der Agrarwissenschaftler Albrecht Mährlein in einem Gutachten über die Auswirkungen der Airbus-Erweiterung auf Wirtschaft und Kultur der Obstbauregion. Er warf den Hamburger Politikern vor, das Alte Land nur als „Verfügungsmasse" für die Stadtentwicklung zu betrachten und den Eigenwert des ländlichen Raumes zu ignorieren: „Das Alte Land hat sehr stark unter dem Wertewandel der Gesellschaft zu leiden. Das weltkulturelle Erbe wird von vielen zu gering geschätzt." Das meint auch Professor Bernd von Droste-Hülshoff, Berater der UNESCO für das Welterbe: Der Konflikt zwischen Globalisierung und Tradition sei für das Alte Land, dessen Kultur tief in der Vergangenheit wurzele, ein „brutaler Clash".

Erinnerungen wurden wach an das Schicksal des ehemaligen Fischer- und Bauerndorfes Altenwerder, nur wenige Kilometer östlich von Neuenfelde gelegen. Anfang der 1990er Jahre hatten die Bewohner den jahrelangen Kampf um ihre Heimat gegen die Stadt Hamburg verloren. Bagger und Planierraupen zerstörten in Tagen, was in Jahrhunderten gewachsen war. Heute steht nur noch die Kirche von Altenwerder wie ein verlorenes Mahnmal zwischen hochmodernen Containerverladestationen im neuen Hafengebiet. Eine abschließende Entscheidung im gerichtlichen Hauptsacheverfahren ist in dieser Angelegenheit bis heute nicht gefallen.

An vielen Häusern und Gartenzäunen in Neuenfelde hingen nun schwarze Fahnen – ein gespenstisches Bild. Auf schwarz umrandeten Plakaten stand zu lesen: „Wir trauern

Das „Alte Land" – ein Weltkulturerbe?

Das Alte Land blickt auf eine bald 900-jährige Geschichte zurück: Um 1140 holten die Bischöfe von Bremen und Verden Holländer in das Gebiet an der Niederelbe. Sie sollten das häufig überschwemmte Land eindeichen und entwässern. Im Zuge dieser „Hollerkolonisation" wurde das sumpfige Gelände in mühevoller Handarbeit für die Landwirtschaft nutzbar gemacht. Die trocken gelegten Flächen wurden zum „alten" Land – im Gegensatz zu den noch nicht eingedeichten Flächen, dem „neuen" Land.

Der erste Obsthof („Bomghart") wurde im Jahre 1320 urkundlich erwähnt. 1657, kurz nach dem Dreißigjährigen Krieg, zählte man bereits 741 Obsthöfe im Alten Land. Schon Ende des 18. Jahrhunderts ging Altländer Obst bis nach Holland und in die skandinavischen Länder. Seit der zweiten Hälfte des 19. Jahrhunderts verzeichnete der Altländer Obstanbau eine kontinuierliche Aufwärtsentwicklung. Die fruchtbaren Böden sowie der günstige Einfluss der nahen Elbe und der zahlreichen Gräben auf das Kleinklima, das Spätfröste während der Blüte abmildert, erwiesen sich als entscheidende Standortvorteile. Zudem garantierte die wachsende Großstadt Hamburg einen gesicherten Absatzmarkt. Prächtige Fachwerkhäuser mit kunstvollen „Prunkpforten" künden noch heute vom Wohlstand früherer Generationen. Über 400 Kulturdenkmäler und andere sichtbare Zeugen der kulturgeschichtlichen Entwicklung gibt es in der Region, darunter historische Windmühlen oder die berühmte Arp-Schnitger-Orgel in der Neuenfelder St. Pankratius-Kirche. Eine Gemeinschaft von Altländer Bürgern arbeitet an einem Antrag an die UNESCO, um die Region als „Weltkulturerbe" zu schützen. Im November 2004 bereiste ein internationales Expertenteam unter der Leitung von UNESCO-Berater Bernd von Droste-Hülshoff das Alte Land.

um Neuenfelde, vom Senat ermordet: Autobahn im Süden, Umgehungsstraße im Norden, Landebahn quer durch."

Zuständig für die Belange der widerspenstigen Obstbauern war inzwischen Gunther Bonz, ehemals Leiter des A380-Projektes bei der Wirtschaftsbehörde. Als neuer Chef des Amtes für Wirtschaft und Landwirtschaft machte der geschmeidige Verwaltungsjurist dem Landvolk das Leben schwer. Wirtschaftssenator Uldall ließ Bonz, den er später sogar zu seinem Staatsrat beförderte, freie Hand. Verglichen mit dem neuen Wirtschaftssenator sei sein Vorgänger Mirow

„geradezu fürsorglich" gewesen, klagte Obstbauern-Funktionär Ulrich Harms. So strich Uldall völlig überraschend 40.000 Euro Fördermittel für die Vermarktung des im Alten Land erzeugten Obstes, vor allem aus ökologischer Produktion – ein Racheakt, wie Obstbauern und Umweltverbände vermuteten: Kurz zuvor hatten sie gemeinsam eine Dienstaufsichtsbeschwerde gegen den Senator eingereicht, der nach ihrer Ansicht die Interessen von Obstbau und Naturschutz missachtete und gegen geltendes Planrecht verstieß.

Doch wie das berühmte gallische Dorf, das allen Eroberungsversuchen der scheinbar übermächtigen Römer trotzt, leistete zumindest ein Teil der gut 5000 Einwohner der kleinen Gemeinde im Süden des Stadtstaates Hamburg pfiffigen Widerstand. Denn auch Neuenfelde hatte seinen Asterix: Um Airbus zu blockieren, hatte ein Bauer 100 Quadratmeter seiner Apfelplantage an 25 Einzelpersonen und zwei Vereine verschenkt – unter der Bedingung, dass hier weiterhin Obst angebaut werde. Vergeblich hatte die Stadt Hamburg gegen diese Schenkung vor dem Landwirtschaftsgericht geklagt – und in zwei Instanzen verloren. Wie auch die Grundstücke von mehr als ein Dutzend weiteren Eigentümern lag auch diese Fläche genau in der Verlängerung der Landebahn. Um diesen Sperrriegel zu durchbrechen, blieben der Stadt nur zwei Möglichkeiten – aufkaufen oder enteignen. Doch beides sollte, wie sich später zeigte, den Senat vor größte Schwierigkeiten stellen – mit folgenschweren Auswirkungen für das Projekt.

Das schien bereits am 27. August 2002 am Ende: An diesem Tag entzog das Hamburger Verwaltungsgericht dem Industriekomplex im Mühlenberger Loch den rechtlichen Boden: Der Planfeststellungsbeschluss, die behördliche Baugenehmigung für die Werkserweiterung, wurde aufgehoben. Obwohl dieses Urteil im Hauptverfahren erging, hielt die Wirtschaftsbehörde unbeeindruckt an ihrer Rechtsauffassung fest und verkündete: „Die Bauarbeiten werden planmäßig fortgesetzt." Das war noch nicht einmal illegal, denn das Gericht hatte sich – anders als noch im Dezember 2000 – nicht getraut, einen sofortigen Baustopp zu verfügen. Es begründete diese ebenso überraschende wie unverständliche Entscheidung damit, dass ein Baustopp wegen des engen Zeitplans von Airbus in jedem Falle das Aus für das Gesamtprojekt bedeuten würde, auch wenn die Stadt Hamburg in letzter Instanz Recht bekommen sollte. „Damit hat sich das Verwaltungsgericht hinter der mutmaßlichen Auffassung des Oberverwaltungsgerichts verschanzt – gegen seine eigene Überzeugung", meinte Klägeranwalt Nebelsieck. Sollte eine solche Argumentation Schule machen, dürfte künftig bis zu einer letztinstanzlichen Entscheidung überhaupt kein Urteil mehr vollzogen werden. „Damit hat das Gericht Rechtsgeschichte geschrieben", so Nebelsieck.

Eindeutig hatten sich die Richterinnen und Richter unter Vorsitz von Susanne Rubbert dagegen zum „Gesetz zum Erhalt und zur Entwicklung des Luftfahrtstandortes Hamburg" geäußert – jener „Lex Airbus", die Senat und Bürgerschaft zur nachträglichen Deklaration der Gemeinnützigkeit des Vorhabens durchgepeitscht hatten. Entscheidend sei, „dass eine gesetzliche Grundlage bereits zum maßgeblichen Zeitpunkt des Planerlasses gegeben ist", so das Gericht. Außerdem habe die Hamburgische Bürgerschaft gar nicht die Kompetenz, ein solches Gesetz zu erlassen. Denn hier würden luftverkehrsrechtliche Fragen berührt, und dafür sei ausschließlich der Bundesgesetzgeber zuständig. Nach Auffassung des Gerichts stellt die Zunahme des zu erwartenden Fluglärms für die Kläger einen „Eingriff in das grundgesetzlich geschützte Eigentumsrecht dar, der einer ausreichenden gesetzlichen Ermächtigung bedürfe". Eine solche Ermächtigung enthalte das Bundesluftverkehrsgesetz nicht. Danach müssten Anwohner nur den Lärm öffentlicher Flughäfen hinnehmen, nicht aber den eines privaten Werkslandeplatzes.

Der neue Handelskammer-Präsident Karl-Joachim Dreyer war sich dennoch sicher, dass am Ende „die Vernunft siegen" werde: „An 4000 Arbeitsplätzen... kommt auf Dauer kein Gericht vorbei, ohne dass grundsätzliche Fragen über unser Wirtschafts- und Rechtssystem aufgeworfen werden."

Holländisches Erbe in Neuenfelde

Prunkpforte im Alten Land

In dieser misslichen Situation erinnerte man sich in der Wirtschaftsbehörde an einen, der der Stadt Hamburg bei diesem Projekt schon einmal entscheidend geholfen hatte: Gerhard Schröder. Der Bundeskanzler war im Hamburger Airbus-Werk als Ehrengast geladen, als am 21. Mai 2003 die neue Montagehalle für den A380 feierlich eröffnet wurde. Und Schröder sagte bei dieser Gelegenheit Senator Uldall auch dieses Mal seine Unterstützung zu. Er wolle sich für eine zügige Änderung des Bundesluftverkehrsgesetzes einsetzen, versprach der Kanzler.

Bereits einen Monat später stimmte der Bundesrat einem entsprechenden Antrag Hamburgs zu, dem sich auch der Stadtstaat Bremen sofort angeschlossen hatte. Die Hanseaten von der Weser hatten schon seit geraumer Zeit mit großem Interesse verfolgt, mit welcher Strategie Hamburg das international geschützte Mühlenberger Loch vereinnahmte. Denn der Bremer Senat hatte in der „Piepmatzaffäre" bereits schlechte Erfahrungen mit den EU-Naturschutzrichtlinien gemacht: 1995 war die „Ampelkoalition" aus SPD, FDP und Grünen zerbrochen, nachdem der damalige grüne Umweltsenator Ralf Fücks ohne Absprache mit seinen Senatskollegen fachlich geeignete Areale als Europäische Vogelschutzgebiete nach Brüssel gemeldet hatte – darunter Flächen, die für eine Industrialisierung vorgesehen waren.

Die Änderung des Paragrafen 28 des Luftverkehrsgesetzes erlaubt es den Bundesländern jetzt, auch einen privaten Werksflughafen für gemeinnützig zu erklären und damit Enteignungen zu ermöglichen. Auch der Bundestag winkte am 23. Oktober 2003 das Gesetz durch. Die Tragweite ihrer Entscheidung dürfte allerdings nur den wenigsten Abgeordneten klar gewesen sein.

Doch ein Mann schien immerhin Gewissensbisse zu haben: Wenige Tage nach der Bundestagsabstimmung, am 3. November gegen 18.30 Uhr, klingelte bei der Obstbäuerin Katrin Augustin aus Jork im Alten Land das Telefon. Am anderen Ende war – Johannes Rau. Der damals amtierende Bundespräsident reagierte auf einen Brief, in dem die Bäuerin ihm die Gefährdung ihrer Heimat geschildert hatte: Er kenne das Alte Land, sagte Rau, seine Frau Christina besuche dort gelegentlich Freunde. Er selbst dürfe sich zur Airbus-Erweiterung nicht öffentlich äußern, so der Präsident, „aber geben Sie nicht auf. Ich wünsche Ihnen viel Glück." Die Gesetzesänderung unterschrieb er trotzdem.

Entlarvende Aktennotizen

Unterdessen war der Startschuss für den Bau des Riesen-Airbus in Hamburg längst gefallen: Am 25. August 2003 wurden die ersten Rumpfteile aus dem Airbus-Werk im niedersächsischen Nordenham in der neuen Montagehalle zusammengebaut. Eine Woche später verkündete das *Hamburger Abendblatt*: „Airbus stellt 1000. A380-Mitarbeiterin ein." Bürgermeister von Beust gratulierte der promovierten Bauingenieurin Karin Preusch mit einem Blumenstrauß und schwärmte von Airbus als „Jobmotor für Hamburg". Hamburgs Einsatz hatte sich scheinbar gelohnt – der Konzern schien sein Arbeitsplatz-Versprechen zu halten. Wäre da nur nicht dieses ominöse Protokoll gewesen:

„Hr. Krehahn übernimmt es, sicherzustellen, dass außer Zeitpersonal kein zusätzliches Personal für die A380 eingestellt werden muss." Das war das Ergebnis einer internen Besprechung am 9. Oktober 2001 in der Airbus-Führungsetage, dessen Protokoll erst anderthalb Jahre später dem *Spiegel* zugespielt worden war. Wäre der brisante Inhalt des Schreibens bereits früher an die Öffentlichkeit gelangt, hätte dies mit Sicherheit das Aus für die Pläne von Stadt und Airbus bedeutet. Denn die Aktennotiz entlarvte das Arbeitsplatz-Argument, mit dem im Laufe des Verfahrens alle ökologischen, ökonomischen und juristischen Argumente vom Tisch gefegt worden waren, als Seifenblase: Die „derzeit angespannte Lage" bei der Produktion der kleineren Airbus-Typen werde sich entspannen, hieß es in dem Protokoll, so dass hier Personalkapazitäten frei würden. Das A380-

Programm solle daher „mit weitgehend eigenem Personal abgedeckt werden".

Um Engpässe zu überbrücken, schlug Personalleiter Ulrich Krehahn vor, „möglichst Zeitarbeitskräfte einzustellen, um den Kündigungsschutz zu umgehen und das Personal leichter wieder los zu werden". Der Arbeitsmarkt gebe „ohnehin zur Zeit zu wenig Fachkräfte für den Flugzeugbau her". Angesichts der heftig umstrittenen Werkserweiterung ins Mühlenberger Loch und der „damit verbundenen Zuschüsse aus Steuergeldern seitens Stadt Hamburg und Bundesregierung" forderte Airbus-Geschäftsführer Hans-Joachim Gante in der Gesprächsnotiz: „Aus diesem Grund muss unter allen Umständen die Sprachregelung für ca. 3000 neue Arbeitsplätze für die A380 beibehalten werden."

Fast ebenso viele Mitarbeiter hatte der Airbus-Mutterkonzern EADS im Jahr 2001 entlassen, davon rund 600 in Deutschland – „DOLORES" ließ grüßen.

Wie krisenanfällig die Flugzeugindustrie ist, zeigte sich nach den Terroranschlägen auf das World Trade Center vom 11. September 2001: Weltweit geriet die Luftfahrt in schwere Turbulenzen: Allein der Flugzeughersteller Boeing entließ 35.000 Mitarbeiter. Auch das Hamburger Airbus-Werk war betroffen. Im Februar 2002 meldete der Konzern Kurzarbeit an. Betriebsbedingte Kündigungen solle es zwar nicht geben, verkündete Unternehmenssprecher Theodor Benien, aber: „Wir müssen Zeitverträge reduzieren und die Zahl der Leiharbeitnehmer verringern." Der Irak-Krieg verschärfte die prekäre Situation noch. Insgesamt brach das Auftragsvolumen von Airbus in 2002 gegenüber dem Vorjahr von 50,3 auf 19,7 Milliarden Euro ein. Nur dem A380-Projekt schien dies alles nichts anhaben zu können: „Wir stehen zu unserer Aussage, durch das neue Großraumflugzeug mindestens 2000 Arbeitsplätze zu schaffen", versicherte Airbus-Chef Gante gemäß der vereinbarten „Sprachregelung".

Vom *Spiegel* mit den Aussagen konfrontiert, erklärte Airbus: „Die Anweisung, ‚keine überhitzte Personalaufstockung anzugehen'... wurde vier Wochen nach den Terroranschlägen am 11. September gemacht und reflektiert die

Besorgnis zu jener Zeit." Die Papiere seien zudem nur „individuelle Notizen über interne Diskussionen und über einen internen Meinungsaustausch. Sie repräsentieren nicht die Politik oder Entscheidungen von Airbus". Immerhin fanden diese internen Diskussionen zwischen den zuständigen Spitzenmanagern des Unternehmens statt. Auch wurden die Terroranschläge und dadurch bedingte Konjunktureinbrüche in dem Papier mit keinem Wort erwähnt. Später bestritt Airbus gar die Echtheit des Dokuments.

Auf die „Sprachregelung" für ca. 3000 neue Jobs in Hamburg angesprochen, ließ der Konzern mitteilen: „Airbus hat nie 3000 Arbeitsplätze prognostiziert, sondern in den vergangenen Jahren mehrfach versichert, dass durch das A380-Programm rund 2000 Arbeitsplätze im Werk Hamburg geschaffen werden." Ob es sich dabei tatsächlich um neue, zusätzliche Jobs handelte, ließen die Verantwortlichen offen.

Wirtschaftssenator Uldall gab sich dennoch mit den Formulierungskünsten der Flugzeugbauer zufrieden und wiederholte fast wortgetreu, was Stadt und Konzern von Anfang an der Öffentlichkeit vorgebetet hatten: Airbus habe versichert, dass durch die Produktion des Airbus A380 in Hamburg 2000 neue Arbeitsplätze entstünden: „Die Geschäftsführung hat mir dies erst vor kurzem noch einmal ausdrücklich bestätigt."

Im Herbst 2004 sah der neue Chef von Airbus Deutschland, Gerhard Puttfarcken, wieder positive Signale nach der Branchenkrise: Der Flugzeugmarkt belebe sich wieder, die Produktion der kleineren Airbus-Typen solle im Hamburger Airbus-Werk bis 2006 um 50 Prozent gesteigert werden. Neueinstellungen in größerem Umfang werde es angesichts eines laufenden Kostensenkungsprogramms im Airbus-Konzern dafür allerdings nicht geben: „Wir haben die Absicht, das im Wesentlichen mit der vorhandenen Mannschaft zu machen", sagte Puttfarcken.

Welche dramatischen Auswirkungen die restriktive Personalpolitik des Konzerns auf die Qualität und Terminplanung im ganzen Hamburger Werk hatte, offenbart eine weitere Aktennotiz aus dem Hause Airbus, die in die Hände der gegnerischen Anwälte gelangte. In den bisher unveröffentlichten Aufzeichnungen vom Januar 2003 heißt es wörtlich (Hervorhebungen durch die Autoren):

„– Im Bereich Produktion wurden sehr viele ungelernte Zeitarbeitskräfte beschäftigt, wie von Hr. Krehahn durchgesetzt.
– Die Qualität der Arbeit hat stark nachgelassen.
– Die Qualitätskontrolle steht vor einem riesigen Berg von Beanstandungen im Produktionsbereich.
– Bauteile mit Restarbeitslisten wurden nach Toulouse gesandt.
– In Toulouse wurden die Restarbeiten mit großem finanziellem Aufwand erledigt, die eigentlich in Hamburg bzw. Deutschland hätten gemacht werden müssen.
– Für die Erledigung der Restarbeiten im A340-Programm wurden über 800 Mitarbeiter von Deutschland nach Toulouse über Weihnachten geschickt.
– Dr. W. (Name den Autoren bekannt) wurde u.a. deshalb als Fertigungsleiter entlassen sowie eine Reorganisation mit straffer französischer Führung in Hamburg eingeführt.
– Der Produktionsbereich im single aisle und wide body-Bereich <u>kann durch die von Hr. Krehahn verantwortete fehlende Personalaufstockung die erforderliche Arbeit weder zeitlich noch qualitätsmäßig schaffen.</u>
– Die Auswirkungen sind auch im A380-Bereich mit gewaltigen Terminverzügen spürbar. <u>Auch hier ist das Hauptproblem der Personalmangel. Die Zeitarbeitskräfte kosten das Doppelte und leisten die Hälfte, weil sie nicht eingearbeitet sind.</u>"

Doch damit nicht genug: Die Flugzeugbauer mussten auch schwere Probleme mit dem Gewicht des A380 und mit seiner Frachtversion eingestehen. Ungeschminkt kommen auch finanzielle Probleme des Unternehmens zur Sprache sowie die wachsende Dominanz der französischen Zentrale:

„– *Die A380 hat viel zu hohes Gewicht, das jetzt mit gewaltigen Anstrengungen reduziert werden muss, um die Leistungsdaten für das Flugzeug einzuhalten.*
– *Die Frachtversion des A380 hat große Strukturprobleme, die terminlich kaum noch in vorgegebenem Zeitrahmen gelöst werden können.*
– *Die Kosten bei Airbus sind kaum noch zu deckeln, und die Gewinne befinden sich im freien Fall.*
– *Die Franzosen nutzen ihre Chance und ziehen das Unternehmen immer weiter unter französische Strukturen und Vorgaben.*
– *Sollte Dr. Bischoff ausscheiden, <u>stellt sich die Frage nach der Zukunft der Deutschen Airbus und allen damit verbundenen Arbeitsplätzen und Standorten erneut.</u>"*

(Manfred Bischoff ist neben dem Franzosen Arnaud Lagardère Co-Chef des EADS-Aufsichtsrates.)

Lex Airbus

Dennoch verfolgten Stadt und Konzern unbeirrt ihren Weg: Im September 2003 legte die Wirtschaftsbehörde die Pläne zur umstrittenen erneuten Landebahnverlängerung aus. Sie bezogen auch den Abriss des Elbdeiches ein, der bisher die Grenze zwischen dem Airbus-Werksgelände und dem Dorf Neuenfelde mit seinen Obstplantagen markiert. Den Hochwasserschutz sollte der neue Deich um die aufgespülte Fläche im Mühlenberger Loch gewährleisten. Außerdem sollte die bisherige Straße entlang des Deiches künftig um die verlängerte Landebahn herum geführt werden. Diese Straße würde unmittelbar am nördlichen Rand des Dorfes entlangführen und zusätzlich zum Fluglärm eine weitere Belastung durch den Straßenverkehr mit sich bringen. Eine Untertunnelung der Landebahn lehnte die Stadt aus Kostengründen ab. „Lärm, Gestank und Wirbelschleppen werden ganze Straßenzüge entvölkern", befürchtet Gabi Quast vom Schutzbündnis.

Gleichzeitig beschloss der Senat, auf der Grundlage des geänderten Bundesluftverkehrsgesetzes, den Entwurf für ein Enteignungsgesetz zugunsten von Airbus. Der Angriff auf Neuenfelde und das Alte Land stand unmittelbar bevor.

Die Verantwortlichen hatten es eilig, die „Lex Airbus" Nummer 2 im Parlament durchzudrücken – obwohl oder gerade weil die Hamburger Regierungskoalition zu diesem Zeitpunkt, im Dezember 2003, wegen der Eskapaden des damaligen Innensenators Ronald Schill schon zerbrochen war. Bürgermeister von Beust hatte für den 29. Februar 2004 bereits Neuwahlen angekündigt. Gegen alle parlamentarischen Gepflogenheiten wurde der Gesetzentwurf direkt an den Rechts- und den Wirtschaftsausschuss der Bürgerschaft verwiesen – das Parlamentsplenum bekam keine Gelegenheit, sich vorab damit zu beschäftigen. Für den 21. Januar 2004 hatten die beiden Ausschüsse eine Expertenanhörung angesetzt, um sich gründlich über das vom Senat vorgelegte Enteignungsgesetz zu informieren. Doch schon zwei Wochen vor diesem Termin bot Ex-Wirtschaftssenator Thomas Mirow, nun Spitzenkandidat der SPD (Wahlslogan: „Klarheit und Wahrheit!"), der CDU an, noch vor den Neuwahlen gemeinsam das Enteignungsgesetz zu verabschieden. Diesen Vorstoß wertete BUND-Landesgeschäftsführer Manfred Braasch als „Missachtung des Parlaments": „Jeder Demokrat muss sich fragen lassen", kritisierte er, „warum sich die Bürgerschaft und die Ausschüsse inhaltlich damit befassen sollen und namhafte Rechtswissenschaftler um ihre fachliche Einschätzung gebeten werden, wenn der ... Spitzenkandidat bereits jetzt alles klar gezogen hat." Durch eine derartige Vorveröffentlichung seiner Absichten übe Mirow „unlauteren Druck" auf die SPD-Bürgerschaftsfraktion aus: „Kein Abgeordneter kann das Gesetz ... aus demokratischen und rechtsstaatlichen Gründen ablehnen, ohne sich in diesem Punkt von seinem eigenen Spitzenkandidaten abzuwenden – im Wahlkampf ein undenkbarer Vorgang!", so Braasch.

„Hier wird ein Fass aufgemacht!", warnte Klägeranwalt Rüdiger Nebelsieck auf der Expertenanhörung im Hamburger Rathaus. Sollte dieses Gesetz verabschiedet werden, wäre das ein Präzedenzfall: Zukünftig könnte für jedes beliebige Industrieprojekt ein maßgeschneidertes Enteignungsgesetz erlassen werden – das durch die Verfassung geschützte Eigentumsrecht stünde zur Disposition, warnte der Jurist. Doch mit seinen moralischen und verfassungsrechtlichen Bedenken stand Nebelsieck, den die Vertreter der GAL eingeladen hatten, allein da: Der Rest des insgesamt siebenköpfigen Expertenteams bestand ausnahmslos aus Befürwortern des Gesetzes: Neben Airbus-Chef Puttfarcken und seinem Betriebsratsvorsitzenden Horst Niehus sowie einem Wirtschaftsprofessor der Universität Hamburg hatten die übrigen Parteien noch drei Rechtsexperten geladen – die auf hartnäckige Nachfrage der GAL zugeben mussten, als juristische Berater der Stadt Hamburg tätig zu sein.

In Frankreich sei für den Ausbau der Straße zum Transport der A380-Teile „gnadenlos und schnell" enteignet worden, schwärmte Niehus und forderte, die Entwicklung des Airbus-Werks nicht an „solchen Kleinigkeiten" scheitern zu lassen. Auch der Berliner Rechtsprofessor Ulrich Battis ermunterte die Parlamentarier zu juristischen Experimenten: In vielerlei Hinsicht werde hier Neuland betreten – „Probieren Sie es doch einfach mal aus!" Viele Dorfbewohner aus Neuenfelde, die um Haus und Hof bangten, verfolgten die Diskussion als Zuhörer im Saal. Angesichts der strengen Regularien, die für Gäste von Bürgerschaftssitzungen gelten, blieb ihnen nur ohnmächtiges Schweigen. So manche Hand krampfte sich um ein Taschentuch.

Die Altländer mussten auch den arroganten Auftritt von Airbus-Chef Puttfarcken miterleben. Kritische Fragen zu den offenkundigen Ungereimtheiten hinsichtlich der Gewichte der Passagier- und Frachtversion des A380 und der benötigten Landebahnlänge konnte oder wollte der Manager nicht konkret beantworten, aber: „Wir sind davon überzeugt, dass wir für die Frachtversion des A380 eine längere Bahn brauchen."

Falls die Verlängerung der Piste an der Enteignung scheitern sollte, so drohte Puttfarcken, könne das unabsehbare

Folgen für Hamburg haben. Dabei bezog er sich auf eine „Geschäftsgrundlage" zwischen Airbus und der Stadt. Die Abgeordneten vernahmen es mit Interesse – denn von einer solchen Vereinbarung hatten sie keinerlei Kenntnis. Ihnen war lediglich die politische Zusage bekannt, mit der Ex-Wirtschaftssenator Mirow dem Konzern die Verlängerung der Landebahn bis auf 3500 Meter versprochen hatte. Dass es darüber hinaus offenkundig bindende Abmachungen gab, hatte sich bei einem Treffen der Umweltorganisation IFAW mit französischen Airbus-Vertretern am 30. Januar 2001 in Paris gezeigt: Im Falle eines Scheiterns des Projektes, so hatten die Manager damals gedroht, würde der Konzern die Stadt Hamburg regresspflichtig machen.

Unter der Voraussetzung, dass Airbus eine eindeutige, nachvollziehbare Begründung für die geforderte Landebahnverlängerung vorlege, empfahlen die Mitglieder des Wirtschafts- und des Rechtsausschusses – mit Ausnahme der beiden GAL-Vertreter – dem Bürgerschaftsplenum die Annahme des Enteignungsgesetzes.

„Allgemein gehaltene Versprechen, wie sie der Gesetzentwurf einleitend zum Ausdruck bringt, reichen für den Entzug des Eigentums nicht aus", kritisierte wenige Tage später Michael Fehling, Professor für Öffentliches Recht an der Hamburger Bucerius Law School. Solle ausnahmsweise zugunsten Privater enteignet werden, fordere das Bundesverfassungsgericht „besondere rechtliche Sicherungen". Damit solle nachgewiesen werden, dass das Unternehmen tatsächlich das Gemeinwohl fördere. In dieser Hinsicht sei der Gesetzentwurf „viel zu vage", sagte Fehling: „Von der Schaffung neuer oder wenigstens Sicherung konkreter vorhandener Arbeitplätze ist dabei ebenso wenig die Rede wie von einem bestimmten Mindestumfang der Produktion." Ohne eine solche Präzisierung gingen auch mögliche Sanktionen ins Leere: „Wenn keine messbaren Verpflichtungen eingegangen werden, lassen sich auch keine Pflichtverletzungen nachweisen."

Fehlings Resümee: „Es bleibt allein die diffuse Hoffnung auf Förderung der Wirtschaft." Auf diese Weise ließen sich

Enteignungen „für jedes beliebige Wirtschaftsprojekt" rechtfertigen. Auch Fehlings Frankfurter Kollege Professor Joachim Wieland hielt das Hamburger Enteignungsgesetz aus verschiedenen Gründen für verfassungswidrig. Die unabhängigen Experten, die nicht zur Anhörung eingeladen worden waren, bestätigten damit die Einschätzung von Klägeranwalt Nebelsieck. Man könne allenfalls noch streiten, ob eine Enteignung „bei 50, 100 oder erst 1000 Arbeitsplätzen zu rechtfertigen ist", meinte BUND-Sprecher Braasch.

Dennoch – am 11. Februar 2004 stimmte die Bürgerschaft gegen die Stimmen der GAL dem Enteignungsgesetz zu. Das war zugleich ihre letzte Entscheidung in der laufenden Legislaturperiode: Unmittelbar danach beschloss das Parlament seine Selbstauflösung, um den Weg für die angekündigten Neuwahlen freizumachen.

Thomas Mirow fuhr dabei für die Hamburger SPD die schwerste Wahlniederlage in der Nachkriegsgeschichte ein, noch am Wahlabend verkündete er seinen Abschied aus der Landespolitik. (Ein Jahr später berief ihn Bundeskanzler Schröder als Berater für Wirtschaftsfragen ins Kanzleramt; politische Beobachter sahen in Mirow bereits einen potenziellen Nachfolger von Bundeswirtschaftsminister Wolfgang Clement). Bürgermeister von Beust errang mit seiner CDU die absolute Mehrheit – und unterstellte sogleich das bis dahin eigenständige Umweltressort der Behörde für Bau und Verkehr (jetzt „Behörde für Stadtentwicklung und Umwelt" genannt). Für das Projekt A380 lief weiterhin alles nach Plan – zunächst jedenfalls.

Denn bereits zuvor, am 12. Januar 2004, hatte das Hamburger Verwaltungsgericht im Hauptverfahren die Klage der Umweltverbände gegen die Zerstörung des Mühlenberger Lochs aus rein formalen Gründen abgewiesen: Den Verbänden, nach deren Auffassung das Projekt gegen Europarecht verstieß, stünde in diesem Fall kein Klagerecht zu. In der vorangegangenen mündlichen Verhandlung hatte die Vorsitzende Richterin Susanne Rubbert ihr Desinteresse an den umweltrechtlichen Aspekten deutlich bekundet: Gelangweilt starrte sie während der Ausführungen der Klägeranwälte an die Decke, erinnert sich NABU-Mitarbeiter Manfred Prügel. Das Gericht weigerte sich, die strittige Frage nach der Klagebefugnis dem Europäischen Gerichtshof (EuGH) zu einer Entscheidung vorzulegen. Ein niederländisches Gericht hatte dagegen keine Scheu, den obersten europäischen Richtern genau diese bis dahin nicht eindeutig geklärte Frage zu stellen, die in einem Rechtsstreit um die Ausübung der Herzmuschelfischerei im Wattenmeer aufgetreten war. In seinem Urteil vom 7. September 2004 billigte der EuGH zwei niederländischen Umweltverbänden ein Klagerecht gegen die Verletzung der FFH-Richtlinie und der EU-Vogelschutzrichtlinie zu – und stärkte damit zugleich die Position der Hamburger Naturschutzverbände im weiteren Instanzenweg. Doch eine Entscheidung des Oberverwaltungsgerichts war zu diesem Zeitpunkt noch nicht abzusehen.

Hickhack um die Landebahnlänge

Am 29. Januar 2004 hatte der Erörterungstermin im Rahmen des Planfeststellungsverfahrens für die neuerliche Verlängerung der Start- und Landebahn (Runway) begonnen. Mehr als 1000 Einwendungen waren bei der Wirtschaftsbehörde gegen den Plan eingegangen. Leiter der Anhörung war Hans-Günter Aschermann, gegen den die Projektgegner bereits einmal eine Strafanzeige wegen Rechtsbeugung gestellt hatten. Sie glaubten auch dieses Mal nicht an ein faires Verfahren. Aschermanns Dienstherr, Wirtschaftssenator Uldall, hatte bereits öffentlich erklärt, dass die Verlängerung der Landebahn für die „Sicherung des Luftfahrtstandortes Hamburg" unerlässlich sei: „Wir werden uns nicht aufhalten lassen." Das Verfahren begann gleich mit einem Formfehler: Aschermann hatte es versäumt, den Erörterungstermin rechtzeitig, innerhalb der vorgeschriebenen drei Monate nach dem Ende der Einwendungsfrist, anzusetzen. „Wenn einer von den Einwendern eine Frist versäumt, dann ist er alle seine Rechte los", argumentierte Anwalt Peter Mohr und beantragte, die Erörterung abzubrechen. Aschermann lehnte ab.

Abgelehnt wurde auf Druck von Airbus auch der sonst bei solchen Verfahren übliche Tonbandmitschnitt. Das Unternehmen wolle „nicht Gefahr laufen, dass einzelne aus dem Zusammenhang gerissene Tondokumente veröffentlicht werden", sagte Standort-Leiter Ulrich Weber. Ohne ein Wortprotokoll sei es jedoch später nicht möglich, „Airbus festzunageln", fürchtete Jeanette Kassin vom „Schutzbündnis für Hamburgs Elbregion". Doch auch ein Mitschnitt war noch keine Garantie dafür, die Aussagen später lückenlos kontrollieren zu können, wie Anwalt Nebelsieck bereits vorher erfahren musste: Als er eine entscheidende Aussage im dreiwöchigen Erörterungstermin zur Airbus-Werkserweiterung nachträglich überprüfen wollte, stellte er fest, dass ausgerechnet das Tonband, das die gesuchte Passage enthielt, defekt war.

Unterdessen vereinbarten führende Politiker von SPD und CDU, dem umstrittenen Enteignungsgesetz, wie von Mirow bereits vor der Expertenanhörung angeboten, noch vor der Bürgerschaftswahl am 29. Februar zuzustimmen. Obwohl der Erörterungstermin gerade erst begonnen hatte, erklärten die Parteispitzen, dass aus ihrer Sicht der Bedarf für den weiteren Ausbau der Start- und Landebahn schlüssig nachgewiesen und die vom Parlament geforderte Voraussetzung für das Gesetz somit gegeben sei.

Dabei war es Airbus selbst während der Anhörung bisher nicht gelungen, eine überzeugende Begründung zu liefern. Die Konzern-Vertreter hatten nicht mit dem technischen Sachverstand der Einwender gerechnet. Für die „Bürgervertretung Neuenfelde-Francop-Cranz", die seit 1976 die Belange der Hamburger Obstbauerndörfer wahrnimmt, prüfte und bewertete eine unabhängige Gruppe von Luftfahrtexperten die Airbus-Unterlagen. Sie zerpflückten erfolgreich sämtliche vom Flugzeugkonzern in Auftrag gegebene Gutachten, die die technische Notwendigkeit des Vorhabens begründen sollten.

Airbus hatte als zwingendes Argument für den weiteren Ausbau der Runway ein höheres Startgewicht des A380-

Die Verlängerung der Airbus-Werkslandebahn bedroht das Dorf Neuenfelde

Frachters angegeben. „Die Behauptungen der Beigeladenen (Airbus) ... weisen offenbar einen engeren Bezug zum aktuellen Ausbauwunsch als zur Wahrheit auf", schrieb Anwalt Nebelsieck hierzu an das Hamburger Verwaltungsgericht. Denn das vom Konzern postulierte Gewicht von 620 Tonnen tauchte ausschließlich in den Unterlagen zum laufenden Planverfahren auf. In allen sonstigen Publikationen des Flugzeugbauers war dagegen stets nur von 590 Tonnen die Rede. Auch auf einer Airbus-Präsentation im März 2004 in New York wurde das maximale Startgewicht des Frachtjumbos mit 590 Tonnen angegeben. Airbus-Präsident Noël Forgeard und sein Verkaufschef John Leahy bestätigten dabei in ihren Ausführungen, was Dan Cohen, der nordamerikanische Airbus-Repräsentant, ein knappes Jahr zuvor in Boston vorgetragen hatte. Das hatte der deutsche Airbus-Chef Puttfarcken auf der Expertenanhörung vor der Bürgerschaft noch als unmaßgebliche Meinungsäußerung irgendeines Mitarbeiters darzustellen versucht.

Airbus Hamburg behauptete, für die „customer acceptance flights", bei denen die Kunden die angegebenen

Leistungsdaten der Flugzeuge überprüfen, sei ein Gewicht von 66 Prozent des maximalen Startgewichts vorgeschrieben. Bei einem maximalen Startgewicht von 620 Tonnen ergäbe sich daraus ein für die Berechnung der Bahnlänge maßgebliches Gewicht von rund 410 Tonnen. Diese Festlegung auf 66 Prozent sei weder bei Airbus noch allgemein üblich, geschweige denn gesetzlich vorgeschrieben, wandten die Luftfahrtexperten des Schutzbündnisses ein, von denen einer selbst eine Zulassung als Fachgutachter besitzt.

Dennoch versuchte der Konzern während des Verfahrens, mit immer neuen, teils abstrusen und einander widersprechenden Argumenten das angeblich notwendige Startgewicht von 410 Tonnen zu rechtfertigen. Im Rahmen des Planfeststellungsverfahrens zur Landebahnverlängerung habe Airbus die Begründungen je nach den vorgebrachten Einwänden „variiert", spottete Anwalt Nebelsieck.

Die zunächst einzige Grundlage für die Forderung nach einem Ausbau der Runway für die Frachtversion des A380 legte Airbus-Gutachter Jürgen Wächtler vor. Doch dessen Ausarbeitung verrissen die gegnerischen Fachleute mit flugtechnisch fundierten Argumenten als ein „Werk, das ...nicht einmal im Ansatz für Aufklärung sorgt". Wächtler liefere „keine solide Grundlage, die eine Verlängerung der Start- und Landebahn rechtfertigt." Wichtige Fakten seien in den Grundprämissen „offensichtlich vernachlässigt" worden. Airbus reagierte nervös – und erklärte seinen eigenen Gutachter öffentlich für unfähig, seine Arbeit zu erläutern. Noch während des laufenden Erörterungstermins stellte der Flugzeugkonzern einen neuen Gutachter vor.

Professor Manfred Fricke von der Berliner Gesellschaft für Luftverkehrsforschung (GfL) kam bei seinen Berechnungen ebenfalls auf ein Gewicht von 410 Tonnen – jedoch auf der Grundlage geänderter Ausgangsdaten. Beide Gutachter operierten dabei mit Zahlen, die ihnen Airbus jeweils vorgegeben hatte. Merkwürdig schien den Einwendern unter anderem, dass Wächtler für eine angenommene Flugzeit von 6,5 Stunden für den Abnahmeflug 60 Tonnen Kraftstoff ansetzte, während Fricke für die gleiche Flugzeit 157 Tonnen Kerosin berechnete. Diese Berechnungen, so kritisierten die Experten der Gegenseite, seien jedoch „so schwerwiegend fehlerhaft", dass sie zu einem „völlig unrealistischen" Ergebnis führten. Auch einige im GfL-Gutachten angegebene Geschwindigkeitswerte seien unsinnig, „nicht fliegbar" und könnten im realen Flugbetrieb gar zum Absturz des Riesenjets führen: „Hier wird gegen fundamentale fliegerische Grundsätze verstoßen", lautete das Fazit der Fachleute der Bürgervertretung.

Anhand eigener Berechnungen zeigten sie, dass sowohl die Passagier- als auch die Frachtversion des A380 auf der genehmigten Piste von 2684 Meter Länge starten und landen kann, eine neuerliche Verlängerung mithin nicht notwendig sei. Das belegen, neben den Ausführungen von Airbus-Manager Cohen, gleichermaßen Airbus-Daten zur Flughafenplanung („A380 Airplane Characteristics for Airport Planning", Stand Januar 2004): Die Berechnungen für unterschiedliche Bedingungen wie Außentemperatur oder Nässe ergaben bei einem Startgewicht von 410 Tonnen eine erforderliche Bahnlänge von maximal 1750 Meter für den Start. Die Airbus-eigenen Daten belegen überdies, dass die im ersten Verfahren genehmigte Verlängerung der Runway auf 2684 Meter selbst für den Start eines mit 560 Tonnen wesentlich schwereren Flugzeugs ausreichen würde (Berechnung für 30 Grad Celsius).

Entscheidend in diesem Zusammenhang ist jedoch nicht die tatsächliche Länge der Landebahn, sondern die verfügbare Landestrecke, ein Umstand, den die Wirtschaftsbehörde in den Planfeststellungsverfahren entweder bewusst unterschlagen hatte oder der ihr schlicht nicht bekannt war. Bereits 2002 erschien in der Fachzeitschrift *Pilot und Flugzeug* dazu ein ausführlicher Kommentar mit dem Titel „Traurig, wenn man den Unterschied zwischen Landebahnlänge und Landing Distance Available nicht kennt".

Für die Landung argumentierte Airbus mit einem „worst case scenario". Im Notfall müsse die Maschine sogleich wie-

> **Die „verfügbare" Landestrecke**
>
> Die verfügbare Landestrecke (Landing Distance Available, LDA) ergibt sich aus der Bahnlänge (2684 Meter) abzüglich nicht nutzbarer Anteile der Bahnlänge. Bei einem Landeanflug aus Nordosten muss das Flugzeug den steilen Elbhang überfliegen. Das macht eine Versetzung der Landeschwelle erforderlich, die bei einem Anflugwinkel von 3,5 Grad 478 Meter beträgt. Die verfügbare Landestrecke reduziert sich in diesem Falle also auf (2684 - 478 Meter) 2206 Meter. Ein flacherer Anflugwinkel von 3,0 Grad hat eine weitere Versetzung der Landeschwelle um 277 Meter, also um insgesamt 755 Meter (478 + 277 = 755 Meter) zur Folge. Daraus ergibt sich eine verfügbare Landestrecke von nur noch (2684 - 755 Meter) 1929 Meter.
>
> Im Rahmen des ersten Planfeststellungsbeschlusses zur Werkserweiterung ins Mühlenberger Loch hatte sich Airbus vom Bundesverkehrsministerium einen Anflugwinkel von 3,5 Grad genehmigen lassen, um so 277 Meter zusätzliche verfügbare Landestrecke zu gewinnen. Für das Planfeststellungsverfahren zum weiteren Ausbau der Start-/Landebahn hat Airbus trotz dieser Genehmigung wieder mit einem Winkel von 3,0 Grad gerechnet.

der zum Werksflughafen zurückkehren und mit 410 Tonnen Gewicht dort landen können. Das sei völlig unrealistisch, so Klaus Schlüter, Sprecher der gegnerischen Expertengruppe: „Ein Flugzeug dieser Größe lässt sich nicht kurzerhand umdrehen." Die Vorbereitung einer Notlandung erfordere komplexe Überlegungen zu Flugtechnik und Sicherheit. Mit Rücksicht auf den steilen Elbhang und das dicht besiedelte Stadtgebiet in unmittelbarer Nähe des Airbus-Flughafens Finkenwerder wäre es geboten, im Notfall auf Flughäfen wie Hamburg-Fuhlsbüttel, Schwerin oder Hannover auszuweichen.

Trotzdem analysierten die Fachleute der Bürgervertretung auch die von Airbus vorgetragene ungünstigste Variante. Bei einem Landegewicht von 410 Tonnen, so ihre Berechnungen, beträgt die erforderliche Landestrecke 1990 Meter bei trockener und 2289 Meter bei nasser Piste – einschließlich des gesetzlich vorgeschriebenen Sicherheitszuschlages. Berücksichtigt man die tatsächlich verfügbare Landestrecke als begrenzenden Faktor, so würden im Falle der nassen Bahn in der Tat 83 Meter fehlen.

Im später erlassenen Planfeststellungsbeschluss sollte Airbus überraschenderweise noch einen dritten, gänzlich neuen Versuch präsentieren, um den geforderten Ausbau der Start-/Landebahn zu begründen. Doch die Experten der Gegenseite konnten diese Version genauso souverän widerlegen wie die vorangegangenen Gutachten von Wächtler und Fricke. (Technisch Interessierte finden ausführliche Informationen zu diesem für Laien schwer verständlichen, aber für das Gesamtprojekt so entscheidenden Thema im Internet unter www.buergervertretung-nfc.de)

Klaus Schlüter, selbst Diplom-Ingenieur mit jahrzehntelanger Berufserfahrung in der Luftfahrtindustrie, konfrontierte den Airbus-Gutachter während des Erörterungstermins mit einer für den Flugzeugkonzern äußerst unangenehmen Konsequenz: Setze man Frickes Ausführungen – rein theoretisch – als zutreffend voraus, bedeute dies zwingend, so belegte Schlüter, dass auch die Passagierversion des A380 aus den gleichen technischen Gründen eine längere Bahn benötige – was Airbus vor Gericht eindeutig bestritten hatte. Als dann auch noch entscheidende Fragen zu den notwendigen Sicherheitszonen rund um die Landebahn gestellt wurden, entzog Airbus-Justitiar Thulke dem eigenen Gutachter Fricke kurzerhand das Wort.

Alle weiteren Nachfragen blieben fortan unbeantwortet: „Die Airbus-Vertreter sitzen da und kratzen sich irgendwo und sagen nichts, gar nichts!", beklagte Jeanette Kassin vom Schutzbündnis. Die Flugzeugbauer konnten es gelassen sehen: Sie beriefen sich auf die „Geschäftsgrundlage", die politische Zusage des Hamburger Senats, ihnen das erforderliche Terrain pünktlich bereitzustellen.

Auch Aschermann machte keinerlei Anstalten, für Aufklärung zu sorgen, wie es seine Pflicht als Leiter der Planfeststellungsbehörde gewesen wäre – einer Behörde, die per Gesetz zu einer unabhängigen und unparteiischen Abwägung aller Belange verpflichtet ist.

Denn Aschermann war ganz offensichtlich befangen. Mehr noch: Er hatte bereits im Vorfeld entscheidende Vorarbeit geleistet, um betroffene Bürger, aber auch die Gerichte vorsätzlich zu täuschen. Das ging jedenfalls aus einem vertraulichen Vermerk hervor, den der Verwaltungsjurist anlässlich einer Besprechung mit leitenden Mitarbeitern der Wirtschaftsbehörde und Airbus-Vertretern bereits am 3. Februar 2003 verfasst hatte – noch bevor Airbus überhaupt einen offiziellen Antrag auf eine nochmalige Verlängerung der Landebahn gestellt hatte. Während des Erörterungstermins hatte Aschermann auf Nachfrage der Anwälte Mohr und Nebelsieck jedoch entschieden bestritten, schon vor diesem Zeitpunkt mit dieser Sache befasst gewesen zu sein. Das Hamburger Verwaltungsgericht vermochte später in einem vorläufigen Urteil im Rahmen eines Klageverfahrens, das die Umweltverbände BUND und „Verein zum Schutz des Mühlenberger Loches" angestrengt hatten, allerdings keine rechtserheblichen Verfehlungen des leitenden Beamten zu erkennen.

Doch der Inhalt des Aschermann-Vermerks, der erst einige Monate nach dem Erörterungstermin in die Hände der Einwender gelangte, war brisant – so brisant, dass Airbus-Vertreter Thulke während der Anhörung gar nicht anders konnte, als Gutachter Fricke zum Schweigen zu bringen. In dem Papier hatte Aschermann detailliert das Problem mit den gesetzlich vorgeschriebenen Sicherheitszonen rund um die Landebahn und die daraus erwachsenden Probleme hinsichtlich der neuerlichen Verlängerung beschrieben. Dabei ging es vor allem um die seitlichen Abstandsflächen, die durch den streckenweise parallel zur bestehenden Werkspiste verlaufenden Elbdeich für Starts und Landungen des A380 nicht ausreichend breit seien. Im Planfeststellungsverfahren zur Airbus-Werkserweiterung, so räumte der Verwaltungsmann ein, habe das Bundesverkehrsministerium bzw. die ihm unterstellte Deutsche Flugsicherung (DFS) dem Verbleib des Deiches im Sicherheitsbereich nur „übergangshalber und ausnahmsweise zugestimmt". Die DFS hatte damit einen nur 100 Meter breiten hindernisfreien Sicherheitsstreifen akzeptiert – die international gültigen Regeln erfordern eine Breite von 150 Metern. Allen Beteiligten sei jedoch klar, so schrieb Aschermann weiter, dass diese vorübergehende „Sondergenehmigung" unverzüglich enden würde, wenn es zu einer weiteren Verlängerung der Start-/Landebahn über den bestehenden Deich hinaus kommen würde.

Aschermann schildert das Dilemma, das sich aus dieser Situation ergibt: Die eigentliche Verlängerung rechtfertige nur die Entfernung des Deiches im Kreuzungsbereich mit der Start- und Landebahn, nicht aber den Abriss des Deiches und die Verlegung der parallel verlaufenden Straße entlang des bereits genehmigten Pistenabschnitts. Wie also könne diese Maßnahme überzeugend begründet werden, ohne den offensichtlichen Mangel des Planfeststellungsbeschlusses vom Mai 2000 zu offenbaren? „In dem nicht vom Ausbau betroffenen Landebahnabschnitt kann es eigentlich nur eine (einzige) Antwort auf die Frage nach dem Verbleib des Deichs im Sicherheitsstreifen geben", wusste Aschermann: „Entweder ist es nach den Sicherheitsregeln zulässig (dann erfordert auch die Verlängerung keine Entfernung), oder aber es ist nicht zulässig (dann gäbe es ein Problem mit der erfolgreichen Konfliktbewältigung in der alten Planfeststellung)."

Doch der erfahrene Verwaltungsjurist wusste Rat: Die Entfernung des Deichs müsse als Teil des jetzigen Vorhabens beantragt werden: „Begründet werden kann diese Absicht dann allerdings nur als freiwillige Verbesserung der Sicherheitssituation... – anderenfalls wäre der Planfeststellungsbeschluss vom 8.5.2000 nicht länger zu halten."

Auch hinsichtlich der einzuholenden Stellungnahme der Deutschen Flugsicherung hatte Aschermann eine Lösung parat: „Die DFS braucht diesen Planungen einfach nur zuzustimmen, ohne dass es von dort einer Qualifizierung bedürfte, ob nun die Verbreiterung des hindernisfreien Sicherheitsstreifens vorgeschrieben war oder nicht." Einfacher ausgedrückt: Wir müssen die DFS so nach ihrer Meinung fragen, dass niemand den Trick bemerkt. So geschah es denn auch, wie die Formulierung der Fragestellung an die Flugsicherheitsexperten im Verfahren belegt.

Abrissbagger rücken an

Der begrenzende Faktor für Starts und Landungen des Superjumbos A380 war also offenbar nicht die Länge der Rollbahn, sondern die erforderliche Breite des Sicherheitsstreifens. Folgerichtig hatten Wirtschaftsbehörde und Airbus daher die im Mai 2000 genehmigte Werkserweiterung und die Verlängerung der Landebahn auf 2684 Meter von vornherein nur als eine Stufe des geplanten Gesamtprojekts angesehen, der unverzüglich ein weiterer Ausbau der Piste mit Abriss des Elbdeiches folgen sollte. Und Aschermann hatte aufgrund politischer Vorgaben des Senats dafür zu sorgen, dass das Verfahren reibungslos über die Bühne ging. Das hatten die Einwender zwar schon lange vermutet – doch auch dieses Mal scheiterten ihre Anwälte bei dem Versuch, das Anhörungsverfahren wegen offensichtlicher Befangenheit des Verhandlungsleiters platzen zu lassen. Das besorgten die empörten Teilnehmer schließlich selber – es kam zum Eklat:

Am sechsten Tag des Erörterungstermins, es war der 5. Februar, erklärten die etwa 80 anwesenden Einwender die Veranstaltung für unterbrochen und verließen geschlossen den Saal. „Es ist eine Frage der Selbstachtung zu gehen", sagte Manfred Brandt vom Schutzbündnis: „Wir wollen klare Antworten und ein anständiges Verfahren." Auch BUND-Landesgeschäftsführer Braasch beklagte die „absolut klägliche und arrogante Auskunftspolitik" von Airbus und verlangte zusammen mit den anderen Betroffenen die Einsetzung eines unabhängigen und objektiven Verhandlungsleiters, der die zahlreichen offenen Fragen und Widersprüche klären müsse. Vor allem wollten die Einwender erst das Ergebnis der Bürgerschaftsabstimmung über das umstrittene

Enteignungsgesetz abwarten, die für den 11. Februar angesetzt war. Denn falls das Gesetz verabschiedet würde (was wie bereits dargestellt dann auch geschah), ließen die politischen Vorgaben eine ergebnisoffene Verhandlung ohnehin kaum noch zu, so ihre Kritik. „Unsere Einwendungen und Argumente halten wir trotz der Unterbrechung aufrecht", betonte Braasch.

Aschermann nutzte die Gunst der Stunde und erklärte den Erörterungstermin vor leerem Saal kurzerhand für beendet. Die Betroffenen erfuhren davon erst aus der Presse. Lesen mussten sie dort auch, dass die Planfeststellungsbehörde die Entwicklung bedauere – dadurch sei die Entscheidungsgrundlage „nicht so gut wie erhofft". Wichtige Aspekte wie die geplanten Enteignungen oder auch Naturschutzbelange waren gar nicht erst zur Sprache gekommen. Einen dringenden Gesprächswunsch der Einwender lehnte Bürgermeister von Beust ohne Angabe von Gründen ab.

Abgelehnt wurde später auch der Antrag der Umweltverbände, den Erörterungstermin fortzusetzen. Aschermann und seine Mitarbeiter hatten es eilig, denn Airbus machte erneut Druck: Mitte März erklärte Manager Puttfarcken („Geduld gehört nicht zu meinen Stärken"), er erwarte die Genehmigung der Wirtschaftsbehörde bis April, da sonst nicht wie geplant mit dem Bau des A380 begonnen werden könne. „Airbus leistet den Offenbarungseid", meinte der BUND: Puttfarckens Äußerungen bestätigten die „Landebahnlüge".

Dessen ungeachtet erließ die Behörde am 29. April 2004 den vom Flugzeugkonzern ersehnten Planfeststellungsbeschluss. Darin hatten die Beamten alle Einwände als „unbegründet" oder „zwar begründet, aber nicht der Planfeststellung entgegen stehend" beiseite gewischt und die Verlängerung der privaten Werkslandebahn, wie von Airbus gefordert und vom Senat versprochen, in das Dorf Neuenfelde hinein abgesegnet.

Grund zum Feiern hatten Stadt und Airbus aber schon vorher: Am 18. März präsentierte der Flugzeughersteller vor rund 3000 Mitarbeitern, Gästen und Medienvertretern die erste fertig ausgerüstete vordere Rumpfsektion des Superjets

A380 wie einen Showstar: Um 12.45 Uhr fiel, begleitet von Trommelwirbel, in der neuen Montagehalle ein dunkelblauer Vorhang und gab den Blick frei auf das mehr als acht Meter hohe und zehn Tonnen schwere Ungetüm, das kurz darauf zur Endmontage nach Toulouse geschickt wurde. „Ein Meilenstein der Industriegeschichte", schwärmte Gerhard Puttfarcken. Wer von den Anwesenden dachte da noch an Löffelente, Zwergmöwe, Stint und Flunder, die sich hier, im einstigen Süßwasserwatt, noch vor drei Jahren getummelt hatten?

Es war der 26. April, im Alten Land standen die Apfelbäume in voller Blüte und die Vögel sangen, als um fünf Uhr morgens in Neuenfelde die Abrissbagger anrückten und den historischen „Rütherhof" dem Erdboden gleichmachten. Hilflos mussten die Dorfbewohner mit ansehen, wie sich die Baggerschaufeln durch das Reetdach des rund 250 Jahre alten Anwesens fraßen. Weitere Häuser, die der Landebahn im Weg standen, sollten folgen. „Die schaffen Fakten, um uns zu entmutigen", empörte sich Jeanette Kassin vom Schutzbündnis: „Der Abriss dient nur dazu, den Widerstand gegen die Landebahnverlängerung zu brechen!" Denn inzwischen hatten 236 Bauern und Bürger aus Neuenfelde und Umgebung, aber auch vom Nordufer der Elbe eine Klägergemeinschaft gegen den Planfeststellungsbeschluss gegründet – doch die behördliche Genehmigung des Vorhabens war zu diesem Zeitpunkt noch gar nicht ergangen. Die Stadt wolle zeigen, „wer die Macht im Dorf hat", protestierte auch Obstbäuerin Gabi Quast gegen den „vorauseilenden Abriss" der Gebäude.

Die Stadt Hamburg hatte bis dahin in Neuenfelde 51 Häuser und Hofstellen, darunter auch den Rütherhof, aufgekauft – für insgesamt knapp 30 Millionen Euro. „Zum Schutz von spielenden Kindern" habe man sich entschlossen, die leer stehenden Häuser bereits jetzt abzureißen, begründete Hartmut Wegener, Geschäftsführer der verantwortlichen Realisierungsgesellschaft diesen Schritt.

Trotz aller Einschüchterungsversuche – Gabi Quast,

Abriss der ersten Häuser für die verlängerte Landebahn

längst zur Galionsfigur der Widerstandsbewegung im gesamten Alten Land avanciert, und Jeanette Kassin gelang es immer wieder, ihren zahlreichen Mitstreiterinnen und Mitstreitern Mut zu machen und sie zu phantasievollen Protestaktionen zu animieren. So wurde eines der zum Abriss vorgesehenen Häuser nach Christo-Manier komplett mit feinmaschigen Netzen, wie sie zum Schutz der Kirschenernte vor Vogelfraß verwendet werden, verhüllt – nach dem hintersinnigen Motto: „Das Unrecht sichtbar machen". Ob Benefizkonzerte in der Neuenfelder Kirche, „Treckerdemos" vor dem Hamburger Rathaus, Straßenfeste oder Lichterketten auf dem Elbdeich – über Jahre war es der Bürgerinitiative immer wieder gelungen, sich selbst zu motivieren und auf ihr Anliegen aufmerksam zu machen.

Die lokalen Medien suggerierten indessen der Öffentlichkeit, dass sich nur eine Hand voll sturer Obstbauern dem glanzvollen Projekt in den Weg stelle. Doch hinter den betroffenen Bauern standen nach wie vor die rund 30.000 Mitglieder des „Schutzbündnis für Hamburgs Elbregion", Bürger und Vereine aus dem Alten Land genauso wie vom Nordufer der Elbe. Die Sorge um den Rechtsstaat, den sie durch das Vorgehen von Airbus und der Stadt Hamburg in Gefahr sahen, einte die Menschen. Man kämpfte und litt jedoch nicht nur Seite an Seite, sondern feierte auch gemeinsam: Längst ist der jährlich stattfindende „Ball der Elbregion" im Alten Land zu einem wichtigen gesellschaftlichen Ereignis geworden, bei dem der junge Naturschützer mit dem alten Landwirt plaudert und der Großkaufmann mit der Obstbäuerin tanzt.

Doch wie lange würde Neuenfelde der Bedrohung noch standhalten können? Unmittelbar nach dem Erlass des Planfeststellungsbeschlusses für die Landebahnverlängerung am 29. April verkündete die Wirtschaftsbehörde, sie werde nun zügig die Enteignungsverfahren betreiben.

Im fernen Toulouse wurde derweil die neue Fertigungshalle für die Endmontage des A380 eingeweiht – eine der größten Hallen der Welt. 490 Meter lang, 250 Meter breit und 46 Meter hoch ist der gigantische Industriebau, so groß wie 24 Fußballfelder zusammen und so hoch wie ein 14-stöckiger Wohnblock. „Dieses Werk ist eine Kathedrale", schwärmte Airbus-Chef Forgeard. Es sei „wie ein Bienenstock, fast wie eine kleine Stadt". Premierminister Jean-Pierre Raffarin, der eigens aus Paris angereist war, dankte für die „großen Gefühle und das grandiose Gesicht, das Airbus dem neuen Europa gibt." Der französische Regierungschef war einer der ersten, der den bereits fast fertig gestellten Prototyp des A380 besichtigen durfte – der Traum vom „Kreuzfahrtschiff der Lüfte" war Realität geworden. Im Mai 2005, so die damalige Planung, sollte der erste Superjumbo in Hamburg-Finkenwerder zur Lackierung und Innenausstattung einschweben.

Himmelfahrtskommando

In der Hansestadt steuerte der Riesenflieger indessen auf eine Bruchlandung zu, ehe er überhaupt abgehoben hatte. Doch davon ahnten die Verantwortlichen bei Airbus Hamburg und der Wirtschaftsbehörde noch nichts. Sie konnten sich einfach nicht vorstellen, dass ihr ehrgeiziges Prestigeprojekt quasi auf der Zielgeraden scheitern könnte. Schließlich hatten sie bisher noch alle Schwierigkeiten überwunden – wenn auch oft nach dem Motto „Augen zu, irgendwie durch, wird schon gutgehen", so ein Kommentar im *Hamburger Abendblatt*.

Mitte Mai 2004 präsentierte Wirtschaftssenator Uldall die „Initiative Maßnahmenkonzept Süderelberaum", ein Papier, das die Ansprüche des Senats an die Entwicklung der Region „Altes Land" als „Zukunftsgebiet der Wachstumsmotoren Containerumschlag und Airbus" enthüllte. Gleichzeitig sei dies „eine der bedeutendsten Hamburger Kulturlandschaften mit gewachsenen, traditionsreichen dörflichen Siedlungsgebieten und klein- bis mittelbetrieblichen Wirtschaftsstrukturen", räumte der Senator ein. Tradition und Moderne müssten im Sinne eines „geregelten Interessenausgleichs" miteinander auskommen und ihre Zukunft gemeinsam gestalten.

Wie dieser „Interessenausgleich" letztlich aussehen würde, konnten sich die Menschen in Finkenwerder und Neuenfelde gut ausmalen: Denn Uldall hatte ausgerechnet die Realisierungsgesellschaft Finkenwerder (ReGe) mit der Erstellung des Maßnahmenkonzeptes beauftragt. Damit habe die Stadt „den Bock zum Gärtner gemacht", schimpfte BUND-Mann Braasch. Schließlich sei die ReGe „eine stadteigene Einrichtung, die die zerstörerischen Großprojekte im Süderelberaum organisiert und ausführt". Die eigentlich für Fragen der Raumordnung zuständige Stadtentwicklungsbehörde sollte nach dem Willen des Senats mit den Plänen der

ReGe lediglich „befasst" werden – Entscheidungskompetenzen hatte sie damit nicht mehr. Die Politik von Wirtschaftssenator Uldall und seinem Staatsrat Bonz habe damit „einen erneuten Tiefpunkt erreicht", kritisierte Obstbauern-Vertreter Ulrich Harms. Die Menschen in der Region seien nicht informiert, geschweige denn vorab beteiligt worden. Noch wenige Tage zuvor hatte Bürgermeister von Beust erstmals die Obstbauern im Alten Land besucht und mit ihnen diskutiert – das „Maßnahmenkonzept" hatte er dabei mit keinem Wort erwähnt.

„Mitteilen möchte ich Ihnen, dass am Neuenfelder Hauptdeich … durch Airbus umfangreiche Deichrückbauarbeiten begonnen werden sollen." So stand es in einem anonymen Brief, der zwei Tage vor dem Himmelfahrtsfest (20. Mai 2004) bei den Rechtsanwälten Mohr und Nebelsieck einging. Weiter hieß es in dem Schreiben: „Unter der Namensgebung ‚Himmelfahrtskommando' ist bei Airbus eine Arbeitsgruppe eingerichtet worden. … Der Neuenfelder Hauptdeich soll in einer ‚Nacht- und Nebelaktion' vor dem Startbahnkopf 05 um 100 bis 200 Meter zurückgebaut werden, um über das lange Wochenende Fakten zu schaffen. Man rechnet mit einem gerichtlich verfügten Baustopp, hofft jedoch, dass er während der Feiertage nicht verhängt werden kann. … Dieses Vorhaben ist durch den Ersten Bürgermeister abgesegnet."

Das Schreiben schlug bei den Altländern ein wie eine Bombe. Sofortige Nachforschungen ergaben, dass das Bauvorhaben tatsächlich bei der Polizei angemeldet war, die ein Auge auf die zu erwartenden spontanen Proteste der Anwohner haben sollte. Am Abend vor dem Himmelfahrtsfest, das auf einen Donnerstag fiel, sollte der Abriss des Elbdeiches beginnen. Offenbar hoffte Airbus, dass auch die Richter ein verlängertes Wochenende nehmen und erst am darauf folgenden Montag wieder an ihren Schreibtischen sitzen würden. „Ein Angriff auf den Hauptdeich ist nicht reversibel, das heißt, dass man die Menschen hinter den Deichen lieber den Sturmflutgefahren aussetzt als auf Machtbeweise zu verzichten", empörte sich Peggy Moritz vom Schutzbündnis. Denn der Bau des neuen Hochwasserschutzdeiches um das Airbus-Gelände, als Ersatz für den bestehenden Deich geplant, sollte erst bis Mitte September 2004 abgeschlossen sein. Die Erinnerung an die Sturmflutkatastrophe von 1962, bei der in Hamburg 315 Menschen starben, war bei den älteren Dorfbewohnern noch lebendig: Damals war der Elbdeich auch im Alten Land gebrochen.

Einen „geregelten Interessenausgleich", den Senator Uldall nur eine Woche zuvor versprochen hatte, hatten sich die Neuenfelder anders vorgestellt. Sofort legten die Anwälte vorsorglich Widerspruch beim Hamburger Verwaltungsgericht ein und informierten auch das Oberverwaltungsgericht von den geheimen Plänen des Konzerns.

„Wir müssen jetzt sehen, was noch zu retten ist", sagte Clemens Finkbeiner-Dege, Sprecher der Realisierungsgesellschaft Finkenwerder. Das „Himmelfahrtskommando" war gründlich gescheitert: Denn das Verwaltungsgericht hatte noch am Vortag per Eilbeschluss einen vorläufigen Baustopp verhängt (für Juristen: einen „Hängebeschluss zur Wiederherstellung der aufschiebenden Wirkung der Klage"). Es könne nicht sein, so die Richter in ihrer Begründung, dass vor einer gerichtlichen Entscheidung über die anhängige Klage von 236 Neuenfelder Anwohnern gegen die behördliche Genehmigung der Landebahnverlängerung bereits vollendete Tatsachen geschaffen werden. Die Beseitigung des Deiches, der wie eine „Landmarke" das bestehende Airbus-Werksgelände von den benachbarten Wohn- und Obstbauflächen trenne, stelle einen „signifikanten Vorgriff" auf die angestrebte Umwandlung in Industrieland dar. Die Richter konnten auch nicht nachvollziehen, warum der Deichabriss bereits jetzt erfolgen sollte – zeitlich völlig losgelöst von der ursprünglich geplanten Bauabfolge. Die Begründung des Konzerns, dass in diesem „Zeitfenster" der Flugbetrieb ruhe, der sonst ein Gefahrenrisiko für die geplanten Arbeiten darstelle, ließen sie nicht gelten.

Das Gericht äußerte vorab „erhebliche Bedenken" gegen die Rechtmäßigkeit des beklagten Planfeststellungsbeschlusses vom April 2004 – schon allein aus dem Grund, weil dieser auf dem Beschluss vom 8. Mai 2000 aufbaue. Den damaligen Beschluss der Wirtschaftsbehörde aber hatte das Verwaltungsgericht ja bereits im August 2002 für rechtswidrig erklärt.

Airbus legte gegen die Eilentscheidung des Verwaltungsgerichts sofort Widerspruch ein, der noch in der Nacht zu Himmelfahrt vom Oberverwaltungsgericht abgeschmettert wurde. Die Richter hatten Überstunden gemacht, um ein klares Signal zu setzen. Bagger und Planierraupen, die bereits am Deich aufgefahren waren, mussten unverrichteter Dinge wieder abziehen.

So recht freuen mochten sich die Kläger und ihre Sympathisanten dennoch nicht: Denn das Gericht hatte nur einen vorläufigen Baustopp ausgesprochen – die eigentliche Entscheidung über die Klage gegen die Landebahnverlängerung sollte erst in ein paar Wochen fallen. Und bisher, so die Erfahrung der Projektgegner, hatte sich das Blatt letztlich doch immer noch zugunsten von Airbus und der Stadt Hamburg gewendet. Im Moment konnten alle Beteiligten nur abwarten.

Ganz so sicher über den Ausgang des Gerichtsverfahrens schien sich jedoch selbst die Wirtschaftsbehörde nicht mehr zu sein: Das Verfahren zur Enteignung der betroffenen Grundeigentümer wurde jedenfalls erst einmal bis zu einer Klärung des Rechtsstreits vertagt.

Die Zurückhaltung war berechtigt: Am 28. Juni 2004 bestätigte das Verwaltungsgericht nach gründlicher rechtlicher Prüfung den Baustopp, den es am 19. Mai in seiner vorläufigen Entscheidung erlassen hatte. Die Richter argumentierten, dass eine Verlängerung der Landebahn lediglich für die Kundenabnahmeflüge der Frachtversion des A380 notwendig sei. Ansonsten könne der Flieger wie geplant starten und landen, um im Hamburger Airbus-Werk ausgerüstet und lackiert zu werden. Zudem seien nach Airbus-Angaben von den bis zu diesem Zeitpunkt georderten 129 A380-Jets nur insgesamt 17 Frachtflugzeuge, von denen wiederum lediglich zwei in Hamburg an die Kunden ausgeliefert werden sollten. Ein Verzicht auf die Abnahmeflüge von zwei Flugzeugen bedeute aber, „dass jetzt nicht die Schaffung von bis zu 2000 Arbeitsplätzen auf dem Spiel steht, sondern nur eines kleinen Teils davon", hieß es in der Urteilsbegründung. Und auch diese Jobs könnten erhalten bleiben, so die Richter, wenn die Frachtjets vom nur wenige Kilometer entfernten Verkehrsflughafen Hamburg-Fuhlsbüttel ausgeliefert würden.

Genau das aber hatte Airbus bisher stets abgelehnt – mit dem Hinweis, solches wäre den Kunden nicht zuzumuten. Doch der wahre Grund für die Weigerung des Konzerns dürfte ein anderer sein: „Die Hamburger Airbus-Manager finden, sie sähen bei den Kunden im Vergleich zum Konkurrenzstandort Toulouse schlecht aus", so schrieb *Die Zeit*, wenn sie zu den Demonstrationsflügen nach Fuhlsbüttel oder nach Toulouse ausweichen müssten. Ein Weltunternehmen wie Airbus müsse doch wohl in der Lage sein, seine Auslieferung flexibel zu organisieren, kritisierte Anwalt Nebelsieck: „Die arbeiten an so vielen Standorten in Europa. Dass sie sich mit der Auslieferung des A380-Frachters auf Finkenwerder kaprizieren, ist reine Willkür. Die wollen nicht davon ab, bloß weil der Senat ihnen die Startbahnverlängerung versprochen hat." Hamburg habe den Zuschlag damals nur unter der Voraussetzung bekommen, dass hier alle Varianten gebaut werden können, vermutet Nebelsieck: „Es gibt eine einheitliche Gesamtplanung, die für alle Nachfolgetypen des A380 eine Verlängerung der Landebahn auf bis zu dreieinhalb Kilometer vorsieht."

Die Hoffnungen der Flugzeugbauer und der Stadt Hamburg ruhten nun auf der nächsten Instanz: „Wir sind zuversichtlich, dass das Oberverwaltungsgericht im Interesse an der Stärkung und am Erhalt des Luftfahrtindustriestandorts Hamburg alsbald entscheiden wird, zumal wesentliche unternehmerische Entscheidungen bei Airbus demnächst getroffen werden müssen", hieß es in einer Presseerklärung der Wirtschaftsbehörde. Bis Ende September nämlich wollte der Konzern über den Bau des geplanten Auslieferungszentrums in Hamburg-Finkenwerder entscheiden – eine 35 Millionen Euro teure Investition. Ohne die geforderte Landebahnverlängerung, so betonten die Airbus-Verantwortlichen, könne die Frachtversion des A380 nicht an die Kunden ausgeliefert werden. Für diesen Fall stünde auch die Auslieferung der Passagierversion in Hamburg zur Disposition, drohten die Konzernmanager. Das Hamburger Airbus-Werk sah sein Prestige als „key player" neben Airbus Frankreich in Gefahr. Lange konnte und wollte aber auch die Konzernzentrale in Toulouse nicht mehr warten – der enge Zeitplan ließ weitere Verzögerungen nicht zu, wollte Airbus die mit den Fluggesellschaften vereinbarten Liefertermine für die Riesenflieger einhalten. Bereits im Mai 2006 sollte der erste A380 an Singapore Airlines übergeben werden.

Aber Stadt und Konzern vertrauten auch dieses Mal auf die Richter am Oberverwaltungsgericht, die bereits im Februar 2001 den Baustopp der Vorinstanz aufgehoben hatten, ohne freilich in der Sache zu entscheiden. Entsprechend mutig waren die Reaktionen aus der Hamburger Wirtschaft: „Wir halten die Entscheidung des Verwaltungsgerichts für falsch", sagte etwa Peter Becker, Präsident der Handwerkskammer: „Grundsätzlich erwarten wir, dass die Entscheidung revidiert wird."

Das erwartete auch Airbus, und zwar möglichst bis zum 11. Juli: An diesem Tag begannen dort die Werksferien, in denen der Flugverkehr ruht. Dieses neuerliche „Zeitfenster" wollte man nutzen, um den Deich abzureißen. Wieder hieß es warten.

Zentnerweise tote Fische

Unterdessen wurden die ökologischen Auswirkungen der teilweisen Zuschüttung des Mühlenberger Lochs immer deutlicher: Bereits im Juni 2003 hatten Anwohner in Höhe der Elbbucht massenhaft tote Fische entdeckt. Sie waren qualvoll erstickt. Erstmals seit Jahren war das berüchtigte „Sauerstoffloch" in der Elbe wieder aufgetreten. Messungen der „Wassergütestelle Elbe", einer Dienststelle der Hamburger Behörde für Stadtentwicklung und Umwelt, ergaben einen Sauerstoffgehalt von unter einem Milligramm pro Liter – weniger als ein Drittel des Wertes, den die Elbfische zum Überleben benötigen.

Vor der deutschen Wiedervereinigung hatten Abwässer aus Industrie und Landwirtschaft in der DDR den Elbstrom hoch belastet. Vor allem Düngemittel hatten während der Sommermonate im flachen Oberlauf zu einem starken Algenwachstum geführt. Im tiefen, trüben Wasser der ausgebaggerten Elbfahrrinne stromab des Hamburger Hafens starben die dorthin getriebenen Algen ab, bei ihrer Zersetzung wurde Sauerstoff verbraucht – regelmäßig sank hier der Sauerstoffgehalt unter die für Fische kritische Marke. In den lichtdurchfluteten Flachwasserzonen der damals noch intakten Mühlenberger Elbbucht fanden dagegen vor allem die mikroskopisch kleinen Kieselalgen optimale Lebensbedingungen und produzierten Sauerstoff im Überfluss. Hierher konnten sich die Fische retten, wenn dem Hauptstrom der Elbe in heißen Sommern buchstäblich die Luft ausging.

Nach der Wiedervereinigung war die Nährstofffracht des Flusses deutlich zurückgegangen. Umso erstaunter waren die Fachleute der Wassergütestelle über den neuerlichen Sauerstoffmangel. Doch schnell war klar: Durch die teilweise Zuschüttung des Mühlenberger Lochs war dessen Funktion als lebenswichtiger Sauerstoffspender für das gesamte Fluss-Ökosystem großflächig ausgefallen. Auch die Bauarbeiten selbst trugen zur negativen Sauerstoffbilanz bei: Aufgewirbelte Sedimente und die Einleitung von belastetem Drainagewasser von der Airbus-Baustelle, für die die Umweltbehörde eine Sondergenehmigung erteilt hatte, hatten die Sauerstoffwerte unter die kritische Grenze sinken lassen.

Im August 2004 kam es erneut zu einem Fischsterben: Zentnerweise trieben tote Stinte – kleine heringsähnliche Fische, die von der Nordsee zum Laichen die Elbe herauf geschwommen waren – auf dem Wasser, auch am Ufer häuften sich die Kadaver. „In diesem Ausmaß habe ich das hier noch nicht erlebt", sagte Wilhelm Grube, einer der letzten Elbfischer der Region.

Doch nicht nur Fische starben: Im heißen Sommer 2003 entdeckten Vogelkundler Dutzende toter Enten im Elbwatt. Die Tiere waren vermutlich an Botulismus verendet, einer tödlichen Krankheit, die durch ein von Bakterien (Clostridium botulinum) produziertes Nervengift verursacht wird und beim Menschen als Wurstvergiftung bekannt ist. Bereits in den 1980er Jahren war es in einem nur wenige Kilometer stromab des Mühlenberger Lochs gelegenen Elbabschnitt zu verheerendem Massensterben gekommen. Allein zwischen 1982 und 1986 hatte die Seuche dort insgesamt mindestens 52.000 Wasservögel dahingerafft. Doch das bis dahin sauerstoffreiche Mühlenberger Elbwatt war stets verschont geblieben. Denn das tödliche Bakterium kann nur unter sauerstofffreien Bedingungen existieren, die hier nun offenbar erstmals gegeben waren. Das einstige Vogelparadies drohte zur Vogelfalle zu werden. Glücklicherweise blieb eine Epidemie vorerst aus. Inzwischen tummeln sich zeitweise wieder Tausende von Krickenten auf den verbliebenen Wattflächen. Für die Löffelente jedoch, so ergaben regelmäßige Vogelzählungen, hat das Mühlenberger Loch, wie von den Fachleuten befürchtet, seine einstige Funktion als bedeutendster Rastplatz in Nordwesteuropa offensichtlich verloren.

Ungeahnte Probleme gab es inzwischen auch auf Hahnöfersand: Beim Ausbaggern der Polder, in denen neue Wattflächen als Ausgleich für den aufgeschütteten Teil des Mühlenberger Lochs entstehen sollten, wurde eine erhebliche Kontamination des Bodens mit giftigen Schwermetallen und chlorierten Kohlenwasserstoffen festgestellt. Mindestens 100.000 Tonnen verseuchtes Erdreich mussten als Sondermüll deponiert werden – Mehrkosten: rund 70 Millionen Euro.

Ökologen kritisierten auch, dass sich auf Hahnöfersand statt des erhofften Watts stellenweise ein Weidendickicht entwickele – kein geeigneter Lebensraum für die sensiblen, hoch spezialisierten Löffelenten. Offenbar waren die Polder nicht tief genug ausgebaggert worden. Sollte diese Entwicklung sich fortsetzen, wäre neben den ursprünglich geplanten Projekten in der Haseldorfer Marsch und an der Hörner Au auch diese Ausgleichsmaßnahme zum Scheitern verurteilt – Grund genug für den BUND, eine erneute Beschwerde bei der EU-Kommission einzureichen. Unklar ist bis jetzt, ob und wann die stadteigene Realisierungsgesellschaft auf Hahnöfersand entsprechende Nacharbeiten anordnen wird.

Doch Werner Möbius, Chef der für die Ausführung des Gesamtprojekts verantwortlichen Josef Möbius Bau-AG, ficht derlei Kritik nicht an: „Das neue Süßwasserwatt ist wertvoller als es das Mühlenberger Loch je war", behauptete der Bauunternehmer. Derweil ist seine Firma bereits dabei, nach dem Mühlenberger Loch in einem weiteren unersetzlichen Feuchtgebiet zu baggern: Im ukrainischen Teil des Donaudeltas baut das in wasserbaulichen Problemfällen versierte deutsche Unternehmen einen Donauarm zum Schifffahrtskanal aus – gegen internationalen Protest. Experten warnen vor negativen Auswirkungen auf weite Teile des von der UNESCO als Weltnaturerbe ausgewiesenen Gebietes: Die bis zu acht Meter tief geplante Fahrrinne würde wie eine Drainage wirken und angrenzende Flächen entwässern, befürchtet der World Wide Fund for Nature (WWF). Da die Donau große Mengen Schlamm mit sich führt, müsste der Kanal jedes Jahr neu ausgebaggert werden. Mit der Ruhe in der Wasserwildnis wäre es dann vorbei. Fische wie der ohnehin stark bedrohte Stör, dessen Eier als Kaviar geschätzt werden, verlören ihre Laichgründe. Mit 300 Vogelarten, darunter seltene Reiher und Pelikane, ist das Donaudelta bislang eines der bedeutendsten Vogelparadiese der Welt.

Selbst Bundeskanzler Schröder fand es „unverantwortlich", mit den Bauarbeiten zu beginnen, bevor die Umweltauswirkungen dieses Projektes untersucht seien. Ob der Kanzler, dessen persönlicher Einsatz in Brüssel die Zuschüttung des Elbwatts erst ermöglichte, auch protestiert hätte, wenn Hamburg an der Donau läge…?

„Wir sagen der Stadt, was wir brauchen"

In der Hansestadt war man indessen nicht untätig: Am 9. Juli 2004 – zu einem Zeitpunkt also, als die rechtliche Zweifelhaftigkeit der Landebahnverlängerung längst offen lag – unterzeichneten die Stadt Hamburg und Airbus Deutschland einen öffentlich-rechtlichen Vertrag. Darin verpflichtete sich die Stadt, dem Unternehmen die notwendigen Flächen für die geforderte Landebahnverlängerung zur Verfügung zu stellen: Die Stadt versprach damit Grundstücke, die sie sich erst noch mit Hilfe des eigens konstruierten Enteignungsgesetzes einverleiben wollte – ein rechtlich höchst gewagtes Unterfangen.

Im Gegenzug sicherte Airbus zu, die Voraussetzungen zu schaffen, um auf diesen Flächen „für die Dauer von mindestens 20 Jahren" die Produktion und die Auslieferung der A380-Frachtversion zu ermöglichen. Dieser Vertrag, in der Hansestadt bislang einzigartig, sollte sicherstellen, dass die vorgesehene Enteignung von Grundeigentümern tatsächlich längerfristig den Zielen der Flugzeugindustrie und damit nach Lesart des Senats auch dem Gemeinwohl dient. Eine solche juristische Absicherung hatten verschiedene Rechtsgelehrte während und nach der Expertenanhörung vor der Hamburgischen Bürgerschaft im Januar 2004 angemahnt, um das umstrittene Enteignungsgesetz auf eine solidere juristische Basis zu stellen.

Bei genauer Betrachtung erweist sich der Vertrag allerdings als reichlich einseitig zu Lasten der Stadt: Der Senat ging das Risiko ein, von Airbus schadensersatzpflichtig gemacht zu werden für den Umstand, dass das Unternehmen dem Gericht keine plausible Begründung für die Landebahnverlängerung liefern konnte. Sollte nämlich die „zuständige Verwaltungsgerichtsbarkeit" den Beginn der Arbeiten für die neuerliche Landebahnverlängerung so weit verzögern, „dass das Vorhaben hinsichtlich der Frachtversion des Airbus A380 am Standort Hamburg ... nicht durchgeführt werden kann", oder sollten die Gerichte die von der Wirtschaftsbehörde erteilte Baugenehmigung ganz aufheben, so behält sich der Konzern eine Kündigung mit sofortiger Wirkung vor. „Für den Fall einer solchen Kündigung", so heißt es in dem Papier, „sind sich die Parteien einig, dass sie Verhandlungen über den Ersatz nutzloser Aufwendungen der Airbus Deutschland GmbH führen werden."

Dass es dabei keineswegs nur um die Erstattung der Kosten für überflüssig gewordene Gutachten und Pläne geht, wie Staatsrat Bonz der Öffentlichkeit weismachen wollte, zeigt eine Senatsdrucksache vom 10. Mai 2004. Darin findet sich folgender Satz: „Aus Sicht des Unternehmens ist eine solche Klausel erforderlich, da durch die Verpflichtung aus § 1 des Vertrages erhebliche Mittel für Investitionstätigkeiten gebunden sind, deren Bindung aufgelöst werden muss, wenn das Vorhaben nicht mehr durchgeführt werden kann." Die gebundenen Mittel sind laut § 1, Absatz 2 des Vertrages: „insbesondere die Hallen für die Strukturmontage und die Ausstattungsmontage, Lackierhallen einschließlich notwendiger Nebeneinrichtungen, das Auslieferungszentrum sowie Abstellplätze". Bis auf das Auslieferungszentrum sind alle genannten Bauwerke bereits realisiert – auf den zugeschütteten Flächen im Mühlenberger Loch. Das bedeutet: Sollte Hamburg die erforderlichen Flächen für die Landebahnverlängerung nicht oder nicht zeitgerecht bereitstellen, behält sich Airbus den Umbau oder Abriss bereits errichteter Gebäude vor – auf Kosten der Stadt. Dieses bedrohliche Risiko war einer der Gründe dafür, dass der Senat wenige Monate später geradezu aberwitzige Anstrengungen unternahm, um nach der gerichtlich gestoppten Enteignung doch noch in den Besitz der benötigten Grundstücke zu gelangen.

Von Arbeitsplätzen, von einer bestimmten Anzahl neuer Jobs gar, ist in dem Vertrag hingegen nirgendwo die Rede. Streng genommen verpflichtet sich Airbus noch nicht einmal zur tatsächlichen Teilproduktion und zur Auslieferung des A380-Frachtjets in Hamburg, sondern nur dazu, die hierfür erforderlichen baulichen Voraussetzungen zu schaffen.

Das also war neben dem umstrittenen Enteignungsgesetz die Grundlage, auf der die Stadt sich den Besitz der Neuenfelder Obstbauern aneignen wollte, falls diese sich weiterhin weigerten, ihre Höfe und Ländereien zu verkaufen.

Mittlerweile war der 11. Juli, der Tag, bis zu dem Airbus-Chef Puttfarcken eine für das Unternehmen positive Entscheidung des Oberverwaltungsgerichts gefordert hatte, verstrichen. „Es gibt keine zeitlichen Puffer mehr", machte der Manager öffentlich noch einmal Druck. Doch das war nicht das einzige Problem für den Airbus-Konzern: Wie aus Firmenkreisen hinter vorgehaltener Hand verlautete, gab es auch ohne die Querelen um die Landebahnverlängerung genügend Schwierigkeiten. Die Probleme, die bereits in der hausinternen Aktennotiz vom Januar 2003 beschrieben worden waren, schienen noch immer nicht gelöst: So war man bei Airbus insgesamt mit dem Zeitplan für die Produktion des Superjumbo arg im Verzug, die zeitgerechte Auslieferung an die Kunden schien fraglich. Ein Grund dafür waren Probleme mit dem Gewicht des Flugzeugs: Allein der Rumpf war über elf Tonnen schwerer geraten als noch Ende 2001 geplant, die Tragflächen schlugen mit einem Mehrgewicht von zweieinhalb Tonnen zu Buche. Die Flugingenieure arbeiteten fieberhaft, um die Einhaltung der den Fluggesellschaften vertraglich zugesicherten Leistungsdaten sicherzustellen, vor allem den niedrigen Treibstoffverbrauch von weniger als drei Litern je Passagier und Flugkilometer, mit dem Airbus gegenüber dem Konkurrenten Boeing warb. Puttfarcken dementierte: „Wir haben die Kosten, die Termine und die technische Seite im Griff."

„Schlag für Hamburg", titelte das *Hamburger Abendblatt* am 11. August 2004, ein „schwarzer Tag nicht nur für Hamburg, sondern für ganz Deutschland", klagte Hans-Jörg Schmidt-Trenz, Hauptgeschäftsführer der Hamburger Handelskammer in der Fernsehsendung „N3 aktuell". Was keiner der Verantwortlichen bei Airbus und der Stadt ernsthaft für möglich gehalten hatte und die Gegner des Projektes kaum zu hoffen gewagt hatten, war eingetreten: Nach dem Verwaltungsgericht hatte auch das Oberverwaltungsgericht den Ausbau der Landebahn verboten.

Auf 32 DIN A4-Seiten nahmen die Richter den behördlichen Planfeststellungsbeschluss vom 29. April 2004 gründlich auseinander: Sie listeten zahlreiche gravierende Mängel auf, von denen jeder einzelne bereits die Rechtswidrigkeit des Vorhabens begründe, so das Gericht. Insbesondere habe die Wirtschaftsbehörde im Rahmen des Planfeststellungsverfahrens „die für die Verlängerung sprechenden Gründe und die Rechte der von einer Enteignung bedrohten Grundeigentümer unvollständig und voraussichtlich fehlerhaft gegeneinander abgewogen". Die Behörde habe den Bedarf für die abermalige Landebahnverlängerung nicht hinreichend geklärt und damit „in ihrer Abwägungsentscheidung das tatsächliche Gewicht des Vorhabens für das Allgemeinwohl nicht richtig erfasst". Stattdessen habe sie sich die unzureichenden Angaben des Flugzeugherstellers „vollen Umfangs zu eigen gemacht", ohne diese kritisch zu hinterfragen oder konzerninterne Alternativen zu prüfen – etwa die Auslieferung der Frachtversion vom Standort Toulouse aus.

Das Gericht hielt es denn auch für unverhältnismäßig, wegen der Auslieferung von zwei Frachtflugzeugen zehn Grundeigentümer, darunter die Neuenfelder Kirchengemeinde, zu enteignen. (Die Klagen der 25 Miteigentümer am so genannten „Sperrgrundstück" in der Einflugschneise waren dagegen als „rechtsmissbräuchlich" abgewiesen worden.) Dass ohne diese Auslieferungsflüge eine nennenswerte Zahl von Arbeitsplätzen am Airbus-Standort Hamburg gefährdet wäre, sei „weder geltend gemacht worden noch sonst offensichtlich", meinten die Richter. Damit sahen sie für das Vorhaben derzeit keinen Bedarf, der schwerwiegend genug wäre, Enteignungen zu rechtfertigen. Den Einwand des Konzerns, dass Nachfolgemodelle des A380 möglicherweise größer und schwerer als das Basismodell würden und dass ohne die Verlängerung der Piste Hamburg gegenüber Toulouse bei zukünftigen Entwicklungen ins Hintertreffen geraten könnte, ließen die Juristen nicht gelten – ebenso wenig den Hinweis auf das Versprechen des Senats, den Flugzeugbauern in Hamburg eine genauso lange Rollbahn zur Verfügung zu stellen wie in Toulouse: „Derartige Überlegungen trennen nicht hinreichend zwischen nachteiligen Wirkungen, die aus sachlichen Gründen plausibel sind, und Entwicklungen, die durch konzerninterne Vorgaben unabhängig von sachlichen Notwendigkeiten gesteuert werden können", hieß es in der Urteilsbegründung. Entscheidend sei allein der jetzige Bedarf – eine Enteignung quasi „auf Vorrat" sei nicht zulässig.

Die Begründung des behördlichen Planfeststellungsbeschlusses habe zur Konsequenz, so führte das Gericht weiter aus, dass auch jede weitere von Airbus gewünschte Ausbaumaßnahme praktisch automatisch Vorrang vor den Rechten betroffener privater Grundeigentümer hätte und ohne weitere Abwägung eine Enteignung rechtfertigen könnte. Der gemeinnützige Zweck eines Vorhabens lasse sich aber nicht dadurch begründen, „die Arbeitsplätze am Standort zu erhalten und die Attraktivität eines Wirtschaftsstandortes auch für die Zukunft zu sichern oder zu fördern". Sonst könnte jedes private Großunternehmen mit staatlicher Unterstützung eine Erweiterung seiner Betriebsflächen zu Lasten benachbarter Grundstückseigentümer im Wege der Enteignung durchsetzen – allein mit der Drohung, anderenfalls Arbeitsplätze am betroffenen Standort abzubauen oder diesen ganz zu verlagern. Das jedoch wäre mit dem Grundgesetz „schlechterdings unvereinbar", stellten die Richter klar. Die Stadt Hamburg habe dem Unternehmen Airbus nicht zuletzt durch das Enteignungsgesetz „eine Stellung eingeräumt, die über jene anderer Wirtschaftsunternehmen hinausgeht, die jedoch die Maßstäbe und Grenzen des ... Grundgesetzes nicht verändert und nicht verändern kann."

Mit dieser Entscheidung beweise der Rechtsstaat, „dass er auch in politisch überlagerten Großverfahren funktionieren kann", freute sich Klägeranwalt Nebelsieck. Damit war nun für das Verfahren der Landebahnverlängerung der Instanzenweg im Eilverfahren ausgeschöpft, eine Berufung nicht mehr möglich. Zwar stand noch das Hauptsacheverfahren aus, doch war dessen Beginn zeitlich nicht abzusehen, und bis zu einer letztinstanzlichen Entscheidung vor dem Bundesverwaltungsgericht würden noch Jahre vergehen – so lange konnte und wollte Airbus nicht abwarten, zumal eine Revision des Urteils höchst fraglich schien. Denn die Richter hatten bereits deutlich gemacht, „dass der Planfeststellungsbeschluss in einem Hauptsacheverfahren auch aufzuheben sein wird, weil das Abwägungsergebnis selbst fehlerhaft sein dürfte und die Mängel der Abwägung deshalb nicht zu beheben sein werden".

Das eindeutige Urteil des Oberverwaltungsgerichts traf die Verantwortlichen offenbar völlig unvorbereitet: „Wir haben keinen Plan B in der Schublade", sagte Airbus-Finanzvorstand Joachim Rödiger. Er betonte, dass die Produktion des A380 zwar gesichert sei, der Airbus-Standort Hamburg aber zukünftig von weiteren Entwicklungen im Flugzeugbau abgekoppelt sein könnte. Doch tatsächlich hatte die Gerichtsentscheidung schon für das aktuelle Vorhaben gravierende Folgen: Denn ohne die beantragte Landebahnverlängerung ließ sich die Verlegung des bestehenden Elbdeiches nicht rechtfertigen. Die aber war notwendig, um die gesetzlich geforderten Sicherheitsabstände seitlich der vorhandenen Landebahn einzuhalten – ein Umstand, der aus den schon erwähnten Gründen von den Verantwortlichen bis heute verheimlicht wird.

In der Wirtschaftsbehörde suchte man hektisch nach Auswegen aus dem Dilemma: Denkbar sei, so wurde spekuliert, eine außergerichtliche Einigung mit den Klägern (was angesichts des Urteils sehr unwahrscheinlich schien) oder aber ein erneutes, geändertes Planfeststellungsverfahren, das allerdings wieder längere Zeit in Anspruch genommen hätte – Zeit, die Airbus nicht mehr zu geben bereit war. Selbst eine Verschwenkung der Landebahn um einen Winkel von 30 Grad wurde kurzzeitig diskutiert – ein „absurder Aktionismus", spottete BUND-Mann Braasch. Denn dafür hätte wiederum ein Teil des Mühlenberger Lochs in Anspruch genommen werden müssen. Wegen der damit verbundenen rechtlichen Risiken, der hohen Kosten und nicht zuletzt wegen des enormen Zeitdrucks, unter dem die Stadt nun stand, verschwand dieser Vorschlag schnell wieder in der Schublade – wo seit Jahren schon eine zweite Landebahn parallel zur Elbe lauerte. Dennoch: „Die Verlängerung bleibt das Ziel, es wird weitergehen, mit welchen Maßnahmen auch immer", lautete die trotzige Parole von Wirtschaftsstaatsrat Bonz. Doch es klang wie das Pfeifen im nächtlichen Walde.

Hinter den Kulissen rumorte es gewaltig: Zwischen der Wirtschaftsbehörde und Airbus, die bis dahin in einer Art „Joint Venture" gemeinsam alle Hindernisse aus dem Weg geräumt hatten, kam es zu erheblichen Verstimmungen. Die Behörde, so wurde kolportiert, war sehr verärgert über den Unternehmenspartner. „Airbus hat sich vielleicht nicht die Mühe gegeben, die ein solches Verfahren verlangt", hieß es auch aus Kreisen des Senats. Grundsätzlich sei es jetzt Aufgabe des Unternehmens, bessere Argumente für einen eventuellen neuen Planfeststellungsantrag zu liefern.

Die deutsche Konzernleitung selbst, die im Vorfeld das Gericht noch forsch unter Druck gesetzt hatte, hielt sich jetzt mit einer Reaktion auf das Urteil auffällig zurück. Aus der Zentrale in Toulouse ließ Firmensprecher David Voskuhl zunächst verlauten: „Der jetzige Ausbauzustand in Finkenwerder reicht völlig für unsere internen industriellen Zwecke." Bis zur Auslieferung sei noch genügend Zeit, eine Lösung zu finden. Später jedoch übte die Chefetage der Airbus-Muttergesellschaft EADS heftige Richterschelte. Es sei schon grotesk, schimpfte Co-Chef Rainer Hertrich: „Wir haben mit dem A380 ein Erfolgsprojekt ohnegleichen. Aber so ein Flugzeug hat einen Produktlebenszyklus von 50 Jahren – und da hält sich ein Gericht bei seinem Urteil nur daran fest, wie die Faktenlage zufällig, ohne Rücksicht auf erkennbare zukünftige Entwicklungen, heute ist. Wie soll eine Industrie funktionieren, wenn dies das Rechtsumfeld ist, mit dem wir leben?"

„Alle Beteiligten waren stark, bärenstark." Das sagte Hartmut Wegener, Chef der Realisierungsgesellschaft Finken-

Das „Mühlenberger Plateau" wächst aus der Elbe

werder, als am 26. August 2004 nach dreieinhalbjähriger Bautätigkeit die Landgewinnung im Mühlenberger Loch für die Erweiterung des Airbus-Werksgeländes offiziell abgeschlossen wurde. Mit einer symbolischen Fuhre Sand, der letzten von fast zwölf Millionen Kubikmetern, wurde das Schicksal des einstigen Süßwasserwatts endgültig besiegelt. Mit dem knapp 170 Hektar großen „Mühlenberger Plateau", so Wegeners neue Wortschöpfung, war Hamburgs Fläche um 0,25 Prozent gewachsen. Doch die Freude über die gelungene ingenieurtechnische Pioniertat war, angesichts des aktuellen Gerichtsurteils, zumindest bei einigen der mehr als 400 Gäste, die zur Abschlussfeier geladen waren, eher gedämpft.

„Wir sagen der Stadt, was wir brauchen, und wenn wir das nicht bekommen, gehen wir woanders hin. Was können wir an dem Standort machen? Das ist unsere Philosophie. Wir machen das so. Was gibt es da zu diskutieren?" Das hatte Airbus-Chef Puttfarcken bereits am 1. Oktober 2003 gegenüber zwei prominenten Kritikern, dem Filmemacher

Hark Bohm und dem Verleger Heinz Bauer („Heinrich-Bauer-Verlag"), erklärt. Diese „Philosophie" des Konzerns bekräftigte jetzt auch EADS-Chef Hertrich: „Wenn sich herauskristallisiert, dass sich dieses Vorhaben hier nicht verwirklichen lässt, dann ändern sich auch die Gewichte zwischen den Standorten des Konzerns."

EADS stellte der Stadt Hamburg ein neues Ultimatum: Mitte November 2004 wollte der Aufsichtsrat eine definitive Entscheidung über die Auslieferung des A380-Frachters fällen. Bis dahin habe die Stadt Zeit, eine rechtlich gesicherte Planung für die Verlängerung der Werkspiste vorzulegen. Nur gut zwei Monate blieben der Wirtschaftsbehörde damit, das Unmögliche doch noch möglich zu machen – ein scheinbar aussichtsloses Unterfangen. Im „ewigen Gerangel um die Vormacht im europäischen Luft- und Raumfahrtkonzern EADS" (*Die Zeit*) schien der Konkurrenzstandort Toulouse endgültig die Oberhand zu gewinnen, aus Sicht von Airbus Hamburg drohte der Abstieg in die „zweite Liga" (Puttfarcken). Längst ging es also nicht mehr nur um Arbeitsplätze für Hamburg.

Biblisches Drama

Wie aber sollte die Stadt nach dem eindeutigen Gerichtsurteil nun in den Besitz der Flächen kommen, die für die Verlängerung der Start- und Landebahn benötigt wurden? Immerhin hatte sich der Senat gegenüber Airbus vertraglich verpflichtet, die erforderlichen Grundstücke rechtzeitig bereit zu stellen.

Die Ereignisse, die in den nächsten Wochen über die erfolgreichen Kläger hereinbrechen sollten, verdeutlichte das Neuenfelder Pastorenehepaar Ulrike und Ralf Jenett später in einem Aufsehen erregenden Gemeindebrief. Mit einem biblischen Gleichnis, im Originaltext nachzulesen im 1. Buch der Könige, Kapitel 21, spielten die Pastoren auf die aktuelle Auseinandersetzung an:

König Ahab von Samaria besaß einen Palast. Direkt an sein Grundstück grenzte ein Weinberg, der einem Mann aus Jesreel gehörte, der hieß Nabot. Eines Tages sagte der König zu Nabot: „Verkaufst du mir deinen Weinberg? Ich möchte einen Gemüsegarten anlegen, und dein Grundstück wäre am besten dafür geeignet, weil es gerade neben meinem Palast liegt. Ich gebe dir dafür einen besseren Weinberg, oder ich zahle dich aus. Was ist dir lieber?" Doch Nabot antwortete: „Niemals verkaufe ich dieses Grundstück, das Erbe meiner Vorfahren! Der Herr bewahre mich davor!"

Missmutig ging Ahab in den Palast zurück, wütend, dass Nabot ihm den Weinberg nicht verkaufen wollte, nur weil es ein Erbstück seiner Vorfahren war. Doch seine Frau Isebel sprach zu ihm: „Du sollst deinen Weinberg haben! Ich nehme die Sache in die Hand."

Sie schrieb im Namen des Königs einige Briefe, verschloss sie mit dem königlichen Siegel und verschickte sie an die Ältesten und die einflussreichen Männer der Stadt Jesreel. In den Briefen stand: „Ruft einen Tag der Buße aus und versammelt das ganze Volk! Weist Nabot einen Platz ganz vorne zu. Sorgt aber dafür, dass zwei bestochene Zeugen in seiner Nähe sitzen. Sie sollen ihn vor aller Augen anschuldigen und rufen: ‚Dieser Mann hat über Gott und den König gelästert!' Dann führt ihn aus der Stadt hinaus und steinigt ihn."

Die Ältesten und die einflussreichen Männer von Jesreel führten alles aus, was die Königin in ihrem Brief angeordnet hatte. Sie ließen Isebel ausrichten: „Nabot wurde gesteinigt. Er ist tot."

Kaum hatte Isebel diese Nachricht erhalten, sagte sie zu Ahab: „Der Weinberg gehört dir! Nabot aus Jesreel, der ihn um nichts in der Welt an dich verkaufen wollte, ist tot." Als Ahab das hörte, ging er sogleich hinaus, um den Weinberg in Besitz zu nehmen.

(*Der König entging später dennoch nicht der göttlichen Strafe.*)

„Wir hatten bereits sehr viel Geld geboten. Neue Offerten wird es nicht geben", hatte Wirtschaftssenator Uldall noch am 16. August 2004 nach einem Krisengipfel anlässlich des Urteils des Oberverwaltungsgerichts versichert. Dies sei gegenüber dem Steuerzahler nicht zu vertreten. Nun, am 22. September, verdreifachte die Stadt ihr finanzielles Angebot an die zehn betroffenen Grundeigentümer, die bisher noch nicht verkauft hatten: Rund 25 Millionen Euro bot die Wirtschaftsbehörde jetzt für die benötigten 40 Hektar Land – damit, so wandte der grüne Bürgerschaftsabgeordnete Christian Maaß ein, könne man „industriepolitisch mehr anfangen als ein paar Obstbauern zu Millionären zu machen, die lieber Obstbauern bleiben wollen".

Das Angebot der Stadt sollte jedoch nur dann gelten, wenn alle Eigentümer verkaufen würden. Offenbar hofften die Verantwortlichen darauf, dass die meisten der bislang Widerspenstigen, von Geldgier getrieben, ihr Land verkaufen und die Verkaufsunwilligen unter Druck setzen würden, um an die begehrten Millionen zu kommen. Um den psychologischen Druck noch zu erhöhen, wurde das Angebot der Stadt zunächst bis zum 1. Oktober 2004 befristet. Denn bereits am 6. Oktober wollte Bürgermeister von Beust bei einem Besuch in Toulouse dem obersten Airbus-Chef Forgeard Vollzug melden.

Die Strategie der Wirtschaftsbehörde, namentlich von Staatsrat Gunther Bonz, ging jedoch nur zum Teil auf: Einige Kläger konnten dem Lockruf des Geldes nicht widerstehen, andere blieben standhaft. Ihnen ging es um viel mehr als einen guten Preis: „Heimat kann man nicht kaufen oder verkaufen", sagte wie einst der biblische Nabot einer der Obstbauern, deren Vorfahren schon seit Generationen das Land bewirtschafteten. Sie wussten: Wenn die Landebahn wie geplant verlängert würde, wäre dies das Ende der 950-jährigen Geschichte des Dorfes Neuenfelde. Denn wenn erst einmal die Riesenflieger mit ohrenbetäubendem Gedröhn und stinkenden Abgasfahnen nur wenige Hundert Meter vom Ortskern entfernt starten und landen würden, wäre es mit der Lebensqualität im Ort vorbei. Die Widerständler befürchteten auch, dass diese Entwicklung nur der Anfang vom Ende des Dorfes sein könnte. Zu Recht: Denn die Stadt hatte dem Airbus-Konzern ja bereits 1999 eine vergleichbare Landebahnlänge wie in Toulouse, also 3500 Meter, zugesichert.

Entscheidend ist dabei wiederum nicht die Gesamtlänge der Piste, sondern die tatsächlich verfügbare Länge. Aufgrund des steilen Elbhangs kann ein landendes Flugzeug beim Anflug von Nordost nicht am Beginn der Landebahn aufsetzen, sondern (bei einem Anflugwinkel von 3 Grad) erst 755 Meter dahinter. Das bedeutet: Um eine *verfügbare* Bahnlänge von 3500 Meter zur Verfügung zu stellen, wäre über die jetzt geforderten 3273 (netto 2518) Meter hinaus eine nochmalige Verlängerung um weitere 982 Meter auf dann 4255 Meter notwendig. Dazu kämen noch die erforderlichen hindernisfreien Abstandsflächen, sodass der größte Teil Neuenfeldes abgerissen werden müsste – was Airbus und Wirtschaftsbehörde verschwiegen.

Die Frist verstrich, ohne dass die Stadt ihr Ziel erreicht hatte. Von Beust musste mit leeren Händen nach Toulouse fahren. Forgeard schien wenig begeistert: „Bis Ende Oktober muss es ein Ergebnis geben", beschied er dem Hamburger Regierungschef. Ansonsten werde das geplante Auslieferungszentrum in Finkenwerder nicht gebaut. Punkt. Gerade einmal 35 Minuten dauerte das Gespräch. Geplant war eine Stunde.

Das Ultimatum an die Adresse des Senats sei nicht nur „frech", kommentierte *Die Welt*, sondern auch ein „klarer Verstoß gegen den Vertrag, den die Hansestadt mit Airbus Deutschland geschlossen hat". Ein weiteres Ärgernis sei, dass der Konzern sich hartnäckig weigere, eine Garantie für die versprochenen Arbeitsplätze zu geben: „Das jüngste Beispiel der Jobgarantie bei VW zeigt, dass dieses Mittel durchaus in der Industrie üblich ist." Immerhin sei Airbus „von Geburt an ein Flugzeugbauer von politischen Gnaden", dem Milliarden von Steuermitteln zugeflossen seien.

Unterstützung für den Hamburger Senat kam indessen aus Berlin: Die Bundesregierung werde alles in ihrer Macht Stehende tun, um das Projekt doch noch zu realisieren, sagte Ditmar Staffelt, Parlamentarischer Staatssekretär im Bundeswirtschaftsministerium. Ein Scheitern wäre ein äußerst negatives Signal für den Wirtschaftsstandort Deutschland. Angesichts des Urteils des Oberverwaltungsgerichts forderte er eine grundsätzliche Revision des deutschen Planungsrechts. Begeistert pflichtete von Beust bei: „Nicht nur wegen Airbus – das gesamte Bau- und Planungsrecht muss auf den Prüfstand." Das war der Auftakt zu einer Diskussion, die schon bald den Bundesrat beschäftigen sollte.

Gegen die Intervention des Staatssekretärs protestierten die Anwälte der siegreichen Kläger, Mohr und Nebelsieck, in einem offenen Brief an Kanzler Schröder: „Sofern Herr Staffelt ... geäußert haben sollte, dass die Bundesregierung Wirtschaftsförderung auch unter Preisgabe rechtsstaatlicher Grundsätze betreiben will, hielten wir das nicht nur unter juristischen, sondern auch unter wirtschaftspolitischen Gesichtspunkten für überdenkenswert." Rechtsstaatlichkeit sei kein Standortnachteil, sondern sogar ein Vorteil, der die Investitionssicherheit erhöhe, so die Anwälte. Zudem sei die Airbus-Werkserweiterung keineswegs eine „Nagelprobe für den Standort Deutschland", die Anlass zu Änderungen des Fachplanungsrechts gebe. Denn hier ginge es nicht um zu verallgemeinernde „Lasten und Fesseln" der Wirtschaft, sondern um konkrete Planungsfehler von Airbus und der Hamburger Wirtschaftsbehörde, schrieben Mohr und Nebelsieck: „Die negativen Folgen solcher Fehler ... den Klägern anzulasten, ist aus unserer Sicht unerträglich. Die Kläger haben die Fehlerhaftigkeit der Planung dargelegt und sind von den Gerichten bestätigt worden. Ihnen nunmehr nahe zu legen, im vermeintlichen Interesse der Allgemeinheit ihre Heimat preiszugeben, kann nicht richtig sein, weil die Realisierung rechtswidriger Vorhaben niemals im Allgemeininteresse liegt."

Dorf unter Feuer

Doch nun ging die öffentliche Hatz auf die verkaufsunwilligen Grundeigentümer – neben Privatleuten auch die Neuenfelder Kirchengemeinde St. Pankratius – erst richtig los: Die Springer-Presse, allen voran das *Hamburger Abendblatt* und die *Bild*, inszenierte mit Unterstützung der Wirtschaftsbehörde eine Medienkampagne, die sich sehr schnell verselbständigte. Ohne dieses „publizistische Trommelfeuer befreundeter Medien" (*taz*) wäre die Stadt höchstwahrscheinlich gescheitert. Vor allem die *Bild* schürte mit Schlagzeilen wie „Tollhaus Deutschland – Apfelbauer gefährdet 4000 Arbeitsplätze" die „Wut auf die sturen Bauern", später auch auf die standhafte Kirchengemeinde von Neuenfelde. Die Betroffenen wurden mit vollem Namen und großformatigen Fotos in die Öffentlichkeit gezerrt, konkrete Angebotssummen wurden veröffentlicht, sogar das Monatseinkommen eines Klägers – auf den Centbetrag genau. Gleichzeitig streute die Wirtschaftsbehörde Gerüchte, dass dieser oder jener bereits verkauft habe oder verhandele.

Hamburger Ex-Bürgermeister wie Henning Voscherau oder Klaus von Dohnanyi appellierten auf Zeitungstitelseiten an die Neuenfelder, endlich nachzugeben, da sonst unermesslicher Schaden für den Wirtschaftsstandort Deutschland drohe. Dohnanyi forderte sogar, den Ausbau der Landebahn nicht an juristischen Fragen scheitern zu lassen. Notfalls müssten dazu weitere Gesetze geändert werden. Auch Voscherau sekundierte: „Weichenstellungen für die Zukunft, die über Wohl und Wehe eines Volkes oder ganzer Regionen entscheiden, gehören vor Parlament und Regierung, nicht vor die dritte Gewalt."

So fanden sich die, denen zwei Gerichtsinstanzen Recht gegeben hatten, unversehens auf der Anklagebank wieder. Prominente Mitbürger wie der Unternehmer Eugen Block („Blockhouse"), Schauspieler Rolf Becker oder der Intendant des Hamburger Schauspielhauses, Tom Stromberg, wurden vom *Hamburger Abendblatt* dazu befragt, ob sie die Neuenfelder Obstbauern für idealistische Widerstandshelden oder aber für egoistische Sturköpfe hielten – die Hintergründe waren den Befragten jedoch kaum bekannt.

Die Betroffenen selbst wollten nur eines – in Ruhe ihre Apfelernte einbringen. Doch mit der Ruhe war es in Neuenfelde längst vorbei. Buchstäblich Tag und Nacht belagerten Dutzende von Reportern und Fernsehteams Wohnhäuser, Höfe und das Gemeindebüro, verfolgten das Leben im Dorf auf Schritt und Tritt und berichteten auch dann, wenn es nichts zu berichten gab. Selbst eine schlichte Sitzung des Kirchenvorstandes geriet so zum medialen Ereignis. Beliebtester Journalistentreffpunkt war die Küche von Biobäuerin Gabi Quast, die den Widerstand organisierte. „Da wurden mehr Presseanfragen beantwortet als warme Mahlzeiten gekocht", klagte die Mutter von vier Kindern. Andere waren weniger gastfreundlich, so der standhafte Neuenfelder Gerd Behr, Feuerwehrmann in Diensten der Stadt Hamburg, dem gleich zwei seiner Grundstücke abgehandelt werden sollten. Er stellte ein Schild mit dem Text auf: „Sehr geehrte Vertreter und Vertreterinnen aller Medien! Bis auf weiteres geben wir – die ganze Familie Behr – weder Interviews noch Foto- oder Fernsehtermine. Wir bitten Sie höflich, unser Grundstück nicht zu betreten." Das Dorf am Rande der Stadt, von dessen Existenz die meisten Hamburger bis dahin kaum etwas wussten, stand nun über Wochen und Monate im Rampenlicht der Öffentlichkeit – weit über Hamburg hinaus.

Selbst die Regierungen von Niedersachsen und Schleswig-Holstein mahnten die Neuenfelder zum Einlenken: „Ich glaube nicht, dass vier, fünf oder sechs Leute das Recht haben, über die Schicksale von Arbeitnehmern und deren Familien zu entscheiden", sagte Ministerpräsidentin Heide Simonis bei einem Besuch im Hamburger Airbus-Werk. Airbus-Chef Puttfarcken hatte zwar direkt nach der gerichtlichen Niederlage an seine Mitarbeiter geschrieben, dass ihre Arbeitsplätze und die bisherigen Investitionen nicht gefährdet seien. Dennoch mobilisierte die Werksleitung wenig später im Rahmen einer außerordentlichen Betriebsversammlung die gesamte Belegschaft: Etwa 10.000 Mitarbeiter von Airbus, aber auch von Zulieferbetrieben, demonstrierten auf den Deichen vor Neuenfelde für den Erhalt ihrer Arbeitsplätze. Erst vor wenigen Jahren waren sie wegen drohender Massenentlassungen gegen ihre eigene Konzernspitze auf die Straße gegangen.

Den Rest besorgten aufgebrachte Bürger: Aufgeschreckt und verunsichert durch damals aktuelle Nachrichten über Tausende gefährdeter Jobs bei Opel, VW oder dem KarstadtQuelle-Konzern setzte sich in vielen Köpfen die Vorstellung fest: Eine Hand voll sturer Obstbauern gefährdet Tausende Arbeitsplätze, den Airbus-Standort Hamburg, gar den Wirtschaftsstandort Deutschland! Allgemeine Frustration und Ängste angesichts von Massenarbeitslosigkeit und einschneidender Sozialreformen brachen sich Bahn. Unbescholtene Mitbürger wurden über Nacht zu Feinden. Entsprechend heftig waren die Reaktionen. In Leserbriefen, auf Wochenmärkten, ja selbst am Telefon mussten sich die betroffenen Obstbauern Beschimpfungen gefallen lassen, die – wie in der biblischen Geschichte von König Ahab beschrieben – teilweise einer verbalen Steinigung schon sehr nahe kamen: „Sie haben es nicht verdient, sich Hamburger zu nennen", stand etwa auf den Leserbriefseiten zu lesen. Von „Öko-Diktatoren" war zu lesen, deren Verhalten „an Zynismus und Unverschämtheit kaum zu übertreffen" sei. Wortführer der Kläger wie Gabi Quast erhielten sogar Morddrohungen. „Dorf unter Feuer" überschrieb *die tageszeitung* einen „Bericht aus einem psychologischen Krisengebiet".

Auch die Neuenfelder Kirchengemeinde blieb von beißender Kritik nicht verschont, war doch auch sie Besitzerin eines Grundstücks, das der Landebahnverlängerung im Wege stand. „Die Zahl der Arbeitsplätze hängt nicht vom Grundstücksverkauf ab – nur weil zwei Frachtflugzeuge nicht starten können", so konterte der Hamburger Propst Jürgen Bollmann, der sich als Vermittler in dem Konflikt angeboten hatte: „Mit dem Arbeitsplatzargument wird lediglich Stimmung gemacht." In der Tat hatte Airbus selbst betont, dass der angedrohte Verzicht auf den Bau des Auslieferungszentrums für den A380 in Hamburg keinerlei negativen Einfluss auf die restlichen Arbeitspakete für die Produktion des Riesenfliegers in der Hansestadt hätte. Allenfalls 100 neue Arbeitsplätze wären dadurch entfallen. Doch das ging im öffentlichen Geschrei unter.

In dieser Phase gab das *Hamburger Abendblatt*, dessen Chefredakteur Menso Heyl sich schon bei früherer Gelegenheit dem Senat als „Rammbock" angeboten hatte, eine Meinungsumfrage in Auftrag. Ergebnis: 65 Prozent der befragten Hamburgerinnen und Hamburger forderten, dass die Betroffenen ihre Grundstücke verkaufen sollten. „Bürger stimmen als Medienereignis darüber ab, ob Private ihr Land verkaufen sollen. Eine neue, perfide Methode, das Grundrecht auf Eigentum auszuhöhlen", kommentierte das Wochenblatt *Elbe & Geest*.

Gleichzeitig verhandelte in einigen Fällen Wirtschaftssenator Uldall persönlich mit den Widerständlern und ließ dabei intime Kenntnisse über persönliche, familiäre und finanzielle Verhältnisse der Betroffenen erkennen. Der permanente Druck verfehlte seine Wirkung nicht: Der Streit entzweite nicht nur Nachbarn, in einigen Fällen ging ein Riss mitten durch die Familie. Ein Eigentümer nach dem anderen verkaufte sein Land an die Stadt – angefeindet, entnervt, zermürbt, zerbrochen. Noch blieben drei Privatleute und die Kirchengemeinde standhaft, wussten sie doch eine starke Klägergemeinschaft von über 230 Familien von beiden Seiten der Elbe hinter sich. Selbst wenn es der Stadt gelänge, alle benötigten Grundstücke aufzukaufen oder gar zu enteignen, wäre damit keine Rechtssicherheit gewonnen: Denn die Klagen gegen die Landebahnverlängerung waren ebenso wenig entschieden wie die immer noch anhängigen Klagen gegen die eigentliche Airbus-Werkserweiterung ins Mühlenberger Loch. Schließlich hatte das Hamburger Verwaltungsgericht den entsprechenden Planfeststellungsbeschluss in der ersten Instanz des Hauptverfahrens für rechtswidrig erklärt. Um diese rechtlichen Risiken wussten natürlich auch Airbus und die Stadt Hamburg.

Angesichts der Standhaftigkeit der unbeugsamen Kläger wechselte der Senat seine Strategie und versuchte es nun auf die freundliche Tour. Von Beust und Uldall rangen sich zu scheinbaren Zugeständnissen durch: Der Senat gab eine Garantie für den Erhalt Neuenfeldes ab, die später sogar von der Bürgerschaft abgesegnet wurde. Außerdem wolle die Stadt über die jetzt geforderte Landebahnverlängerung hinaus eine weitere Verlängerung „nicht unterstützen". Allerdings, so der Bürgermeister, könne er natürlich nur für den jetzigen Senat sprechen, nicht aber für zukünftige Landesregierungen. Die Anwälte der Kläger wiesen darauf hin, dass eine solche politische Erklärung unverbindlich sei, solange das Enteignungsgesetz zugunsten des Konzerns („Lex Airbus") nicht zurückgenommen werde.

Airbus selbst lockte mit Geld: Das Unternehmen bot den Neuenfeldern drei Millionen Euro, über deren Verwendung sie selbst entscheiden dürften – unter der Voraussetzung, dass alle Grundstücke zügig verkauft würden. Das Geld sei für die Verbesserung der Lebensqualität im Ort vorgesehen, sagte Airbus-Chef Puttfarcken: „Wir sind sehr daran interessiert, das Dorf Neuenfelde in voller Schönheit zu erhalten." Eine Bestandsgarantie, und sei es auch nur für zehn Jahre, wollte er allerdings nicht abgeben. Schließlich stehe man beim A380 erst am Anfang der Entwicklung einer neuen Flugzeugfamilie – weiterer zukünftiger Flächenbedarf war also nicht ausgeschlossen.

„Ein Akt der Verzweiflung" seien die Bemühungen, mit „Geld und guten Worten" das „Prestigeprojekt A380 vor der Bruchlandung zu bewahren", kommentierte *die tageszeitung*: Das Angebot des Konzerns grenze an Zynismus: „Drei Millionen Euro, damit Neuenfelde am Wettbewerb ‚Unser Dorf soll schöner werden' mitmachen kann – im Norden die Umgehungsstraße, im Süden die Autobahn und der Himmel voller doppelstöckiger Riesenjets."

Die Reaktionen der Betroffenen selbst schwankten zwischen Skepsis und Empörung: „Was soll ein Dorf mit drei

Millionen, wenn es danach nicht mehr da ist?", fragte Gabi Quast vom „Schutzbündnis für Hamburgs Elbregion". Auch der grüne Parlamentarier Jens Kerstan vermochte in dem Vorstoß der Stadt nur „hilflose Lyrik" zu erkennen: „Mit diesem Angebot kann von Beust weder das Dorf Neuenfelde noch den Luftfahrtstandort retten."

Während die Politiker noch ihre Wohltaten feilboten, arbeitete die Wirtschaftsbehörde im Hintergrund bereits an neuen Möglichkeiten, doch noch eine Enteignung durchzusetzen. Sie gab ein neues Gutachten in Auftrag, das den Nachweis führen sollte, dass die angestrebte Landebahnverlängerung langfristig Tausende weitere Arbeitsplätze schaffen würde. Mit diesem Argument sollten die Gerichte umgestimmt werden. Ein solcher „Plan B" und der enorme Zeitdruck förderten nicht gerade das Vertrauen, gab Vermittler Bollmann zu bedenken: „Ich halte das nicht für klug. Aber die Stadt muss wissen, was sie da macht."

Angesichts der weiterhin hartnäckigen Verweigerung machte von Beust die Verhandlungen zur Chefsache – überzeugt, dass es nützlicher sei, persönlich mit den Neuenfeldern zu reden anstatt wie bisher nur gegen sie zu taktieren. Das hatte er bislang drei Männern überlassen, die auch das letzte Vertrauen der Dorfbewohner verspielt hatten: dem gewieften Wirtschaftsstaatsrat Gunther Bonz und dem hemdsärmeligen Hartmut Wegener, Chef der Realisierungsgesellschaft Finkenwerder, der in den 80er Jahren maßgeblichen Anteil daran hatte, das Nachbardorf Altenwerder für einen Container-Umschlagplatz zu eliminieren. Der Dritte im Bunde war Rechtsanwalt Jan de Haan von der Kanzlei Weiland & Partner, der im Auftrag der Wirtschaftsbehörde die Verkaufsverhandlungen führte. Die Neuenfelder warfen de Haan vor, an ihren Anwälten vorbei und gegen Vereinbarungen geheime Gespräche mit einzelnen Betroffenen zu führen, um so die Klägergemeinschaft zu zersplittern. Da habe der Bürgermeister Leute „herumfuhrwerken" lassen, die „die Sensibilität von Grundstücksmaklern haben, die mit dem Begriff Heimat nichts anfangen können", kritisierte SPD-Oppositionsführer Michael Neumann.

Verschwörungstheorien

Inzwischen waren der Stadt nur noch wenige Tage verblieben bis zum 31. Oktober, dem Ultimatum, das Airbus-Chef Forgeard dem Hamburger Bürgermeister bei seinem Blitzbesuch in Toulouse gestellt hatte. Erst jetzt stellte sich von Beust in Neuenfelde den Bürgern zum Gespräch, so wie es das Schutzbündnis für Hamburgs Elbregion schon lange vergeblich gefordert hatte. Begleitet von einem riesigen Medienaufgebot – Rundfunk und Fernsehen übertrugen live – versuchte von Beust, begleitet von Uldall, Bonz und Wegener, die mehr als 400 versammelten Bürger, darunter auch Kläger vom anderen Elbufer, von der Notwendigkeit des Projekts zu überzeugen. Doch die waren bestens präpariert: Ob die geheime Zusage von Ex-Wirtschaftsstaatsrat Giszas, der Maulkorb für den Airbus-Gutachter oder das gerichtlich gestoppte „Himmelfahrtskommando" zum Abriss des Deiches – mit Senatsdrucksachen und Gerichtsurteilen belegten sie in der Diskussion die Tricksereien und fragwürdigen Strategien von Senat und Konzern. Eine Klägerin zitierte aus einem Brief des Wirtschaftssenators an sie: „Der gerichtliche Beschluss sollte maßgeblich sein." Das hatte Uldall vor dem Richterspruch geschrieben. Viele verlangten auch, dass die Stadt sich endlich einmal gegenüber dem Konzern stark mache: „Sie lassen sich", so formulierte es ein Redner ländlich-deftig, „von Airbus wie ein Bulle mit'm Ring in der Nase übern Deich ziehen."

Dem hatten die Herren auf dem Podium nichts Überzeugendes entgegenzusetzen – außer den unbedingten Willen, die Landebahnverlängerung doch noch rechtzeitig durchzusetzen: Selbst wenn die Neuenfelder Recht hätten und eine Verlängerung im Moment unnötig sei, so bat von Beust, sollten die Gegner sich einen Ruck geben – zugunsten der Luftfahrtmetropole Hamburg, die für den Industriestandort

Deutschland von größter Bedeutung sei. Zugleich erneuerte er die versprochene Bestandsgarantie für die Reste des Dorfes Neuenfelde – an die angesichts der Erfahrungen der Vergangenheit niemand glauben mochte. Vergebens warb der Bürgermeister um Vertrauen für seine „ehrlichen Absichten". Nach vierstündiger Diskussion verließ er den Saal mit der Erkenntnis, „dass Betroffene mehr in Dialoge einbezogen werden müssen".

Einen Tag zuvor hatte Airbus völlig überraschend dem Senat eine weitere Gnadenfrist eingeräumt: Manager Puttfarcken wollte von einem „Ultimatum" plötzlich nichts mehr wissen. Airbus brauche lediglich Planungssicherheit. Eine Entscheidung des Konzerns über den Bau des Auslieferungszentrums solle in jedem Falle aber noch im November fallen. Damit hatte der Senat weitere Zeit gewonnen, an die Grundstücke zu gelangen. Der Nervenkrieg in Neuenfelde ging weiter.

Puttfarcken fand sich indessen zu einem erstaunlichen Zugeständnis bereit: „Nach langem Ringen mit mir selbst" habe er sich entschlossen, rechtsverbindlich auf jegliche weitere Verlängerung der Start- und Landebahn zu verzichten – unter der Bedingung, dass die jetzt geforderte Verlängerung um 589 Meter zeitgerecht verwirklicht werde. Bereits am 27. Oktober 2004 hatte der Airbus-Chef öffentlich erklärt, dass die Frachtversion nach menschlichem Ermessen der größte und schwerste Flugzeugtyp der A380-Familie bleiben werde. Eine nochmalige Verlängerung sei daher nicht mehr erforderlich – eine Begründung, die in den Medien kaum erwähnt wurde und die auch der bisherigen Argumentation des Konzerns widersprach: Erfahrungsgemäß, so hatte es zuletzt sogar noch vor Gericht geheißen, würden aus der Basisversion im Laufe der Zeit sowohl kleinere als auch größere und schwerere Modelle entwickelt. Nur wenig später erklärte sich die französische Regierung grundsätzlich bereit, in Toulouse einen Ausbau der Startbahn von jetzt 3500 auf 4000 Meter zu genehmigen, um auch verlängerte Versionen des A380 starten und landen lassen zu können. Puttfarckens Verzicht dürfte deshalb sogar für den Hamburger Senat überraschend gekommen sein und gab in der Öffentlichkeit Anlass zu Spekulationen:

„Es geht um Prestige, um viel Geld und um noch mehr Politik", schrieb *Die Welt*: „Während vordergründig ein heftiger Streit um die Verlängerung der Start- und Landebahn der Airbus-Flugzeugwerft Finkenwerder tobt, scheinen hinter verschlossenen Türen ganz andere Dinge zu laufen." Denn aus Airbus-Kreisen war unterdessen zu vernehmen, dass in Toulouse bereits geplant war, auch die Passagierversion des A380 ausschließlich in der französischen Konzernzentrale auszuliefern, falls das Vorhaben in Hamburg scheitern sollte. Dabei war der Bau eines Auslieferungszentrums bereits fester Bestandteil der genehmigten Werkserweiterung ins Mühlenberger Loch – ohne die jetzt geforderte Pistenverlängerung. Überdies hätte der Verzicht auf das Auslieferungszentrum Vertragsbruch bedeutet: Denn Airbus hatte sich in dem Vertrag vom 9. Juni 2004 dazu verpflichtet, die Voraussetzungen für Produktion und Auslieferung des A380 zu schaffen. Nun war plötzlich sogar die Rede davon, auch den Innenausbau in Frankreich vorzunehmen. Damit waren genau diejenigen Hamburger Anteile am A380 in Gefahr, um dessenthalben das Mühlenberger Elbwatt zerstört worden war – mit 950 Millionen Euro Darlehen von der Bundesregierung und fast 700 Millionen Euro von der Stadt Hamburg.

Möglicherweise, so der Verdacht, kämen die gerichtliche Auseinandersetzung und der Streit mit den Neuenfeldern den Franzosen gerade recht: Obwohl unter einem Konzerndach vereinigt, betrachteten sich die Airbus-Standorte Hamburg und Toulouse beim Bau des Superjets stets als Konkurrenten. Denn dahinter stehen handfeste wirtschaftspolitische Interessen der beteiligten Länder Deutschland und Frankreich, die hinter den Kulissen ständig um die Vorherrschaft im EADS-Konzern ringen. Hatte Airbus Frankreich also von Anfang an versucht, die Hamburger Bewerbung um die Produktion des A380 zu hintertreiben? Einige Indizien schienen in der Tat dafür zu sprechen:

So hatte die Hamburger Anwaltskanzlei Kaden & Partner

bereits 1998 den Auftrag bekommen, die planungsrechtlichen und juristischen Grundlagen und Probleme bei der Airbus-Werkserweiterung ins Mühlenberger Loch darzustellen. Auftraggeber war die „Aerospatiale Aeronautique", der damalige französische Airbus-Partner mit Sitz in Toulouse, der später in der EADS-Gesellschaft aufging. In der Folgezeit tauchten immer wieder vertrauliche Papiere aus dem Hause Airbus und auch aus Kreisen des Hamburger Senats bei den Projektgegnern auf, etwa das Geheimschreiben von Ex-Staatsrat Giszas, in dem er dem Konzern eine längere Landebahn versprach, oder die internen Protokolle aus der Airbus-Führungsetage. Stammten diese brisanten Informationen möglicherweise aus Frankreich? Sogleich witterte das *Hamburger Abendblatt* unter Berufung auf „Vertreter eines früheren Senats" ein „Airbus-Komplott" – das allerdings schnell wieder in der medialen Versenkung verschwand. Denn belastbare Beweise dafür gab es letztendlich nicht. Dennoch verstiegen sich manche Journalisten zu abenteuerlichen Konstrukten. Sie vermuteten eine unheilige Allianz zwischen Airbus Frankreich und den lokalen Bauern und Umweltverbänden, ja sogar zwischen Airbus-Konkurrent Boeing und der international agierenden Tierschutzorganisation IFAW. Zwar hatten die Verbände in Briefen unter anderem an Airbus-Chef Forgeard dazu aufgefordert, die Standortentscheidung zu überdenken, um das Mühlenberger Loch zu retten (und nicht etwa, wie unterstellt wurde, um französische Wirtschaftsinteressen zu bedienen). Eine von langer Hand geplante strategische Zusammenarbeit zwischen diesen Protagonisten hat es jedoch definitiv nie gegeben. Vielmehr hatte das Projekt auch bei Airbus Deutschland und in der Hamburger Politik nicht nur Freunde und Förderer.

Die wahren Gründe für die angeblichen Enthüllungen dürften indes woanders liegen: Für den Fall, dass das A380-Projekt in Hamburg scheitern sollte, musste vorsorglich ein Sündenbock gefunden werden – schließlich wollte keiner der verantwortlichen Politiker schuld an dem drohenden Desaster sein. Denn schon wurde der

Ruf nach einem parlamentarischen Untersuchungsausschuss laut.

„Wenn es gilt, den Hamburger Standortaltar vor vermeintlichem Schaden zu bewahren, werden schon mal sämtliche Register gezogen", kommentierte *die tageszeitung* die „Verschwörungstheorie ..., welche aus dem Hause Springer dringt": Sollte sich Airbus tatsächlich gegen Hamburg entscheiden, dann „wegen dunkler Machenschaften Böswilliger – nicht wegen gerichtlich geahndeter Planungsfehler, nicht wegen der Inkompetenz der Wirtschaftsbehörde, nicht wegen der Halb- und Unwahrheiten dieses und, vor allem, des letzten SPD-geführten Senats".

Bezeichnend war auch die Tatsache, dass die Springer-Presse sich in diesem Zusammenhang vor allem über die Tatsache mokierte, dass den Anwälten der Kläger geheime Informationen zugespielt worden waren – was im Übrigen lange bekannt war. Weit weniger kritikwürdig erschien hingegen das systematische Bestreben von Senat und Airbus, diese wichtigen Informationen zurückzuhalten, um das Projekt durchzusetzen. „Wer wie die Wirtschaftsbehörde mit gezinkten Karten spielt, darf sich nicht beschweren, wenn sie aufgedeckt werden", sagte der grüne Parlamentarier Christian Maaß.

Hinter verschlossenen Türen wuchs die Verärgerung des Senats auf den Airbus-Konzern. Viele Fragen drängten sich auf: Warum hatte Airbus-Chef Puttfarcken so überraschend auf eine zukünftige Landebahnverlängerung über die jetzt geforderte Distanz hinaus verzichtet? Denn bislang hatte er stets vehement die Umsetzung der politischen Zusage des Hamburger Senats eingefordert, die Piste bis auf 3500 Meter zu verlängern und damit gleiche Bedingungen wie in Toulouse zu schaffen. Warum hatte Airbus sich stets geweigert, eine Garantie für die versprochenen Arbeitsplätze abzugeben, obwohl dies seine Position und die der Stadt in dem Rechtsstreit um die Enteignung möglicherweise entscheidend verbessert hätte? Und warum hatte das Unternehmen seine Ankündigung, ohne Landebahnverlängerung das Auslieferungszentrum in Hamburg nicht zu bauen, erst nach der

Entscheidung des Oberverwaltungsgerichts veröffentlicht? Hatte Airbus Hamburg auf Druck der Konzernspitze in Toulouse womöglich absichtlich seine Chancen vor Gericht schmälern wollen? Wollte Airbus jetzt tatsächlich versuchen, den Bau oder zumindest die Auslieferung des A380 doch noch komplett nach Frankreich zu holen? Hatte am Ende gar die französische Regierung ihre Hand im Spiel? Immerhin gilt Airbus-Chef Forgeard, der zu diesem Zeitpunkt die alleinige Herrschaft an der Spitze des Mutterkonzerns EADS anstrebte, als enger Vertrauter von Staatspräsident Chirac. Oder steckte, so andere Vermutungen, der zwischenzeitlich unter Korruptionsverdacht verhaftete Airbus-Vizepräsident Philippe Delmas dahinter? Der ehemalige Sicherheitsberater der französischen Regierung (1991-1993) hatte 2000 ein Buch veröffentlicht mit dem Aufsehen erregenden Titel: *Über den nächsten Krieg mit Deutschland – eine Streitschrift aus Frankreich*. Der deutsche Airbuschef Puttfarcken wollte indes von einem Komplott nichts wissen: Das sei völlig „an der Sache vorbei".

Noch schien der Senat nichts von dem überraschenden Zugeständnis zu ahnen, mit dem der Airbus-Konzern nur wenige Wochen später den Zeitdruck von der Stadt Hamburg nehmen sollte. Der Kampf um die benötigten Grundstücke in Neuenfelde wurde unvermindert weitergeführt.

Droht der „worst case"?

Mittlerweile war es Mitte November geworden. Noch einmal ließ Airbus nun die Leine locker: Zwei weitere Wochen räumte der Konzern der Stadt für Verhandlungen mit den Grundeigentümern ein. Am 1. Dezember 2004 sollte nun definitiv über den Bau des Auslieferungszentrums in Hamburg entschieden werden. Der Nervenkrieg dauerte an – ein weiterer Kläger gab auf und verkaufte sein Land an die Stadt.

Wirtschaftssenator Uldall legte indessen das bei der Consulting-Firma Deloitte bestellte neue Gutachten vor. Darin kamen die Experten zu dem Ergebnis, dass der Verzicht auf ein Auslieferungszentrum in Hamburg unmittelbar „keine nachteiligen Auswirkungen auf den Arbeitsmarkt, den Luftfahrt- und den Wirtschaftsstandort Hamburg" hätte. Schlimmstenfalls würden dadurch 100 neue Jobs nicht geschaffen. Mittel- und langfristig allerdings, so prophezeite das Deloitte-Gutachten, bestünde die Gefahr, „dass Erweiterungsinvestitionen für die A380 ... nicht mehr in Hamburg erfolgen und damit verbundene Arbeitsplätze nicht mehr angesiedelt werden". Das gelte auch für die Zulieferbetriebe – angesichts der auf 16 Airbus-Werke in ganz Europa zersplitterten Teileproduktion kein schlüssiges Argument.

Die Rede war von bis zu 4000 neuen Jobs, die zukünftig eventuell nicht entstünden, falls die Landebahn nicht verlängert und das Auslieferungszentrum nicht gebaut werden würde. Es sei davon auszugehen, so die Gutachter, dass bereits die Entscheidung gegen die Auslieferung ... eine negative Signalwirkung für weitere Unternehmensentscheidungen haben werde. Hamburg verlöre das „weltweit wichtige Image" als Auslieferer des modernsten Flugzeuges der Airbus-Flotte, hieß es in dem 39 Seiten starken Papier.

Die Zahl 4000 sei eine „bloße Behauptung", die „durch nichts belegt" werde, kritisierte dagegen der grüne Fraktionsvize Maaß. Das sah die *taz* ähnlich: „Bestenfalls belegt diese Expertise, dass Hamburgs Regenten bislang zu bescheiden waren, die Wohltaten auszuschmücken, welche der A380 über die Hansestadt bringt. Schlimmerenfalls ist das Gutachten nicht mehr als, um es vorsichtig auszudrücken, gefällig." Immerhin hatten Uldall und Bonz diese Zahlen bereits in der Öffentlichkeit präsentiert, noch bevor das Gutachten offiziell vorlag.

Die Wirtschaftsbehörde hoffte, bei einem erneuten Gang vor die Verwaltungsgerichte mit dem Deloitte-Papier die Richter doch noch umstimmen zu können. Doch die hatten in ihrem Urteil vom August 2004 bereits unmissverständlich klargemacht, dass nur ein aktueller konkret nachweisbarer Bedarf eventuelle Enteignungen rechtfertigen könne, nicht aber die bloße Hoffnung auf zukünftige neue Jobs. „Den Betroffenen heute die Lasten befürchteter Arbeitsplatzverluste in der Zukunft aufzuerlegen, geht daher in der Sache fehl", urteilte denn auch Kläger-Anwalt Nebelsieck: „Das ist, als ob man eine Familie mit zwei Kindern aus einer Wohnung klagt, um dort ein kinderloses Ehepaar einziehen zu lassen, das irgendwann vielleicht einmal vier Kinder haben will." Rechtlich jedenfalls seien die Aussagen im Deloitte-Gutachten „nicht belastbar".

Unterstützung für den Senat kam abermals aus Berlin: Sollte die Landebahnverlängerung scheitern, so hieß es aus dem Bundeswirtschaftsministerium, seien bundesweit 16.000 Arbeitsplätze in Gefahr – eine Zahl, die offensichtlich selbst den Hamburgern neu war. So viele neue Jobs hatte sich die Bundesregierung ursprünglich durch das A380-Projekt vorgestellt. Auf jeden Fall, so das Ministerium, hätte ein Verzicht auf das Auslieferungszentrum fatale Folgen. „Insbesondere die französische Seite unternimmt erhebliche Anstrengungen zur Stärkung ihrer Standorte", warnte die Luftfahrtabteilung im Bundeswirtschaftsministerium. Experten verwiesen in diesem Zusammenhang auf Befürchtungen in französischen Regierungskreisen, die deutsche Luftfahrtindustrie und vor allem der Standort Hamburg könnte von der sehr guten Auftragslage für die kleinen Airbus-Typen A318 bis A321 mehr profitieren als der französische Partner. Das sei einer der Gründe, warum die Franzosen versuchen könnten, mehr Anteile bei der prestigeträchtigen Produktion des A380 an sich zu ziehen.

Angesichts der selbst verschuldeten Schwierigkeiten des Hamburger Senats, das Projekt auf juristischem Wege durchzusetzen, war inzwischen eine Grundsatzdiskussion entbrannt: Im Zeitalter der Globalisierung, so die Kritik, behindere das deutsche Planungsrecht die Konkurrenzfähigkeit der deutschen Wirtschaft. Einhellig forderten Hamburger Politiker aus CDU und SPD eine Reform des Planungsrechts, das Bürgermeister von Beust, selbst Jurist, als „Reflex auf den Missbrauch staatlicher Macht im Dritten Reich" bezeichnete: Damals hätten die NS-Machthaber das Recht nach ihren Vorstellungen umgesetzt. Als Reaktion auf diese Willkür seien nach 1945 „infrastrukturfeindliche" Gesetze geschaffen worden, die die Rechte Einzelner gegenüber dem Staat sehr hoch bewerten – zu hoch für den Hamburger Regierungschef und seinen Wirtschaftssenator: Sie forderten, das grundgesetzlich verbriefte Recht auf Eigentum einzuschränken. Im Übrigen sei die für Senat und Airbus negative Entscheidung des Gerichts „wenig patriotisch", wetterte von Beust.

Seine Kritik löste bei anderen Bundesländern große Resonanz aus: Der Bundesrat beauftragte den Hamburger Senat, Vorschläge für Änderungen des Planungsrechts zu erarbeiten mit dem Ziel, umstrittene Industrieprojekte schneller und problemloser gegen Widerstände aus der Bevölkerung durchsetzen zu können. Im Dezember 2004 setzte Wirtschaftssenator Uldall eine „Kommission zur Beschleunigung und Effizienzsteigerung bei Planfeststellungen" ein. Bereits Anfang März 2005 legte das Gremium unter der Leitung des früheren schleswig-holsteinischen Wirtschaftsministers Jürgen Westphal seinen Abschlussbericht vor – nach Auffassung des BUND Hamburg ein „einseitiger Wunschkatalog der Wirtschaft", der zudem im Widerspruch zu europarechtlichen Vorgaben stehe. So sollen wichtige Elemente der Öffentlichkeitsbeteiligung künftig ausschließlich „von der Laune und dem Ermessen von Behörden und Unternehmen abhängig sein", kritisierte der Umweltverband. Dagegen sehe eine neue EU-Richtlinie gerade eine Ausweitung der Bürgerbeteiligung bei Planungen vor. Immerhin appellierte die Kommission in ihrem Bericht an private Vorhabensträger, bestehende rechtliche Vorgaben anzuerkennen und die „Spielregeln" einzuhalten: Sie dürften „nicht in der Erwartung handeln, ihrem Vorhaben müsse wegen seiner Bedeutung von den Behörden ohnehin der Weg geebnet werden". GAL-Umweltexperte Christian Maaß sah die Ursache für langwierige Verfahren denn auch nicht im komplexen Planfeststellungsrecht an sich: Das Hauptproblem liege in der „oft wenig sorgfältigen oder unrechtmäßigen Vorplanung der Projekte". Uldall kündigte indes an, die Vorschläge der

Kommission zügig mit seinen Ministerkollegen der Länder zu beraten und eine entsprechende Bundesratsinitiative zu starten.

Vorerst aber musste die Wirtschaftsbehörde nach anderen Auswegen suchen, um das Airbus-Projekt zu retten: Die im Deloitte-Gutachten genannten Arbeitsplatzzahlen sollten nun für eine bessere Begründung des Ausbauantrages herhalten.

Für den „worst case" wurde in Senatskreisen bereits darüber nachgedacht, in Hamburg auf die Innenausrüstung und Lackierung des A380 zu verzichten und als Kompensation die Endmontage des kleineren Erfolgsmodells A320 nach Hamburg zu holen. Montage und Ausstattung der Rumpfsegmente für den A380, die einen großen Anteil der neuen Arbeitsplätze ausmachen, sollten weiter in Hamburg stattfinden.

Deutsch-französisches Machtgerangel

Wenige Tage vor Ablauf des Ultimatums zum 1. Dezember 2004 jedoch geschah etwas, womit niemand gerechnet hatte: „Das Zeitfenster bleibt bis 2006 offen", erklärte Airbus-Chef Puttfarcken. Zwei weitere Jahre blieben der Stadt nun, die umstrittene Landebahnverlängerung doch noch zu realisieren – sei es durch Ankauf oder Enteignung der benötigten Grundstücke. Uldall äußerte sich zuversichtlich, dass die Arbeiten zur Landebahnverlängerung bereits Anfang 2006 beginnen und Mitte 2007 abgeschlossen werden könnten. Bis dahin, so hatte sich Airbus bereit erklärt, sollten alle Auslieferungen des A380 von Toulouse aus erfolgen. „Wir machen das nicht mit vollster Begeisterung", sagte Puttfarcken. Zwar bedeute dies für das Unternehmen eine erhebliche Mehrbelastung, doch: „Airbus steht für Hamburg". Airbus-Mitarbeiter aus dem Hamburger Werk sollen die Auslieferung in Toulouse vornehmen. Die endgültige Entscheidung über den Bau eines Auslieferungszentrums – obwohl bereits Bestandteil des ersten Verfahrens zur Werkserweiterung und der Stadt vertraglich zugesagt – wurde indes an die rechtzeitige Verfügbarkeit der für die Runwayverlängerung erforderlichen Grundstücke gekoppelt. Unmittelbar nach Fertigstellung der verlängerten Start- und Landebahn würden die „vorübergehend nach Toulouse verlagerten Arbeiten zurückverlagert und dann wie ursprünglich geplant in vollem Umfang in Hamburg durchgeführt", teilte Airbus mit. Gleichzeitig trat das Unternehmen mit der Bitte um ein neuerliches Darlehen in Höhe von 650 Millionen Euro an die Bundesregierung heran, diesmal für die Entwicklung des neuen Flugzeugtyps A350 – eine Antwort auf Boeings neuen „Dreamliner", die 7E7. Vor einer weiteren Darlehensabsicherung, so forderte Anja Hajduk, haushaltspolitische Sprecherin der Grünen-Bundestagsfraktion, „sollte man schon fragen, was hinsichtlich der Arbeitsteilung (beim Bau des A380) aus alten Verabredungen geworden ist".

War der Wunsch nach weiteren 650 Millionen Euro der Grund für diesen Sinneswandel der Airbus-Manager? Oder war der vorher aufgebaute Druck vielleicht nur ein Bluff gewesen, um dem Senat zu helfen, den Widerstand der Neuenfelder zu brechen? Denn ohne eine Landebahnverlängerung bis in das Alte Land hinein würde die Wirtschaftsbehörde ihre lang gehegten Träume von der Industrialisierung der Region kaum je verwirklichen können. Oder aber war die Aufhebung des Ultimatums das Ergebnis von Gesprächen auf höchster politischer Ebene? Kurz zuvor nämlich hatten sich auch Bundeskanzler Schröder und Frankreichs Staatspräsident Chirac sowie die Wirtschaftsminister beider Länder, Wolfgang Clement und Nicolas Sarkozy, eingeschaltet mit dem Ziel, die Konzernspitze zu einem Aufschub zu bewegen. Dort war zu der Zeit ein heftiges Machtgerangel im Gange:

Noël Forgeard, bisher oberster Airbus-Chef, wollte unbedingt die Leitung des Mutterkonzerns EADS übernehmen – und zwar allein. Bislang regierten dort der Franzose Philippe Camus und der Deutsche Rainer Hertrich gemeinsam. Deren Verträge laufen im Sommer 2005 aus. Offenbar hatte

Chirac persönlich auf eine solche Veränderung gedrängt, gilt Forgeard doch als enger Vertrauter des Präsidenten. Zum Ausgleich sollte Airbus zukünftig von einem Deutschen geführt werden. Allerdings, so berichtete *Der Spiegel* über das EADS-Intrigenspiel, handelten die Franzosen nach dem Grundsatz „Deutschland bekommt zwar Posten, aber keine Macht". Branchenkennern zufolge vertritt Forgeard anders als Hertrich und Camus vor allem nationale französische Wirtschaftsinteressen.

Die deutsche Seite befürchtete daher, dass durch eine solche Personalentscheidung der Einfluss Frankreichs bei dem europäischen Gemeinschaftskonzern dominieren würde – zumal gleichzeitig ein Zusammenschluss von EADS mit dem französischen Thales-Konzern, Hersteller von Flugzeug- und Rüstungselektronik, im Gespräch war. Das jedoch hätte nach Ansicht der deutschen Partner das politisch ausbalancierte Gleichgewicht zwischen Deutschland und Frankreich innerhalb des EADS-Konsortiums stören können. Ein Übergewicht der Franzosen könnte wiederum negative Auswirkungen auf den Airbus-Standort Hamburg haben, insbesondere hinsichtlich der Arbeitsanteile an der Produktion des Airbus-Flaggschiffs A380. In jedem Falle wären Personalentscheidungen in der Konzernspitze nicht gegen deutsche Widerstände durchzusetzen gewesen – die aber hätte es gegeben, wenn Airbus bereits jetzt Hamburg benachteiligt hätte.

In Wirklichkeit aber hatte Airbus Deutschland bereits seit Fusion der vorher eigenständigen Airbus-Partner zur EADS im Jahr 2000 weitgehende Kompetenzen wie Kostenkalkulation, Personalentscheidungen oder Marketing verloren. Mehr und mehr Befugnisse wurden nach Toulouse verlagert, Hamburg wurde zur weisungsgebundenen Filiale. Seitdem, so klagte ein hochrangiger Airbus-Mitarbeiter, könne in Hamburg gar nichts mehr entschieden werden: „Mit Ausnahme des Zulieferers für Klopapier vielleicht noch."

Auf Intervention des DaimlerChrysler-Konzerns als Hauptaktionär von Airbus Deutschland wurde schließlich nach wochenlangem internem Machtkampf die Doppel-

> **Eigentumsverhältnisse am EADS-Kapital**
>
> *DaimlerChrysler*: 30,28 Prozent
> *Sogeade* (Holdinggesellschaft): 30,28 Prozent (davon etwa je zur Hälfte französischer Staat und Unternehmensgruppe Lagardère)
> *Sepi* (spanischer Staatsbesitz): 5,54 Prozent
> *Streubesitz*: 33,9 Prozent
> (Stand Mai 2005)
> Laut *Spiegel* soll es bei DaimlerChrysler Überlegungen geben, seine Anteile bis 2007 ganz oder teilweise zu verkaufen, um sich wieder auf das Automobilgeschäft zu konzentrieren. Dann könnten die Franzosen den Konzern wie gewünscht dominieren – mit unabsehbaren Folgen für Arbeitspakete und Arbeitsplätze in den deutschen Airbus-Werken.

spitze beim Airbus-Mutterkonzern EADS beibehalten: Dem ehrgeizigen Forgeard wurde mit dem Deutschen Thomas Enders, bislang Leiter der EADS-Rüstungssparte, „ein grober Klotz in den Garten gestellt", hieß es bei DaimlerChrysler. Der harte Enders sollte das Allmachtstreben Forgeards, der auch weiterhin die Zügel bei Airbus in der Hand behalten wollte, ausbremsen. Stattdessen sollte der frühere Chef von Airbus Deutschland, Gustav Humbert, die Führung bei Airbus übernehmen. Welch große Bedeutung die Postenaufteilung für die Franzosen hatte, zeigte sich daran, dass die ursprünglich für Mai 2005 geplante endgültige Entscheidung über die Führungsspitze aufgeschoben wurde. Die französische Regierung fürchtete negative Auswirkungen der brisanten Personalfragen auf das bevorstehende Referendum über die EU-Verfassung. Denn die deutliche Kritik in der Bevölkerung war Meinungsumfragen zufolge auch mit einer Kritik an der französischen Wirtschaftspolitik verknüpft. Anders als in Deutschland gilt Airbus in Frankreich allgemein nicht als europäisches Unternehmen, sondern als französisches Vorzeigeprojekt. Hätte ein Deutscher die Airbus-Führung übernommen, hätte dies die ablehnende Haltung zum Referendum noch verschärft.

Aber würde die Auslieferung des A380, einmal in Toulouse konzentriert, je wieder an die Elbe zurückkehren? War die Entscheidung von Airbus, die für Hamburg zunächst so positiv schien, in Wirklichkeit schon ein Ausstieg auf Raten? Die Erfahrung zeige, so wussten die Verfasser des Deloitte-Gutachtens, „dass in vielen Fällen Lösungen, die sich etabliert haben, beibehalten werden". Bei Unternehmen mit mehreren Standorten würde „der Standort der Konzernzentrale gegenüber den anderen Standorten bei Unternehmensentscheidungen deutlich bevorzugt behandelt".

Bürgermeister von Beust kündigte indessen an, das Enteignungsverfahren gegen die sperrigen Neuenfelder Grundstückseigentümer nun „mit aller Kraft" voranzutreiben: „Jetzt erst recht!" Vorbei war es mit der Freundlichkeit, die er auf der Bürgerversammlung in Neuenfelde zur Schau gestellt hatte. Längst war das kleine Dorf, das der Übermacht von Hamburger Senat, Bundesregierung, EU-Kommission und einem internationalen Großkonzern bisher getrotzt hatte, bundesweit bekannt. Der Vergleich mit der biblischen Geschichte von David und Goliath ging durch die Medien. Doch dem Hamburger Regierungschef ging es „darum, wie das in der Industriepolitik angeschlagene kleine Deutschland sich gegen den Goliath der Globalisierung durchsetzen kann". Es gebe ein „nationales Interesse, den Industriestandort Deutschland hier in der Region Hamburg zu profilieren".

Das düstere Bild einer „industriellen Wüste", das von Beust an die Wand malte, ließ die Gegner unbeeindruckt: Am 19. November 2004 erklärte der Vorstand der Kirchengemeinde St. Pankratius, dem auch Schutzbündnis-Sprecherin Gabi Quast angehört, die Vermittlungsgespräche mit Airbus und der Stadt für gescheitert. Die Kirche hätte ihr Grundstück nur für den Fall hergegeben, dass ohne dieses Opfer „nachweislich viele Menschen um ihre Arbeitsplätze gebracht werden". Eine Arbeitsplatzgarantie wolle das Unternehmen aber nicht einmal für die 100 Jobs abgeben, die das Auslieferungszentrum mit sich bringen sollte.

Der Streit zwischen Stadt und Kirchengemeinde schreckte auch die Bischöfin der Nordelbischen Evangelisch-lutherischen Kirche auf: Maria Jepsen zeigte sich zunächst

„außerordentlich verärgert" und kündigte an, den Beschluss von St. Pankratius rechtlich überprüfen zu lassen. Wenig später vollführte Bischöfin Jepsen eine überraschende Kehrtwende: Sie hätte in der Sache zwar anders entschieden, bekundete sie, warb aber um Verständnis für die Entscheidung des Kirchenvorstandes. Offenbar hatte sie inzwischen erkannt, dass sie als Handlangerin des Staates und des größten europäischen Luftfahrt- und Rüstungskonzerns missbraucht werden sollte. Dieser Schlingerkurs brachte Jepsen nun selbst in die Schusslinie – es kam zu einem Eklat: Von Beust forderte öffentlich den Rücktritt der ungeliebten Bischöfin, die sich in der Vergangenheit schon öfter kritisch zu umstrittenen Vorhaben des Senats geäußert hatte. Nur mühsam konnte der Streit zwischen Staat und Kirche beigelegt werden.

Die Neuenfelder Kirchengemeinde indes blieb hart. Selbst Kanzler Schröder bot seine Dienste als Vermittler an – doch von Beust lehnte ab. Wiederum versuchte der Senat, die noch verbliebenen drei Grundstückseigentümer, außer der Kirchengemeinde der Obstbauer Cord Quast (weder verwandt noch verschwägert mit Gabi Quast) und der Feuerwehrmann Gerd Behr, unter Druck zu setzen: Statt des vorher angebotenen stattlichen Preises (61,50 Euro pro Quadratmeter) wollte die Stadt jetzt nur noch zwischen zwei und zehn Euro bezahlen – oder enteignen. Entgegen der vorherigen Drohung, alle benötigten Grundstücke nur im Paket zu kaufen, bekamen diejenigen Eigentümer, die ihren Grund und Boden bereits an die Stadt veräußert hatten, die vereinbarte hohe Kaufsumme. Dafür zog, sollten die verbliebenen Drei hart bleiben, Airbus sein Drei-Millionen-Angebot für das Dorf Neuenfelde zurück.

Bauer Quasts Geschäfte

„Schlauer Bauer rettet Airbus!" Die *Bild*-Zeitung erfuhr es wieder einmal als erste: Cord Quast, inzwischen wider Willen zum wohl berühmtesten Obstbauern der Republik avanciert, hatte nach zehnmonatigen Verhandlungen mit der Stadt am 4. Dezember 2004 völlig unerwartet seine vier Grundstücke von insgesamt 38.277 Quadratmeter abgetreten. Nach Darstellung der in dieser Sache offenbar bestens informierten *Bild* bekam er dafür mindestens 2,35 Millionen Euro sowie rund 38.000 Quadratmeter Ersatzland aus städtischem Besitz. Wegen ihrer Lage mitten auf der Trasse für die geplante Startbahnverlängerung galten Quasts Obstplantagen als „Schlüsselgrundstücke" zur Verwirklichung des Vorhabens. „Mein Mandant fürchtete, am Ende vielleicht doch noch enteignet zu werden", erklärte Quasts Anwalt Michael Günther den plötzlichen Sinneswandel. Außerdem habe er dem heftigen Druck der Öffentlichkeit nicht länger standhalten können: „Es ging zwar um das ganze Dorf, aber insbesondere er sollte seinen Kopf dafür hinhalten." „Das mit Quast war Rufmord", konstatierte auch der Neuenfelder Rechtsanwalt und ehemalige FDP-Bürgerschaftsabgeordnete Ekkehard Rumpf. Nun wurde Bauer Quast in den Medien als Retter des Wirtschaftsstandortes gefeiert – ein findiger Zeitgenosse vermarktete sogleich braune Cordhüte, Quasts Markenzeichen.

Auf den ersten Blick hatte der Obstbauer nicht nur ein gutes Geschäft gemacht, sondern auch die Interessen des Dorfes gewahrt: Er hatte nämlich dem Senat einen 19-Punkte-Katalog abgehandelt, der „Leistungen zum Schutz der Kulturlandschaft des Alten Landes und zum Erhalt des Dorfes Neuenfelde" festschreiben sollte – ein großer Erfolg, wie Rechtsanwalt Günther öffentlich verkündete. In Wirklichkeit erwiesen sich die vermeintlichen Zusagen der Stadt als vage Absichtserklärungen oder Prüfaufträge: Ob Lärmschutzmaßnahmen, Deichsicherheit oder Wiederverpachtung stadteigener Flächen an die Bauern – meist hieß es nur: „Es wird sich darum bemüht ..., es wird angestrebt ..., es wird geprüft". Wie Quast mitsamt seinem Anwalt dabei über den Tisch gezogen wurde, zeigt auch die Formulierung, dass eine Industrieansiedlung „östlich und südlich der Landebahn ausgeschlossen" sein solle. Ein Blick auf die Landkarte offenbart jedoch, dass für die von der Wirtschaftsbehörde seit langem erstrebte Industrialisierung vor allem die westlich gelegenen Obstbauflächen in Frage kommen. Um das Dorf in Sicherheit zu wiegen, bot die Stadt selbst ein Sperrgrundstück am Ende der Landebahn an, das zukünftig eine nochmalige Verlängerung verhindern sollte. Dazu sollte grundbuchlich vereinbart werden, dass ohne Zustimmung der einzutragenden Eigentümer keine Erweiterung des Airbus-Werksgeländes erfolgen dürfe. Nach den Erfahrungen der Vergangenheit sahen die Neuenfelder, bestärkt durch ihren Anwalt Nebelsieck, in dem scheinbaren Entgegenkommen eine neuerliche Finte.

Bei Vertretern von Wirtschaft und Politik löste der Deal dagegen Freude und Erleichterung aus. Nun könne das Vorhaben ohne Enteignungen verwirklicht werden, sagte Wirtschaftssenator Uldall. Dennoch forderte er die beiden verbliebenen Eigentümer weiterhin zum Verkauf auf: Sie könnten das Projekt ohnehin „nicht mehr verhindern, sondern nur noch verzögern und verteuern". Denn deren Ländereien liegen nicht direkt auf der projektierten Landebahn-Trasse, sondern am Rande der vorgeschriebenen Sicherheitszone. Das ermöglichte der Stadt eine neue Option: An den Stellen, an denen die Grundstücke in die Sicherheitszone hineinragen, könne diese einfach verschmälert werden, behauptete Uldall. Das Problem dabei: Die Landebahnverlängerung erfordert die Verlegung einer bestehenden Straße. Diese soll um die Piste herumgeführt werden und müsste nun teilweise durch die Flugsicherheitszone verlaufen. Kein Problem für Uldall: Wenn ein Flugzeug startet oder landet, müsse eben eine Ampel den Straßenverkehr stoppen. Für eine solche teilweise „Taillierung" der Sicherheitszone bedarf es jedoch einer Ausnahmegenehmigung der Deutschen Flugsicherung. Prompt signalisierte das zuständige Bundesverkehrsministerium, einem entsprechenden Antrag der Hamburger Wirtschaftsbehörde zügig zuzustimmen. Dabei war die Möglichkeit einer Straßenführung durch den Sicherheitsbereich im bisherigen Planfeststellungsverfahren stets verneint worden.

Im April 2005 leitete die Wirtschaftsbehörde das erforderliche Planänderungsverfahren ein. Umgehend kündigten die Gegner den erneuten Gang vor die Gerichte an. Nach wie vor sei eine Bedarfsbegründung für das Projekt nicht gegeben. „Es besteht keine größere Planungssicherheit für Stadt und Airbus", hieß es auch beim BUND. Insofern erwies sich der vermeintliche Triumph der Stadt lediglich als „Durchbruch zweiter Klasse" (*Der Spiegel*).

Die Stadt hatte aber noch ein weiteres Hindernis aus dem Weg zu räumen: Das Sperrgrundstück, das ein Obstbauer seinerzeit Verbänden und Privatpersonen vermacht hatte, musste enteignet werden. Zwar hatte das Oberverwaltungsgericht in seinem Urteil vom August 2004 die Klagen der Anteilseigner an dieser Fläche als „rechtsmissbräuchlich" bezeichnet, doch auch gegen die Enteignung des Sperrgrundstücks haben die Besitzer bereits Klagen angekündigt. Mit guten Erfolgschancen, wie Rechtsanwalt Peter Mohr meint: Denn dann müsste das Gericht das umstrittene Airbus-Enteignungsgesetz genau unter die Lupe nehmen – das nicht wenige Rechtsgelehrte für verfassungswidrig halten.

Ein Pottwal hebt ab

„Das war eine gelungene Mischung aus Musical, Operette und Gottesdienst." Bürgermeister von Beust war begeistert über die pompöse Feier, bei der am 18. Januar 2005 der Super-Airbus A380 in Toulouse erstmals der Öffentlichkeit vorgestellt wurde. 5000 geladene Gäste, darunter Bundeskanzler Schröder, Frankreichs Staatspräsident Chirac, der britische Premierminister Tony Blair und der spanische Ministerpräsident José Luis Zapatero, erlebten die „Offenbarung des A380" (dpa). Untermalt von Laserlichteffekten und wallendem Bühnennebel, fiel der Vorhang und gab den Blick frei auf ein monströses Flugzeug, das nur wenig gemein hat mit den Computerbildern, die jahrelang in Werbebroschüren und Medienberichten verbreitet wurden: Der Superjumbo präsentierte sich, wie die *Frankfurter Allgemeine Zeitung* spottete, eher wie ein „Pottwal mit Flügeln" oder ein „zu kurz geratenes Dickschiff", das sich neben der eleganten Erscheinung der inzwischen ausrangierten Concorde ausnehme „wie Obelix neben Brad Pitt".

Dennoch – die Regierungschefs feierten die Vorstellung des Super-Airbus, für dessen Entwicklung sie dem EADS-Konzern Subventionen von insgesamt 3,2 Milliarden Euro gewährt hatten, als Beginn einer „neuen Epoche der Weltluftfahrt" (*Welt am Sonntag*). „Die Traditionen des guten alten Europa", schwärmte Kanzler Schröder mit einem Seitenhieb gegen die USA, hätten diesen „Triumph der europäischen Wissenschaft und Ingenieurskunst" ermöglicht, der „ein Stück europäischer Industriegeschichte" schreibe. Und Hamburg, so freute sich Bürgermeister von Beust in der zweiten Reihe, war dabei – auch wenn der Airbus-Standort Hamburg in der ganzen Zeremonie mit keinem Wort erwähnt wurde.

In der Tat schien es so, als hätte Airbus den amerikanischen Erzrivalen Boeing endgültig vom Thron gestoßen: Spätestens seit 2003 hatten die Amerikaner bei den mittelgroßen Flugzeugtypen gegenüber der europäischen Konkurrenz schmerzhafte Verluste hinnehmen müssen. Allein 2004 lieferte Airbus insgesamt 320 Flugzeuge an Kunden aus – 35 mehr als Boeing. Dessen Bilanz brach im vierten Quartal 2004 um 84 Prozent ein. Nun hatte Airbus mit dem A380 auch das bisherige jahrzehntelange Monopol des Konkurrenten aus Seattle im Bereich der Großraumflugzeuge gebrochen: „Mit dem A380 stoßen sie (Airbus) nun in die profitabelste Zone vor. Dort geht es ums große Geld, nicht anders als im Automobilbau bei den Luxuskarossen", sagte der frühere EU-Handelskommissar Pascal Lamy. Branchenkenner gehen davon aus, dass das bisher größte Verkehrsflugzeug der Welt, die Boeing 747, zeitweise mehr als 80 Prozent zum Gewinn des amerikanischen Flugzeugbauers beigetragen hat. Bisher hatten die Boeing-Manager stets kundgetan, dass das Airbus-Konzept eines noch größeren Superjumbos keine Zukunft habe, weil nach ihrer Meinung der Trend zu mittelgroßen Maschinen mit großer Reichweite ginge. Schockiert mussten sie nun zur Kenntnis nehmen, dass Airbus im Frühjahr 2005 bereits 154 Bestellungen für den A380 verbuchen konnte – ein Milliardengeschäft und eine existenzielle Bedrohung für Boeing. Fast verzweifelt kündigte der US-Rivale in Seattle wenige Tage vor der Präsentation des A380 die Produktion einer größeren Version des Boeing-Flaggschiffes 747 an. Die Reaktion der Fluggesellschaften war indes verhalten. Nicht anders erging es den Amerikanern mit ihrer Neuentwicklung, dem „Dreamliner" 7E7 (jetzt 787), ein mittelgroßes Langstreckenflugzeug, das 20 Prozent weniger Treibstoff verbrauchen soll als andere vergleichbare Modelle. „Dabei geht es für die Amerikaner ums Überleben, andernfalls würden sie vom Markt verschwinden", so Ex-Handelskommissar Lamy. Prompt kündigte Airbus Ende 2004 den Bau des Modells A350 an, der dem neuen Hoffnungsträger von Boeing Konkurrenz machen soll. Viele Kunden warten daher erst einmal ab – die Bestellungen für den „Dreamliner" blieben zunächst weit hinter den Erwartungen der Boeing-Manager zurück.

Der Subventionsstreit zwischen den USA und der Europäischen Union, der fast schon beigelegt schien, eskalierte erneut. Die amerikanische Regierung reichte vor der Welthandelsorganisation WTO Klage gegen die Europäer ein – die die EU prompt mit einer Gegenklage konterte. EU-Handelskommissar Peter Mandelson rechnet mit dem „größten, teuersten und schwierigsten Rechtsstreit in der Geschichte der WTO". Washington will vor allem verhindern, dass die am Airbus-Unternehmen beteiligten Staaten dem Konzern Finanzhilfen für den neuen A350 gewähren. Airbus hatte bereits einen Antrag über 1,2 Milliarden Euro angekündigt. Die deutsche Regierung ist fest entschlossen, die mühsam errungene Vormachtstellung des europäischen Flugzeugbauers mit Steuergeldern weiter zu festigen: Nach Informationen der *Financial Times Deutschland* hat der Bund für ein entsprechendes Airbus-Darlehen bereits eine so genannte Verpflichtungsermächtigung in Höhe von 390 Millionen Euro im Haushalt 2005 eingestellt. Airbus selbst kündigte indessen an, für den A350 einen Teil der Komponenten erstmals in China produzieren zu lassen und in Peking sogar ein Entwicklungszentrum für diesen Flugzeugtyp zu errichten.

Dabei waren für den Start des Superjumbos A380 noch längst nicht alle Schwierigkeiten ausgeräumt. Der Streit um die Startbahnverlängerung in Hamburg-Neuenfelde interessierte den EADS-Konzern dabei – wenn überhaupt – nur am Rande. Manager und Techniker in der französischen Airbus-Zentrale Toulouse hatten gravierendere Probleme zu lösen: Zunächst kündigte der scheidende Co-Konzernchef Rainer Hertrich Ende 2004 an, dass die Entwicklung des A380 weit teurer als geplant werden könnte: Der erwartete Mehraufwand von etwa 1,45 Milliarden Euro ließ die Entwicklungskosten auf rund 12 Milliarden Euro steigen. Denn in vielerlei Hinsicht hatten die Airbus-Ingenieure mit dem neuen Riesenflieger technisches Neuland betreten. Die schiere Größe und die Verwendung neuartiger Materialien und Systeme stellten die Flugzeugbauer vor immer neue Herausforderungen. So hatten sich an den 80 Meter spannenden Tragflächen bereits in der Computersimulation niederfrequente Schwingungen mit enormen Kräften gezeigt, die im Flugbetrieb zum Abriss der Flügel hätten führen können. „Wir haben Albträume durchlitten", so ein Airbus-Ingenieur. Doch auch nach der öffentlichen Präsentation schienen noch immer nicht alle technischen Probleme gelöst. Ursprünglich hatte der A380 Ende März 2005 zum Jungfernflug starten sollen. Der Termin musste jedoch um mehrere Wochen verschoben werden.

Die Airbus-Manager beeilten sich, die Probleme herunterzuspielen. Die Verspätung sei normal: „Ein Tag oder zwei Tage, und selbst eine Woche oder zwei, das macht kaum einen Unterschied", erklärte eine Firmensprecherin. Doch trotz der Beschwichtigungen führte die zeitliche Verschiebung des Erstflugs dazu, dass die Aktien des Mutterkonzerns EADS an der Börse um fast drei Prozent fielen. Lieber gab Airbus die Einstellung des 2000sten Mitarbeiters für das A380-Projekt in Hamburg bekannt – Marcus Mückenheim, bis dahin „Leiharbeiter" einer Zeitarbeitsfirma, hatte einen festen Vertrag bekommen. Ausschließlich mit Zeitarbeitern, wie noch in der internen Besprechung vom 9. Oktober 2001 vom Airbus-Personalchef vorgeschlagen, ging es also offenbar doch nicht. Der Konzern erklärte indessen, man habe „2000 neue, unbefristete und direkte Arbeitsplätze geschaffen".

Ungelöst ist bis jetzt (Stand Juni 2005) ein weiteres Problem, an dem gar die technische Zulassung des A380 hängt: Im Notfall müssen alle 853 Passagiere, die maximal in dem doppelstöckigen Großraumflugzeug Platz finden, innerhalb von nur 90 Sekunden über Notrutschen evakuiert werden können – auch wenn die Hälfte der 18 Türen und Notausstiege blockiert ist. Bislang, so war aus Airbus-Kreisen zu vernehmen, scheint dieses Problem fast unlösbar. Insbesondere die Passagiere des Oberdecks müssten aus rund acht Metern Höhe in die Notrutschen springen – eine Mutprobe der besonderen Art. Der entscheidende Test soll im Spätsommer 2005 starten – mit sportlichen und gesunden Freiwilligen, die auf ihren Einsatz vorbereitet sind. Doch selbst wenn die Evakuierung unter diesen Bedingungen gelingen sollte, bleibt die Frage: Was passiert im tatsächlichen Notfall, wenn Panik ausbricht und ältere und gehbehinderte Menschen oder schwangere Frauen an Bord sind?

Der Pilot und Luftfahrtforscher John Hansman vom Massachusetts Institute of Technology sieht mit dem A380 denn auch eine neue „soziale Qualität" am Himmel. Den Folgen auch nur eines großen Unfalls, so Hansman, käme „weit mehr Bedeutung zu, als es die bloße Zahl der Opfer erahnen ließe". Im Falle eines solchen GAU würden „grundsätzliche Zweifel an derart großen Massentransportmitteln aufkommen". Wenn ein voll besetzter A380 abstürzen sollte, da sind

A380 – Gigant der Lüfte

sich Experten einig, würde diese Katastrophe den gesamten Konzern mitreißen.

Doch auch ohne Katastrophen bleibt der A380 ein Risiko für Airbus: Angesichts der enormen Entwicklungskosten sind Konzernangaben zufolge 250 Bestellungen nötig, um in die Gewinnzone zu kommen. Unabhängige Bankanalysten halten es dagegen für wahrscheinlich, dass die Gewinnschwelle erst bei 530 verkauften Jets dieses Typs erreicht wird. Einer der Gründe: Airbus verkauft sein neues Flaggschiff offenbar mit äußerst großzügigen Preisnachlässen für Erstkunden – günstiger als der Superjumbo Boeing 747. Mit dieser aggressiven Vermarktungsstrategie wolle Airbus-Vertriebschef John Leahy den amerikanischen Konkurrenten ausstechen, heißt es in Branchenkreisen. Ein solches Vorgehen rechnet sich allerdings nur durch die großzügigen Dauersubventionen der „Airbus-Staaten" Deutschland, Frankreich, Großbritannien und Spanien. Wenn der Airbus wirklich eine Erfolgsstory sei, so kommentierte Marc Beise in der *Süddeutschen Zeitung*, müsse er sich „nach 35 Jahren bitte langsam selbst finanzieren". Beim A380 handele es sich um ein „gewaltiges Experiment, dessen Vernünftigkeit und Wirtschaftlichkeit noch gar nicht erwiesen ist".

Am 27. April 2005 startete das Experiment A380 von Toulouse aus zu seinem Jungfernflug. Um 10.29 Uhr hob der Gigant unter dem Jubel von Zehntausenden Schaulustigen ab, vier Stunden später landete er ohne Probleme wieder. Die gab es jedoch an anderer Stelle: Wenige Wochen nach dem Jungfernflug kündigte Airbus an, dass sich die Auslieferung des neuen Flugzeugs an die Kunden um bis zu sechs Monate verzögern werde. Gründe nannte der Konzern nicht. Die Zeitung *International Herald Tribune* berichtete jedoch, dass das Werk Finkenwerder fehlerhaft ausgerüstete Rumpfsegmente zur Endmontage nach Toulouse geliefert habe. Bereits in der internen Airbus-Aktennotiz vom Januar 2003 war von mangelnder Qualität der Arbeit die Rede gewesen. Möglicherweise handelte es sich bei dieser Meldung aber auch um eine Intrige der Franzosen: Immer noch tobte hinter den Kulissen des EADS-Mutterkonzerns ein heftiger Machtkampf: Die Franzosen, namentlich Hauptaktionär Arnaud Lagardère, blockierten seit Wochen die eigentlich schon beschlossene Ernennung von Gustav Humbert zum neuen Airbus-Chef. Lagardère drängte darauf, die Airbus-Sparte direkt dem designierten EADS-Boss Forgeard zu unterstellen. Brancheninsider vermuteten, dass die französische Seite versuche, den Deutschen die Schuld an den Verzögerungen bei der Produktion des A380 zuzuschieben, um so die Personalentscheidung noch zu ihren Gunsten zu beeinflussen – was letztlich nicht gelang. Den Kunden waren indes die Hintergründe für die Verschiebung der vertraglich zugesicherten Liefertermine gleichgültig – mehrere Fluggesellschaften drohten mit Regressforderungen.

Das Mühlenberger Loch ist überall

Unterdessen feierten Airbus und die Stadt Hamburg einen juristischen Erfolg: Am 2. Juni 2005 hob das Hamburgische Oberverwaltungsgericht (OVG) ein Urteil der Vorinstanz vom 27. August 2002 auf. Damals hatte das Verwaltungsgericht den Planfeststellungsbeschluss für die Zuschüttung des Mühlenberger Lochs für rechtswidrig erklärt und die behördliche Baugenehmigung aufgehoben. Die Kläger, so die damalige Begründung, bräuchten die mit dem A380-Projekt verbundene Lärmbelastung nicht zu dulden, da das Vorhaben nicht gemeinnützig sei, sondern allein den Wirtschaftsinteressen eines privaten Unternehmens diene. Nun erklärte das OVG das Privatunternehmen Airbus für „mittelbar gemeinnützig", weil es Arbeitsplätze geschaffen habe. Damit hätten die Richter juristisches Neuland betreten, sagte Ulrich Karpen, Professor für öffentliches Recht an der Universität Hamburg: „Das Gericht hat erstmals die klare Trennung zwischen gemein- und privatnützig aufgegeben." Wegen dieser bisher ungelösten Rechtsfrage ließ das OVG ausdrücklich eine Berufung beim Bundesverwaltungsgericht in Leipzig zu. Sollte dieses das brisante Hamburger Urteil bestätigen, würden zukünftig die Rechte Betroffener drastisch eingeschränkt – nicht nur gegenüber Airbus. Schließlich könne jedes Unternehmen mit dem Versprechen, Arbeitsplätze zu schaffen oder auch nur zu erhalten, eine „mittelbare Gemeinnützigkeit" für sich in Anspruch nehmen, warnten die Klägeranwälte Mohr und Nebelsieck und kündigten umgehend den Gang nach Leipzig an.

Nach wie vor offen ist die naturschutzrechtliche Beurteilung des Projekts. Umweltverbände streiten vor Gericht um das Recht, gegen den aus ihrer Sicht eindeutigen Verstoß gegen EU-Recht klagen zu dürfen. Dabei wurden im Mühlenberger Loch längst vollendete Tatsachen geschaffen. Ob der Airbus-Standort Finkenwerder allerdings zukünftig auch an der prestigeträchtigen Kundenauslieferung des Superjumbos beteiligt sein wird, bleibt weiterhin offen.

Die juristische Auseinandersetzung wird noch über Jahre durch alle Instanzen weitergehen, bis zum Bundesverwaltungsgericht, vielleicht sogar bis zum Europäischen Gerichtshof. (Aktuelle Informationen zum Stand des Verfahrens gibt es im Internet unter www.elbbucht.de) Niemand weiß, wie und wann die Richter abschließend über die Rechtmäßigkeit der Airbus-Werkserweiterung entscheiden werden. Niemand kennt die zukünftige Standortpolitik der neuen EADS-Führungsspitze. Niemand kann für den Erhalt der Arbeitsplätze in der krisenanfälligen Flugzeugindustrie garantieren, weder in Hamburg noch in Toulouse oder Seattle.

Dabei hat die bisherige Entwicklung im Airbus-Streit schon genügend existenzielle Fragen aufgeworfen: Ist es ökonomisch vernünftig, in der Hoffnung auf qualifizierte Arbeitsplätze in Hamburg ein Privatunternehmen mit über 700 Millionen Euro Steuergeldern zu subventionieren? Rechtfertigt die Aussicht auf Jobs die Schaffung von Sondergesetzen für einen „Global Player"? Welchen Stellenwert hat geltendes EU-Recht, wenn führende Politiker es nach Bedarf aushebeln können? Welche autonomen Entscheidungskompetenzen bleiben einer demokratisch legitimierten Landesregierung noch in einer Welt, in der wenige Großunternehmen über Wohl und Wehe ganzer Regionen entscheiden können?

Eines aber ist gewiss: Mit der Mühlenberger Elbbucht wurde weit mehr als ein Naturschutzgebiet von europäischem Rang zerstört. Der Konflikt hat tiefe Wunden hinterlassen, nicht nur bei den betroffenen Obstbauern von Neuenfelde, sondern bei allen, die für Demokratie und Rechtsstaatlichkeit eintreten. Auch der Hamburger Regierungschef, seine Senatorenriege und das Parlament müssen letztlich erkennen, dass sie nur Marionetten in einem spektakulären Theater sind.

Heute spielt das Stück in Hamburg, morgen in einer anderen Region der globalisierten Welt. Das Mühlenberger Loch ist überall.

Der Airbus-Streit – eine Chronologie

1979: Die Flugzeugwerft Messerschmitt-Bölkow-Blohm (MBB), Vorgängerin des Airbus-Werks in Hamburg-Finkenwerder, beantragt auf Drängen der Hamburger Wirtschaftsbehörde eine Erweiterung ihrer Betriebsfläche in die Elbbucht „Mühlenberger Loch" (MüLo).

Dezember 1981: MBB verzichtet nach breitem Widerstand aus Öffentlichkeit und Politik auf die Werkserweiterung ins MüLo.

Mai 1982: Der Hamburger Senat (Landesregierung) weist das MüLo als Landschaftsschutzgebiet aus.

1997: Der Senat diskutiert öffentlich seine Absicht, sich für den Bau des geplanten Großraumflugzeugs A3XX (heute A380) zu bewerben.

Januar 1998: Hamburg deklariert das MüLo als „Besonderes Schutzgebiet" nach der EU-Vogelschutz-Richtlinie.

April 1998: Airbus legt allen Bewerbern einen Forderungskatalog als Voraussetzung für die Ansiedlung eines A380-Montagewerks vor. Darin ist auch die Länge der Start- und Landebahn festgelegt, die die Stadt Hamburg der Öffentlichkeit verheimlicht.

Juni 1998: Hamburg bewirbt sich offiziell als Standort für die „Endlinienfertigung", d.h. die komplette Montage des A380. Mehrere Umweltverbände reichen Beschwerde bei der EU-Kommission wegen der geplanten Zerstörung des EU-Schutzgebietes Mühlenberger Loch ein.

Oktober 1998: Wirtschaftsbehörde und Airbus beantragen, für die Erweiterung des Betriebsgeländes eine 170 ha große Teilfläche des MüLo zu verfüllen und die Start- und Landebahn auf 2684 Meter zu verlängern.

Dezember 1998: Hamburg meldet das MüLo als Europäisches Naturschutzgebiet nach der „Fauna-Flora-Habitat-Richtlinie" in Brüssel an – Voraussetzung für eine Ausnahmegenehmigung von den strengen Schutzvorschriften.

Dezember 1998: Wirtschaftsstaatsrat Heinz Giszas bietet Airbus eine Verlängerung der Start-/Landebahn auf 3185 m an.

Februar 1999: Während des dreiwöchigen Erörterungstermins zur Airbus-Werkserweiterung wird das bisher unbekannte Schreiben von Staatsrat Giszas den Projektgegnern zugespielt. Die Wirtschaftsbehörde tritt gleichzeitig als Antragstellerin, Erörterungs- und Genehmigungsbehörde auf.

August 1999: EU-Umweltkommissarin Ritt Bjerregaard leitet wegen der geplanten Beeinträchtigung des MüLo ein Vertragsverletzungsverfahren gegen Deutschland ein.

September 1999: Airbus fordert von den Bewerbern um den Bau des A380 eine Landebahnlänge von 3500 Meter. Wirtschaftssenator Thomas Mirow gibt hierfür eine politische Zusage ab, obwohl eine so lange Bahn das zum Stadtstaat Hamburg gehörige Obstbauerndorf Neuenfelde zerstören würde.

Oktober 1999: Betroffene Bauern, Bürger und Verbände gründen ein „Schutzbündnis für Hamburgs Elbregion", mit rund 30.000 Menschen die größte Bürgerinitiative Deutschlands.

Dezember 1999: Airbus erteilt dreien der ursprünglich fünf Bewerberstädte um die A380-Fertigung eine Absage, darunter auch Rostock-Laage. Damit sind nur noch Toulouse und Hamburg im Rennen.

März 2000: Bundeskanzler Gerhard Schröder bittet EU-Präsident Romano Prodi, sich persönlich dafür einzusetzen, dass die Umweltkommissarin die erforderliche, aber bis dahin verweigerte Genehmigung für das umstrittene Vorhaben erteilt.

April 2000: Bjerregaard-Nachfolgerin Margot Wallström genehmigt formal die Teilverfüllung des Mühlenberger Lochs.

Mai 2000: Die Wirtschaftsbehörde erlässt die Planfeststellungsbeschlüsse (behördliche Genehmigung) für die Teilverfüllung des Mühlenberger Lochs sowie für die vorgesehenen Ausgleichsmaßnahmen „Hahnöfersand" und „Haseldorfer Marsch".

Juni 2000: Airbus gibt seine Standortentscheidung für den Bau des A380 bekannt: Die Endmontage findet im Hauptwerk Toulouse statt, Hamburg übernimmt die Montage zweier Rumpfsegmente, den Innenausbau und die Lackierung sowie die Auslieferung an Kunden aus Europa und dem Mittleren Osten – insgesamt nur fünf Prozent am Produktionswert eines A380.

Juni/Juli 2000: Knapp 300 betroffene Privatpersonen sowie mehrere Umweltverbände reichen vor dem Verwaltungsgericht Klagen gegen die Planfeststellungsbeschlüsse ein.

Juli 2000: Die Wirtschaftsbehörde ordnet die „sofortige Vollziehbarkeit" der Planfeststellungsbeschlüsse an, obwohl Airbus eine Entscheidung über den tatsächlichen Bau des A380 erst für das Jahresende angekündigt hat. Die Bauarbeiten sollen unmittelbar nach einer positiven Entscheidung beginnen.

September/Oktober 2000: Senat und Bürgerschaft (Parlament) stellen trotz schwieriger Haushaltslage Finanzmittel von 665 Millionen Euro (1,3 Milliarden DM) für das Vorhaben zur Verfügung.

Dezember 2000: Das Hamburger Verwaltungsgericht (VG) verhängt vorsorglich einen Baustopp für die Arbeiten im Mühlenberger Loch – wenige Stunden später gibt Airbus seine Entscheidung zum Bau des A380 bekannt. Das VG betont, dass das Vorhaben nicht gemeinnützig sei, sondern allein dem Interesse eines privaten Unternehmens diene.

Januar 2001: Die Wirtschaftsbehörde und Airbus legen beim Hamburger Oberverwaltungsgericht (OVG) Widerspruch gegen die Entscheidung der Vorinstanz ein. Airbus droht dem OVG, im Falle einer für das Unternehmen negativen Entscheidung die gesamte Produktion des A380 nach Toulouse zu verlagern, und setzt eine Frist bis Mitte Februar.
In einer weiteren Entscheidung hält das VG die von Brüssel erteilte Ausnahmegenehmigung und damit die Zerstörung des Mühlenberger Elbwatts für rechtswidrig, verweigert den Umweltverbänden jedoch aus formalen Gründen das Klagerecht.

Februar 2001: Das OVG hebt im Eilverfahren den Baustopp auf, ohne in der Sache zu entscheiden. Zwei Tage später beginnen die Bauarbeiten im MüLo.

März/April 2001: Umweltverbände und Privatkläger legen beim Bundesverfassungsgericht (BVerfG) in Karlsruhe Beschwerden ein und stellen Eilanträge auf einstweilige Anordnung eines Baustopps.

Mai 2001: Das BVerfG weist die Eilanträge ab.

September 2001: Das BVerfG weist die Verfassungsbeschwerden ab.

September 2001: Ein internationales Expertenteam besichtigt im Rahmen einer „Ramsar-Beratungsmission" den Eingriff ins Mühlenberger Elbwatt sowie die geplanten Ausgleichsmaßnahmen. Das Gremium bescheinigt Deutschland massive Verstöße gegen die Ramsar-Konvention zum Schutz international bedeutsamer Feuchtgebiete.

Oktober 2001: Das VG Schleswig erklärt die geplante Ausgleichsmaßnahme in der Haseldorfer Marsch für rechtswidrig und verhängt einen Baustopp. Eine Beschwerde der Stadt Hamburg beim OVG Schleswig wird im Februar 2002 abgewiesen. Obwohl durch diese Entscheidung eine wesentliche Voraussetzung für die EU-rechtliche Genehmigung des Gesamtvorhabens entfallen ist, werden die Bauarbeiten im MüLo unverändert fortgeführt.

November 2001: Hamburg übergibt eine erste baufertige Teilfläche im ehemaligen Elbwatt an Airbus.

Februar 2002: Der Senat beschließt einen Gesetzentwurf, der die vom Verwaltungsgericht in Frage gestellte Gemeinnützigkeit der Airbus-Werkserweiterung festschreibt.

April 2002: Auf der im November übergebenen Teilfläche wird der Grundstein für die erste A380-Montagehalle gelegt. Kurz darauf kündigt Airbus die Forderung nach einem weiteren Ausbau der Werkslandebahn an.

Juni 2002: Airbus beantragt den Ausbau der Start-/Landebahn auf 3273 Meter – 589 Meter mehr als im Planfeststellungsverfahren zur Werkserweiterung gefordert und genehmigt. Nach Darstellung des Konzerns ist die längere Landebahn Voraussetzung für die Kundenauslieferung der A380-Frachtversion.

Juli 2002: Der Senat unterstützt den Airbus-Antrag und stellt für die Verlängerung der Werkspiste weitere 56 Millionen Euro Steuergelder bereit.

August 2002: Das Hamburger Verwaltungsgericht hebt im Hauptverfahren den Planfeststellungsbeschluss vom Mai 2000 für die Werkserweiterung auf, erlässt aber keinen Baustopp. Die Bauarbeiten im Mühlenberger Loch werden planmäßig fortgeführt. Gleichzeitig erklärt das Gericht die vom Senat erlassene „Lex Airbus", die das Vorhaben per definitionem als gemeinnützig deklariert, für nichtig. Begründung: Ein solches Gesetz sei Sache des Bundesgesetzgebers und dürfe zudem nicht rückwirkend erlassen werden, um das Projekt nachträglich zu legalisieren.

Mai 2003: Bundeskanzler Schröder sagt der Stadt Hamburg zu, sich für eine Änderung des Bundesluftverkehrsgesetzes einzusetzen. Damit soll für die Bundesländer eine gesetzliche Grundlage geschaffen werden, auch einen privaten Werksflugplatz als gemeinnützig zu deklarieren und betroffene Grundeigentümer notfalls enteignen zu können.

Juni 2003: Bundeskabinett und Bundesrat stimmen der Gesetzesänderung zu.

September 2003: Die Hamburger Wirtschaftsbehörde legt die Pläne zur weiteren Verlängerung der Start-/Landebahn aus, die nach dem Ausbau bis unmittelbar an das Dorf Neuenfelde im Alten Land reichen wird.

Oktober 2003: Der Bundestag verabschiedet die Änderung des Bundesluftverkehrsgesetzes.

Januar 2004: Auf dem Erörterungstermin zur Landebahnverlängerung gelingt es Airbus nicht, den Bedarf für das Vorhaben zu begründen. Eine plausible Bedarfsbegründung hatte die Hamburger Bürgerschaft jedoch als Voraussetzung für ein Enteignungsgesetz gefordert.

Februar 2004: Die Hamburger Bürgerschaft beschließt trotz fehlender Bedarfsbegründung und verfassungsrechtlicher Bedenken unabhängiger Juristen ein Enteignungsgesetz für

Airbus auf der Grundlage des geänderten Bundesluftverkehrsgesetzes.

April 2004: Die Stadt lässt in Neuenfelde die ersten Häuser abreißen – noch vor Erlass des Planfeststellungsbeschlusses zur Landebahnverlängerung. Weit über 200 Betroffene reichen Klagen gegen den Planfeststellungsbeschluss ein.

Mai 2004: Airbus und die Stadt scheitern mit ihrem Versuch, in einer „geheimen Kommandoaktion" am Himmelfahrtsfest den Hochwasserschutzdeich entlang der Elbe vor Neuenfelde wegzureißen, um weitere Fakten zu schaffen. Verwaltungs- und Oberverwaltungsgericht stoppen in Eilentscheidungen das „Himmelfahrtskommando".

Juni 2004: Das VG Hamburg bestätigt den im Mai verhängten Baustopp und erklärt den Planfeststellungsbeschluss zur Landebahnverlängerung für rechtswidrig.

Juli 2004: Airbus und die Stadt Hamburg schließen einen Vertrag, in dem sich die Stadt verpflichtet, die erforderlichen Flächen für die Verlängerung der Airbus-Landebahn rechtzeitig bereit zu stellen – durch Grunderwerb oder Enteignung.

August 2004: Auch das Hamburger Oberverwaltungsgericht verbietet die Enteignung der Grundeigentümer für die Verlängerung der Werkspiste wegen substanzieller rechtlicher Mängel des von der Wirtschaftsbehörde erlassenen Planfeststellungsbeschlusses.

September 2004: Airbus stellt der Stadt ein Ultimatum: Sollten die benötigten Grundstücke nicht bis Mitte November 2004 verfügbar sein, droht der Konzern damit, die prestigeträchtige Auslieferung des A380 komplett in Toulouse vorzunehmen.

Oktober/November 2004: Die Wirtschaftsbehörde und Teile der Presse inszenieren eine Medienkampagne, um verkaufsunwillige Grundeigentümer öffentlich unter Druck zu setzen und so trotz der juristischen Niederlage doch noch in den Besitz der Flächen zu kommen. Die Neuenfelder Obstbauern und die Kirchengemeinde werden bundesweit als Totengräber des Wirtschaftsstandortes Deutschland diffamiert. Airbus verlängert das Ultimatum schrittweise zunächst bis Anfang Dezember 2004, später sogar bis 2006. Die meisten der vor Gericht siegreichen Grundbesitzer geben schließlich entnervt auf und verkaufen ihr Land an die Stadt.

Dezember 2004: Die Stadt verfügt nun über praktisch alle benötigten Flächen – mit Ausnahme einiger weniger Grundstücke im zukünftigen Sicherheitsbereich der verlängerten Landebahn. Hamburg beantragt für die Einschränkung des Sicherheitsstreifens eine Ausnahmegenehmigung beim Bundesverkehrsministerium. Angesichts der unveränderten Rechtslage gibt es weiterhin keine abschließende Rechtssicherheit für die Stadt und den Airbus-Konzern.

Januar 2005: Der Super-Airbus A380 wird in Toulouse der Öffentlichkeit vorgestellt.

April 2005: Nach mehrwöchiger Verzögerung startet der A380 vom Werksflughafen Toulouse aus zum Jungfernflug.

Abbildungsnachweis

14 Übersichtskarten: Verlag **19/20** Günther Helm **34** Günther Helm **38/39** Diagramme aus: Mitschke, A. & S. Garthe: Die Bedeutung des Mühlenberger Loches als Rast- und Nahrungsgebiet für Wasser- und Watvögel. Hamburger avifaunistische Beiträge Bd. 26, 1994 **40/41** Günther Helm **49** Günther Helm **98 oben** Christian Kaiser **98 unten** Günther Helm **103/104** Sigrid Strack **106/107** Hartmut Schwarzbach **131** Günther Helm **144** Günther Helm **154** Sigrid Strack **172** Günther Helm **206** Airbus S.A.S./H.Goussé **220 links** Michael Meth **220 rechts** Anna Köster

Zu den Autoren

Dr. Uwe Westphal, Diplom-Biologe und Fachredakteur im Bereich Umwelt, Natur und Wissenschaft, arbeitet nach fast 20-jähriger Tätigkeit im Naturschutz als freier Publizist.

Dr. Renate Nimtz-Köster, Philologin, ist seit 1978 Wissenschaftsredakteurin beim Nachrichtenmagazin *Der Spiegel*.

Aus unserem Verlagsprogramm

Paul Ariès / Christian Terras
JOSÉ BOVÉ / Die Revolte eines Bauern

Broschiert / 128 Seiten / ISBN 3-89401-381-8

Was Bové, der »moderne Asterix«, nicht mag, ist der Fraß
von McDonald's oder genmanipulierte Lebensmittel. Dafür liebt er
die Freiheit und die Freude am sozialen Fortschritt.
Die Demontage der McDonald's-Filiale in Millau 1999 machte ihn
weltweit zum modernen Helden. Wie wurde er dazu?

Peter Overbeck
GOTT IST BRASILIANER
Erlebnisse eines Kameramanns

Originalveröffentlichung / Broschiert / 224 S. / ISBN 3-89401-452-0

In seinen Erinnerungen zeichnet Peter Overbeck, mehrfach preis-
gekrönter Dokumentarfilmer, ein anderes Brasilien als das modisch
gelbgrüne des Fußball, Karneval und Capoeira. Mit seinem
Kamerablick berichtet er von den Ärmsten der lateinamerikanischen
Bevölkerung. Er zeigt ermutigende Beispiele von Widerstand
und selbstbewusstem Handeln.

Lutz Schulenburg
SEIEN WIR REALISTISCH, VERSUCHEN
WIR DAS UNMÖGLICHE
Rebellische Widerworte

Broschiert / 160 Seiten / ISBN 3-89401-437-7

Die handliche subversive Fibel für eine menschliche Alternative
zu den globalen politischen und sozialen Verhältnissen. Der Band
präsentiert das aufrührerische Denken bis in die jüngste Gegenwart.
Zeugnisse von allen Kontinenten, kurze oder längere Textpassagen aus
Manifesten, Flugblättern, Erinnerungen und Berichten. Individuelle
und kollektive Äußerungen; flüchtige, polemische, tastende,
entschlossene, kühne, ironische, emotionale und
gelegentlich sogar lyrische Stimmen.

www.edition-nautilus.de

Aus unserem Verlagsprogramm

Birgit Morgenrath / Gottfried Wellmer
DEUTSCHES KAPITAL AM KAP
Kollaboration mit dem Apartheidregime

Broschiert / 160 Seiten / ISBN 3-89401-419-9

Südafrika ist ein hervorragendes Beispiel dafür, daß Konzerne sich durch Menschenrechte nicht einschränken lassen wollen. Daß jetzt Klage gegen die Kollaborateure – u.a. aus der deutschen Wirtschaft – mit dem Apartheidregime eingereicht wurde, aktualisiert die Diskussion um das Gebaren der Global Players auch in der Gegenwart.

Inge Viett
MORENGAS ERBEN
Eine Reise durch Namibia

Broschiert / 128 Seiten / ISBN 3-89401-447-4

Inge Viett macht eine dreimonatige Reise nach Namibia. Sie begibt sich auf Spurensuche: nach den Auswirkungen der Kolonisation und denen des Befreiungskampfes. Wie sieht es heute, nach der Unabhängigkeit, in Namibia aus? Ein Bericht über eine aufregende Reise zu sozialen Brennpunkten und durch eine wunderschöne Landschaft.

Marta Durán de Huerta
YO MARCOS
Gespräche über die zapatistische Bewegung

Broschiert / 128 Seiten / ISBN 3-89401-380-X

Die Zapatisten haben sich bewaffnet erhoben, um ihrer Forderung nach Würde, Freiheit und sozialer Gerechtigkeit Nachdruck zu verleihen. In diesem Buch gibt Subcomandante Marcos Antwort auf die Fragen, die immer wieder gestellt werden.

»Marcos will der Welt, die verständnisbereit ist, erklären, was in Chiapas, dem ärmsten Bundesstaat Mexikos, mit seinen Reichtümern an Öl, Erdgas, Kaffee und Latifundien vorgeht …
Die reiche Wahl seiner literarischen Mittel ist ebenso verblüffend wie oft erschütternd …« *Frankfurter Rundschau*

---

www.edition-nautilus.de

Aus unserem Verlagsprogramm

Paco Ignacio Taibo II
CHE. Die Biographie des Ernesto Guevara

Deutsche Erstausgabe / Broschiert / Großformat
66 S-W-Fotos / 740 Seiten / ISBN 3-89401-392-3

»Taibos Biographie ist mit heißem Herzen geschrieben, voller Sympathie für die kubanische Revolution und ihre Protagonisten, ohne daß der Autor in den Fehler verfällt, den zahlreichen offiziellen Hagiographien eine weitere hinzuzufügen.« *Die Zeit*

Abel Paz
DURRUTI. Leben und Tode
des spanischen Anarchisten

Biographie. Broschiert / Großformat / 816 Seiten
180 S-W-Abbildungen / ISBN 3-89401-411-4

Die Lebensgeschichte dieses El Cid des Anarchismus dokumentiert über Durrutis persönlichen Werdegang hinaus die wichtigen Ideen und sozialen Bewegungen einer ganzen Epoche. Der Zeitzeuge Abel Paz hat sie in einer monumentalen und ihrerseits legendären Biographie gebändigt, die einem großen Abenteuerroman in nichts nachsteht. Abel Paz analysiert jenen spanischen kurzen Sommer der Anarchie, als der libertäre Sozialismus in den Fabriken und landwirtschaftlichen Kollektiven 1936 für einen historischen Augenblick lang sein konstruktives Gesicht zeigen konnte.

Subcomandante Marcos
BOTSCHAFTEN AUS DEM
LAKANDONISCHEN URWALD
Über den zapatistischen Aufstand in Mexiko

Broschiert / ca. 320 Seiten / ISBN 3-89401-471-7

Das politisch-literarische Werk des »Shakespeare des lakandonischen Urwalds«. Briefe über Würde, Demokratie, soziale Gerechtigkeit und Freiheit – gelegentlich erzählt von einem philosophierenden Urwaldkäfer namens Durito
»Politische Literatur, wie man sie nie gelesen hat.« *Tages-Anzeiger*

www.edition-nautilus.de